Irma Hildebrandt

Die Frauenzimmer kommen

Irma Hildebrandt

Die Frauenzimmer kommen

16 Zürcher Portraits

DIEDERICHS

Diese zweite Ausgabe enthält erstmals ein Kapitel
über Else Lasker-Schüler.

Die Deutsche Bibliothek – CIP-Einheitsaufnahme
Hildebrandt, Irma:
Die Frauenzimmer kommen : 16 Zürcher Portraits/Irma
Hildebrandt. – 2., erw. Aufl. – München : Diederichs, 1997
ISBN 3-424-01369-2

2., erweiterte Auflage 1997

Umschlaggestaltung: Ute Dissmann, München,
unter Verwendung einer Zeichnung von Else Lasker-Schüler
Produktion: Tillmann Roeder, München
Satz: Typodata, München
Druck und Bindung: Huber, Dießen
Printed in Germany

ISBN 3-424-01369-2

Inhalt

Zur Einstimmung

»Die Frauenzimmer kommen« – Schlachtruf an der Zürcher Hochschule beim Auftauchen der ersten Medizinstudentinnen im Präpariersaal der Anatomie. Doch das Pfeifen und Johlen legt sich rasch, als die Kommilitoninnen beim Leichensezieren keineswegs, wie erwartet, in Ohnmacht fallen. Zürich ist – nach Paris – die zweite Hochschule in Europa, die Frauen ein reguläres Studium ermöglicht. *Marie Heim-Vögtlin* hat hier 1874 als erste Schweizer Medizinerin den Doktortitel erworben und damit ihren Geschlechtsgenossinnen den Weg gebahnt. Bei den Juristinnen kommt diese Pionierrolle *Emilie Kempin-Spyri* zu, die nach der Habilitation zwar als Privatdozentin an der staatswissenschaftlichen Fakultät lehren darf, aber als Anwältin – ohne Stimm- und Wahlrecht – beim Gericht nicht zugelassen wird. Vor allem aus Osteuropa und aus Deutschland strömen studierwillige Frauen nach Zürich. Ricarda Huch und Rosa Luxemburg haben hier promoviert, die Mathematikerin *Mileva Marić* teilt ihren Laborplatz am Polytechnikum mit ihrem späteren Ehemann Albert Einstein.

Doch längst vor dem spektakulären Einzug der Studentinnen in die Hochschule gibt es in Zürich Frauen, die ihr Leben selbstbestimmt und gegen herrschende Konventionen gestaltet haben, etwa die junge, hochbegabte Malerin *Anna Waser* im ausgehenden 17. Jahrhundert oder *Regula Engel,* die gemeinsam mit ihrem Mann in Napoleons Schlachten zieht und nebenher 21 Kinder zur Welt bringt. Später *Susanna Orelli-Rinderknecht,* Zürichs erste Ehrendoktorin, die in ihrem sozialen Engagement für Alkoholgefährdete zur Unternehmerin wird und die ersten alkoholfreien Gaststätten gründet.

Das kulturelle Leben der Stadt wird in der zweiten Hälfte des 19. Jahrhunderts mitgeprägt von *Mathilde Wesendonck,* Richard Wagners Muse, in deren Haus auf dem Grünen Hügel – dem heutigen Museum Rietberg – sich Kunstfreunde, Musiker und Gelehrte zu Gesprächen und glanzvollen Konzerten treffen. Obwohl Zürich weit eher den Ruf einer Geschäfts- denn einer Musenstadt hat, kommt es immer wieder zu erstaunlichen Aufbrüchen und Experimenten – nicht zuletzt durch die Emigranten, die seit der Hugenottenzeit Unruhe, aber auch frischen Wind in die wohlgefügten Mauern bringen.

1916 wird im Cabaret Voltaire an der Spiegelgasse der Dadaismus aus der Taufe gehoben, und in der Dada-Galerie an der Bahnhofstraße tanzt *Sophie Taeuber* in bizarren Kostümen ihres Gefährten Hans Arp, während sie tagsüber brav bürgerlich an der Kunstgewerbeschule unterrichtet. 1933, als in Deutschland oppositionelle Kultur nicht mehr gefragt ist, sorgen *Erika Mann* und *Therese Giehse* mit brisanten Kabarettnummern ihrer »Pfeffermühle« für Saalschlachten mit den Frontisten, der gar nicht so kleinen Schar schweizerischer Nationalsozialisten. Therese Giehse spielt gleichzeitig am Zürcher Schauspielhaus, das mit Uraufführungen in Deutschland verbotener Autoren zur bedeutendsten Bühne des deutschsprachigen Raums wird. Auch ein Schweizer Kabarett etabliert sich in den Dreißigerjahren mit Erfolg im Zürcher Niederdorf: das »Cornichon«. Für *Elsie Attenhofer* wird es zum Sprungbrett ihrer kabarettistischen und künstlerischen Karriere.

Daß Kunst und kulinarische Genüsse sich aufs vortrefflichste verbinden lassen, beweist *Hulda Zumsteg,* die legendäre Wirtin der Kronenhalle. Bei ihr speist man unter Chagall und Miró, an Tischen, an denen schon Joyce und Musil, Richard

Strauß und Strawinsky gesessen haben. – Und noch eine Frau, für die Kultur nicht Elfenbeinturm bedeutet: *Ruth Liepman,* eine der international bedeutendsten Literaturagentinnen, die zwischen Bücherstapeln hoch über dem Zürichsee residiert.

Haben's die Frauen geschafft? – Ein Gespräch mit zwei Frauen, für die sich diese Frage in ihrem persönlichen Leben nicht mehr stellt: *Vreni Spoerry* sitzt als Nationalrätin im Schweizer Parlament und als Finanzexpertin im Aufsichtsrat großer Unternehmen. *Katharina von Salis* lehrt als Geologin an der Eidgenössischen Technischen Hochschule und betreut nebenher die »ETH-Frauenanlaufstelle«. Beide sind sich einig: Es liegt nicht nur an den Männern, wenn es mit der gesetzlich verankerten Chancengleichheit so zäh vorangeht und den Schweizerinnen erst 1971 das Stimm- und Wahlrecht zugestanden wurde. Frauen müssen ihre Lebensplanung selbst in die Hand nehmen, müssen versuchen, ihnen gemäßere Rahmenbedingungen zu schaffen. Das klappt jedoch nur, wenn sie sich, statt zu lamentieren, am öffentlichen Leben beteiligen.

Wenn die »Frauenzimmer« – und nicht bloß einzelne – tatsächlich kommen, ist es mit der hehren Mutter Helvetia auf dem Denkmalsockel, mit der sich so trefflich Männer-Staat machen läßt, und mit der Hymne »Heil dir Helvetia, hast noch der Söhne ja...« nicht mehr getan. Darauf werden sich die Söhne einstellen müssen. Für die Töchter wäre es an der Zeit, die Behauptung der Juristin Iris von Roten, Autorin des kämpferischen Buches »Frauen im Laufgitter«, zu widerlegen, seit Emilie Kempin-Spyri habe sich nicht allzuviel verändert. Es hat sich für die Schweizerinnen etwas verändert, nur nehmen es viele noch nicht wahr, reizen die neuen Möglichkeiten zuwenig aus.

Die hier porträtierten »Frauenzimmer« haben aus ihren jeweils zeitgebundenen, oft mit frauentypischen Erschwernissen belasteten Lebensumständen etwas gemacht, sie haben versucht, eigene Wege zu gehen, Gesellschaftsprägungen nicht als

Schicksal hinzunehmen, Neues mit Phantasie, List, Zähigkeit und Zivilcourage zu wagen und durchzusetzen – auch auf die Gefahr des Scheiterns hin.

Die Auswahl der Porträtierten ist nicht willkürlich, aber subjektiv getroffen. Sie steht für verschiedene Zeitströmungen, Milieu- und Berufseinbindungen. Die chronologische Reihenfolge umfaßt den Zeitraum vom 17. Jahrhundert bis heute, es hätten sich freilich noch ältere Beispiele selbstgestalteter Lebenswege aufzeigen lassen. Der Soziologe Norbert Elias berichtet von Zürcher Frauenzimmern aus dem Jahre 1382, die sich gegen männliche Übertölpelungsversuche rabiat und wirkungsvoll zur Wehr setzen. Sublimierter spielen Nonnen im Mittelalter ihre Macht und Überlegenheit aus. Bis ins 13. Jahrhundert lassen sich Spuren führungsstarker Klosterfrauen zurückverfolgen, bis zu Elisabeth von Wetzikon, die als Äbtissin des Fraumünsters zu den ranghöchsten Zürcher Honoratioren gehört und durch ihre Mitarbeit an der Manessischen Liederhandschrift eine kulturgeschichtlich bedeutsame Rolle spielt. Etwas später wirkt und schreibt im Kloster Töß die als früheste Zürcher Dichterin geltende Elsbet Stagel, deren Lebensweg Ursula Isler nachgezeichnet hat.

Daß all die Frauen ihr Leben oder einen Teil ihres Lebens in Zürich verbracht haben, wirft die interessante Frage auf, wie sehr diese Stadt sie geprägt hat, oder umgekehrt, wie sehr sie diese Stadt haben prägen können. Eine Frage, die sich mir auch bei den Porträts der Berlinerinnen und der Münchnerinnen stellte: Berlin, weltstädtisch liberal, immer in Aufbruchstimmung, von irgendetwas »bewegt«, Zentrum der Sozial- und Frauenbewegung als Gegenpol zum preußischen Männerregiment. München, gemütlicher, barocker, musischer, aber auch abhängiger von Herrschaftshäusern, feudalen Mäzenen, von der katholischen Kirche, mit wenig Spielraum für Frauen im öffentlichen Leben. Nun Zürich, die Handelsstadt mit dem kosmopolitischen Flair, dem protestantischen Arbeitsethos und der jahrhundertalten Emigrantentradition. Frauen, die aus der Norm des gutbürgerlichen Mittelmaßes fallen, haben es hier nicht leicht, sich durchzusetzen. Die Zugereisten gehen mit dieser Norm naturgemäß legerer um als die Einheimischen.

Die Schauspielerin Tilla Durieux hat bei den Berlinerinnen »geborene« und »gelernte« unterschieden. Diese Einteilung könnte auch für Zürich gelten. Zu den gelernten Zürcherinnen gehörten vor allem die frühen Studentinnen der Universität und die Emigrantinnen, die hier eine zweite Heimat gesucht haben. Einige haben sie – wenn auch vorübergehend – gefunden, andere haben sich an der Bürgerlichkeit dieser Stadt gerieben, die sich bei unbotmäßigem Verhalten nicht von der gastlichen Seite zeigte. Emma Herwegh, die Amazone aus den Badischen Freischärlerzügen, hat das nach 1848 erfahren müssen. Oder die Schauspielerin Charlotte Birch-Pfeiffer, die in sechs Jahren aus dem Zürcher Stadttheater ein florierendes Unternehmen machte, als »Powerfrau« den Zürchern aber nicht geheuer war – man strich ihr die Subventionen, und sie wanderte 1843 zur Berliner Hofbühne ab.

Während es Franziska Tiburtius, der ersten deutschen Medizinstudentin in Zürich, sehr schwer fiel, vom glitzernden See und den »in Heidekraut eingekuschelten Häuschen« oben am Zürichberg Abschied zu nehmen, schreibt Rosa Luxemburg, die immerhin zehn Jahre in dieser Stadt verbracht hat, 1898 an ihren Freund Jogiches: »Mach Dir keine Gedanken darüber, daß mir Zürich nicht gefällt... was geht mich Zürich an...« Die Schriftstellerin Ricarda Huch hingegen fühlt sich hier »mehr zu Hause als zu Hause«. Nicht nur die Landschaft, »die stilvollen und die heiteren Häuser, der großartige Wurf, mit dem die Stadt zwischen die Berge hingegossen ist«, begeistert sie, auch der Menschenschlag sagt der Braunschweigerin zu: »Es fiel mir auf, wie viel selbstbewußter und sicherer im Auftreten die einfache Bevölkerung in der Schweiz war als daheim, sie schien nicht durch eine Kluft von den höheren Schichten getrennt zu sein. Dies gab den Eindruck von Gemeinschaft und Ausgeglichenheit, kurz von Kultur.«

Die aus Danzig zugereiste Käthe Schirmacher unterstreicht dieses Lob auf das Zürich des ausgehenden 19. Jahrhunderts: »Es ist ein sehr interessanter Ort, weil dort so viele Nationalitäten zusammenkommen, weil dort alle politischen Meinungen vertreten und geduldet sind, weil man mit einem Fuß in den geordneten bürgerlichen Verhältnissen stehen und den anderen – ohne Gefahr und Anstoß – auf das Neuland sozialistischer Verhältnisse setzen kann.« Erika Mann hat da später, in der Zeit des Zweiten Weltkriegs, andere Erfahrungen gemacht. Die politisch Aufsässige beklagt in einem Brief an ihre Mutter, daß es eine Ewigkeit dauere, »bis man von den stolzpedantischen Schweizern ein Visum bekommt«. Ihrem Vater hat sie die heimatlose Dichterin und »alte Ghettojüdin« Else Lasker-Schüler ans Herz gelegt, die an Kaffeehaustischen »Ein paar Tagebuchblätter aus Zürich« zusammenkritzelt. »In der Züricher Selektbar«, schreibt die Lasker-Schüler, »sind wir verscheuchten Dichter, Maler, Musiker und Bildhauer, vis à vis der Limmat, zwischen nicht verscheuchten Dichtern, schweizer Malern und Bildhauern zu finden. Einlullende Radiomusik wiegt unsere Emigration leise ein. Und warten, warten auch hier auf das Wunder!«

Nein, die Frauen in Zürich und ihr Urteil über das Leben an der Limmat lassen sich nicht auf einen Nenner bringen. Das ist gut so. Chancen der Entfaltung werden immer subjektiv gesehen, doch Zürich bot und bietet mit seinem übersichtlich intimen und zugleich interkulturell weltoffenen Charakter nicht die schlechtesten Voraussetzungen.

I. H.

Selbstbildnis einer Frühvollendeten

Die Malerin *Anna Waser* 1678–1714

Im Zürcher Kunstmuseum hängt ein verblüffendes Ölgemälde: das Selbstbildnis eines knapp dreizehnjährigen Mädchens mit herausfordernd kühnem Gesichtsausdruck. In ganz unkindlicher Darstellung und perfekter Malweise zeigt es die junge Künstlerin mit Pinsel und Palette bei der Arbeit an ihrer Staffelei. In der rechten Ecke unter einem prächtigen Familienwappen die Inschrift »Durch Ana Waser ü Zürich im 12 jarihres Alters Gemalt Anno 1691«.

Ein Bild, das neugierig macht auf die selbstbewußte Maljungfer im silbergeschmückten Festtagsmieder. Wer war diese Anna Waser? Wie kommt sie in ihrem Alter zu einer so erstaunlichen Malfertigkeit? – Ein Wunderkind? Oder Geschöpf eines ehrgeizigen Meisters, der selber kräftig und hilfreich den Pinsel geführt hat? Und die andere Frage: Wie kann ein Mädchen im ausgehenden 17. Jahrhundert im puritanisch sittenstrengen Zürich sich in kostbarer Tracht so wohlgefällig in Szene setzen, ohne Anstoß zu erregen?

Bei der Spurensuche lassen sich die äußeren Lebensdaten der Anna Waser – bis auf ihren mysteriösen Tod – ziemlich lückenlos ermitteln und nachvollziehen. Der Maler und Kunstgelehrte Johann Caspar Füeßli hat ihr schon 1770 in seinem fünfbändigen Werk »Geschichte der besten Künstler in der Schweiz« mehrere Seiten samt einem Kupferstichporträt gewidmet. Daß ihm die Bedeutung dieser frühesten Zürcher Künstlerin und deren erstaunliche öffentliche Wirksamkeit durchaus bewußt war –, als Ausnahme, die die Regel bestätigt –, zeigt seine Bemerkung: »Wenn das weibliche Geschlecht

Durch Aña Waser v Zürich
Anno 1691

eben die Gelegenheit, seine Talente auszubilden und zu zeigen und eben die Vortheile der Erziehung geniessen könnte, welche das männliche geniesset, so würden wir in der Geschichte der Kunst weit mehr Beyspiele von vortrefflichen Künstlerinnen als jetzt aufzuweisen haben... Die eigentliche Bestimmung, die Gewohnheit und die herrschende Denkungsart machen solche Beyspiele selten; doch siehet man, daß der Satz von der natürlichen Schwäche und Blödigkeit des weiblichen Geschlechts sehr viele Ausnahmen leide.«

Unter »natürlicher Schwäche und Blödigkeit« hat die 1678 in Zürich als fünftes Kind des angesehenen Amtmanns Johann Rudolf Waser geborene Tochter Anna mit Sicherheit nicht gelitten. Ihr Geburtshaus »Zum grauen Mann« in der Münstergasse, das heutige Haus Schwarzenbach, zeugt von der gehobenen gesellschaftlichen Stellung der Familie, die den Kindern Rückhalt und Selbstbewußtsein gibt. Früh haben die Eltern – der Großvater mütterlicherseits war Klosterobmann – die außergewöhnliche Neigung und Begabung Annas entdeckt und gefördert. Nach einigen unbeschwerten Kinderjahren auf dem Land, in Rüti, wo ihr Vater als Amtmann waltete, erhält sie in Zürich eine für Mädchen höchst ungewöhnliche Ausbildung: neben Latein, Französisch und Italienisch wird sie auch in Mathematik unterrichtet – und vor allem in der Malkunst. Erste Prägungen gehen auf die Zeit im künstlerisch reich ausgestatteten Amtshaus in Rüti zurück, das zum Umfeld eines Prämonstratenserklosters gehörte.

Annas Mallehrer wird der Zeugherr Sulzer aus Winterthur. Ergebnis dieses Unterrichts ist das berühmte Selbstbildnis: die junge Künstlerin, an einem Porträt ihres Lehrmeisters arbeitend, der in voller Mannespracht, mit Pelzmütze und kunstvoll gestutztem Schnurrbart, Modell steht. Die Vermutung, er könnte Annas Malkünsten etwas nachgeholfen haben, widerlegt ihr weiterer Werdegang. Schon bald kann Sulzer der wißbegierigen und fleißigen Schülerin nichts mehr beibringen, und der Vater wendet sich, auf Anraten eines Zürcher Künstlers, an den weithin bekannten ehemaligen Hofmaler des Sonnenkönigs Ludwig XIV., Joseph Werner, der in Bern eine Malwerkstatt führt. Werner hat für Wunderkinder nicht allzuviel übrig: Kopieren soll das Mädchen erst einmal lernen, gute Stücke vollendet wiedergeben, bevor ans eigene Entwerfen und Gestalten überhaupt zu denken ist.

Aber Anna läßt sich nicht abwimmeln. Ein Jahr lang arbeitet sie, den Rat aus Bern befolgend, zäh und zielstrebig nach Vorlagen berühmter Künstler und wagt sich schließlich auch an ein Gemälde Meister Werners. Dieses naturgetreu wiedergegebene Bild mit dem Titel »Flora« bringt ihr viel Bewunderung ein und ermutigt sie, es mit einem Brief, der Bitte um Aufnahme in die Malschule, an Werner zu senden. Der führt die Kopie seinen Schülern vor – und alle halten sie für ein Werk des Meisters. Die Vorstellung, ein Frauenzimmer könnte das Bild gemalt haben, kommt ihnen völlig abwegig vor. Bis Anna in Bern eintrifft und sie eines Besseren belehrt.

Die vier Jahre, die Anna nun im Atelier Werners an der Berner Junkerngasse verbringt, gehören zu den glücklichsten und unbelastetsten ihres kurzen Lebens, obwohl sie hart arbeitet und sich neben den skeptischen Mitschülern behaupten muß. Sie wohnt im Turmstübchen unter dem Dach und fühlt sich in der Familie Meister Werners, in der es viel lockerer und fröhlicher zugeht als in ihrem Elternhaus, gleich heimisch. Mit der Tochter Sibylla, die nach der Kupferstecherin Sibylla Merian getauft ist, verbindet sie bald eine vertrauliche Freundschaft. Die Gespräche in der Werkstatt mit den Malstudenten aus Italien, Holland und Deutschland weiten ihren Horizont, einer von ihnen, Lukas Stark, verliebt sich in sie, und sie erwidert diese Liebe mit scheuer, verwirrter Zuneigung.

Ob dies der Grund ist, daß der um ihre Moral und um ihr Fortkommen besorgte Vater sie nach Zürich zurückruft? Sie solle der Mutter im Haushalt beistehen, schreibt er, und Anna gehorcht schweren Herzens. Sicher, die kränkliche und von Ängsten geplagte Mutter braucht Hilfe, aber es sind noch Schwestern da, die mit zupacken können. So reist sie mit ihren Malutensilien widerwillig nach Hause, wo der Vater ihr die Rückkehr mit einer eigenen geräumigen Malstube zu erleichtern sucht. Doch sie fühlt sich bedrückt von der Enge und Strenge, vom dunklen Holzgetäfer und den kleinen Butzenscheiben. Und sie wartet sehnsüchtig auf Post aus Bern von Lukas Stark, dem sie oft geschrieben hat, ohne je eine Antwort zu erhalten. Von Sibylla erfährt sie schließlich, er habe die Tochter eines Nürnberger Glasermeisters geheiratet.

Nicht nur diese Nachricht bedrückt sie, auch die Verstörung ihrer Schwester Maria, deren Freund sich das Leben genommen hat, setzt ihr zu. Um so stärker stürzt sie sich in die Arbeit. Sie hat sich, neben der Porträtmalerei, besonders auf Miniaturbilder spezialisiert, die sie bald weit über ihre Heimatstadt hinaus bekannt machen. Einem Freund der Familie, Lucas Hofmann in Basel, einem großen Verehrer ihrer Kunst, läßt sie die besten Stücke zukommen. Er verkauft sie gegen gutes Geld in alle Welt, so daß ihre minuziös gemalten Bilder in England, Holland und Deutschland bald mehr Liebhaber finden als in ihrer Heimatstadt Zürich. Die Höfe in Stuttgart und Baden-Durlach lassen sich Proben ihres Könnens zusenden. Kurze Zeit später erhält sie den ehrenvollen Auftrag, nach Bildnissen des Herzogs Eberhard Ludwig von Württemberg und seiner Schwester, der Markgräfin von Durlach, Miniaturen anzufertigen.

Die Familie ist stolz auf Annas wachsenden Ruhm. Doch als sie 1699, mit 21, eine Einladung an den gräflich Solms-Braunfelsischen Hof bekommt und dort die Stelle einer Hofmalerin annimmt, sieht Amtmann Waser dies mit gemischten Gefühlen. Zwar tritt sie die Reise nach Braunfels an der Lahn gemeinsam mit ihrem Bruder Rudolf an, der zur gleichen Zeit als Erzieher des jungen Grafen von Solms berufen wurde, doch sie ist damit dem Einfluß des Elternhauses und dem ständigen Ansporn des Vaters, möglichst viele gewinnbringende Miniaturen mit gängigen Schäfer- oder Blumenmotiven zu malen, entrückt. Die Verbindung zum Braunfelsschen Hof hat Johannes Cramer, der Freund der jüngeren Schwester Elisabeth, hergestellt, der als Professor in Herborn lehrt, später nach Zürich zurückkehrt und früh, wahrscheinlich an Schwindsucht, stirbt.

Für Anna tut sich am Braunfelsschen Hof eine neue Welt voller Lebenslust, Unbekümmertheit und Schaffensfreude auf. Was sie schon in Bern spürte, nimmt sie hier noch deutlicher wahr: Arbeit nicht als Pflicht und gottgefällige Aufgabe, sondern als Vergnügen, als Möglichkeit der kreativen Entfaltung jenseits von Vorgaben und Leistungszwang. Das großzügige Leben im Schloß, die Freiheit, die sie nach den Jahren im sittenstreng protestantischen Zürcher Elternhaus doppelt wohltuend empfindet, beflügelt ihr Schaffen und Denken. Die als Malerin Frühvollendete ist als Mensch erwachsen geworden.

Ob ihr die neugewonnene Freiheit auch zur Versuchung wird und zu einem oberflächlicheren Leben führt, wie der Vater argwöhnen mag, als er sie nach Zürich zurückruft, kann nicht belegt werden, höchstens durch die ungewohnte Kleiderpracht, die sich in der spartanischen Zürcher Schlafkammer entfaltet: Seidenwäsche und bestickte Pantöffelchen, französisches Parfum und modische Jagdkleidung, Schmuck und verpönter Tand. Wieder sind es Schwierigkeiten in der Familie, die der Vater angeführt hat, um Annas Heimkehr dringlicher zu machen: die schwächliche Konstitution der Mutter und deren Überforderung durch die unbewältigten Lebensschicksale ihrer Kinder.

Elisabeth ist durch Krankheit und Tod des Verlobten aufgezehrt, Esther hat eine Reihe eigener Kinder zu versorgen, Maria ist durch den Selbstmord ihres Freundes noch immer verstört, Rudolf hat sich als Feldprediger nach Holland verpflichtet und braucht eine standesgemäße Ausstattung. Heinrich, der Jüngste, ist äußerst labil veranlagt und empfänglich für sektiererische Heilslehren. So stürmt viel auf Anna ein, und die häuslichen Pflichten lassen ihr zu eigenen spielerischen Malentwürfen keine Zeit – nur auf Motive, die Geld einbringen, setzt der Vater, um Rudolfs Karriere als Feldprediger zu unterstützen. Es ist die Zeit des Spanischen Erbfolgekriegs, in dem England, die Niederlande und Österreich gegen Frankreich und Bayern um die Vorherrschaft in Europa kämpfen. Die Wasers verfolgen das Kriegsgeschehen aufmerksam und bangen um Rudolf; der läßt freilich kaum etwas von sich hören und dankt Anna die aufopfernde Unterstützung nicht.

Was in ihr, der ehrgeizigen und eigenwilligen Künstlerin vorgeht bei diesem Verzicht auf eine selbstbestimmte Entfaltung, wissen wir nicht. Ihre Biographin und Nachfahrin, die Dichterin Maria Waser, hat ihre Lebensspuren sorgfältig zurückverfolgt und eigene Schlüsse daraus gezogen. Sie stattet Anna in ihrem 1913 erschienenen Roman »Die Geschichte der Anna Waser«, dem Frauenbild der Jahrhundertwende entsprechend, mit viel Selbstlosigkeit und Opfersinn aus: eine beispielhaft edle Heldin, die in unsere Zeit nicht mehr so recht passen will und uns den Zugang zu diesem spannungsvollen Leben eher verstellt.

Ist es tatsächlich möglich, daß eine Liebende – Anna hat sich noch einmal und wider Erwarten leidenschaftlich verliebt – so überlegen und der Welt entsagend handelt, wie der Roman es uns vorführt? Auf der Hochzeit ihres Bruders Rudolf mit einer Pfarrerstochter aus dem Zürcher Umland hat sie dessen Freund, einen gebildeten und weltoffenen Vikar und Hofmeister, kennengelernt, der beharrlich um sie wirbt. Sie hält ihn hin – ganz tugendsame und gehorsame Tochter –, sehnt sich aber heimlich nach seiner Rückkehr. Als Hans Schlatter zu Lichtmeß endlich wieder in Zürich eintrifft und auf Heirat drängt, da ihm eine Rektorenstelle angeboten wurde, zögert sie erneut. Sie fühlt sich für den jüngeren Bruder Heinrich verantwortlich, der in die Fänge einer erpresserischen Sektierergemeinschaft von Proselyten und Tremulanten geraten ist. Pietistische Fanatiker, die in privaten Erbauungsversammlungen die Gläubigen zu Frömmigkeit, Gehorsam und Tugendstreben anhalten, verbinden diese »Gottgefälligkeit« oft mit mystischen Handlungen und Schwärmertum. Scharlatane nutzen die Gutgläubigkeit junger Schwarmgeister aus und reden ihnen schwere Schuldgefühle ein. Anna sieht die Gefahr, in der Heinrich schwebt, sie kauft ihn unter Opferung ihrer gesamten Mitgift aus der dubiosen Abhängigkeit frei.

Hans Schlatter, dem ungeduldigen Freier, behagt diese »Opferluft« im Waserschen Haus nicht, diese edle und fromme Gesinnung, die das diesseitige Leben verkümmern läßt. Er will nicht länger warten, will endlich eine Familie gründen und zeigt sich empfänglich für die eifersüchtigen Blicke Esthers, der kaum erwachsenen Nichte Annas. Eine geheime, konfliktreiche Liebschaft bahnt sich an, die in einer Rettung Esthers aus dem Zürichsee – Unfall oder Selbstmordversuch? – ihren Höhepunkt findet. Die beiden heiraten, und Anna überläßt in der Romanhandlung dem glücklichen Paar selbstverständlich und ohne Groll ihre liebevoll genähte und zusammengetragene Aussteuer. – Ein Vorbild an Selbstlosigkeit, kaum nachvollziehbar für heutige junge Frauen. Ist das die Anna des kühnen Selbstbildnisses?

Der Chronist Füeßli sieht Annas Leben nüchterner. Er führt ihre wachsende Weltabgewandtheit und Malunlust weniger auf ihre Enttäuschung über die zerbrochene Liebe zurück als auf die häusliche Enge und Bedrücktheit, die ihr keine freie Entfaltung schöpferischer Kräfte erlauben. Der Vater, der ihr Talent einst so weitsichtig gefördert hat, deckt sie nun mit gewinnbringenden Aufträgen ein, die ihre Bekanntheit fördern, sie aber auf ihre Miniaturmalerei festlegen und auf schneller gefertigte Silberstiftzeichnungen, wie sie die sparsamen Zürcher Kunden bevorzugen. Daß diese Routinebilder die von freien und großen Sujets träumende Künstlerin nicht befriedigen, verwundert nicht.

Äußerlich geht im Hause Waser alles seinen geordneten Gang. Von politischen Aufregungen und lokalen Händeln ums nahe Toggenburg ist erstaunlich wenig die Rede. Selbst wenn Anna für das Geschehen in der Stadt und im Land durchaus Interesse zeigt – im Vordergrund steht das Familienleben: Die ältere Schwester Maria hat ihre Depressionen überwunden, Heinrich ist als Pfarrverweser auf gutem Wege. Elisabeth hat unter Annas Anleitung im elterlichen Hause eine Elementar- und Malschule eingerichtet, die großen Zulauf findet. Auch eine gemeinsam herausgebrachte Schreibvorlage für künstlerisch gestaltete Schriften geht auf Annas Anregung zurück. Nicht nur durch die Schule, auch durch die Kinder von Esther und Rudolf kommt Leben ins Haus, und die stets kränkliche Mutter scheint die Umtriebe ganz gut zu verkraften. Ihretwegen hat der Vater Anna zweimal nach Hause geholt, aus Bern und aus Braunfels, den Orten, die der aufnahmebereiten jungen Künstlerin weite Entfaltungsmöglichkeiten boten. Eine Reise nach Italien, Annas Traumland, zu der die Marquise von Solms-Braunfels sie eingeladen hat, kommt nicht zustande, weil sie in der Familie gebraucht wird.

Immerzu Verzicht. Dabei weiß Anna sehr genau, wie ein ungezwungeneres Leben aussehen könnte. Sie hat durch ihre Porträtaufträge Einblick in viele Zürcher Patrizierhäuser und Landsitze am See, in denen die jungen Leute sich treffen zu lockerer Geselligkeit. Hinter der strengen Fassade tut sich hier vieles, was dem Amtmann Waser mißfiele.

Zürich ist nach dem Aufschwung der Textilindustrie, an dem die hugenottischen Flüchtlinge aus Frankreich keinen geringen Anteil haben, eine reiche Stadt. Doch der Reichtum darf, puritanischer Lebensart entsprechend, nicht zur Schau gestellt werden, es gibt Sittenmandate und streng überwachte Kleiderordnungen. So kann sich barocke Lust an irdischer Schönheit, wie die aus fremden Solddiensten zurückkehrenden Offiziere sie kennengelernt haben, nur im Inneren der Häuser entfalten. Auf kunstvoll gestaltete Gebrauchsgegenstände, kostbare Stoffe und Tapisserien, Familienporträts und Miniaturmalereien wird in wohlhabenden Bürgerhäusern viel Wert gelegt. Annas Kunst ist gefragt, aber sie hat die Lust am Malen verloren. Der Widerspruch zwischen üppigem Lebensgenuß und der im Elternhaus geforderten gottgefälligen Schlichtheit verunsichert sie, sie zieht sich aus den geselligen Kreisen, in denen sie wohlgelitten ist, mehr und mehr zurück.

Auch wenn Anna am gesellschaftlichen Leben Zürichs wenig Anteil hat, liebt sie doch diese Stadt mit den winkligen Giebeln, den mächtigen Großmünstertürmen, den schmalen Häusern an der Limmat und der vornehmen Wasserkirche, auch das linke, »mindere« Ufer mit der Ringmauer und dem imposanten Zifferblatt an St. Peter. Oft streift sie ganz alleine durch die Gassen und die gewölbten Lauben der Zunfthäuser, wandert an der Limmat entlang oder rudert mit dem Boot von der Schifflände aus auf den See hinaus. Alles ist ihr vertraut, sie gehört hierher und sehnt sich doch nach Weite und Ferne.

So kommt ihr ein Brief der Marquise aus Braunfels wie ein Geschenk des Himmels vor. Die Marquise hat eines ihrer Bilder ohne ihr Wissen bei Hofmann in Basel gekauft und es in Paris dem großen Meister Antoine Watteau gezeigt. Dieser ist von Annas Malkunst so beeindruckt, daß er sie weiter fördern will. Paris. Der berühmte Maler Watteau. Anna kann es kaum glauben. Die Schwestern gratulieren, die Mutter gibt sich besorgt wie immer, der Vater, der bei Reisen stets ein Machtwort gesprochen hat, ist vor einiger Zeit gestorben. Anna will die gute Nachricht rasch ihrem Bruder Rudolf überbringen, der als Pfarrer im nahen Zollikon lebt. Sie vermutet ihn oben im

Taubenschlag über der Scheune, er ist leidenschaftlicher Taubenzüchter. Ungestüm klettert sie die steile Treppe hoch, das morsche Geländer gibt nach, sie stürzt in die Tiefe und bricht sich dabei das Rückgrat. Völlig gelähmt, aber mit klarem Kopf, stirbt sie, umgeben von ihrer Familie, am folgenden Tag. Eng, eng, so eng... sollen ihre letzten Worte gewesen sein.

Diese Schilderung ihres Todes ist geschichtlich nicht belegt, es könnte sich auch anders verhalten haben. Der Chronist Füeßli vermerkt nur, in der letzten Zeit ihres Lebens habe sich ihr Wesen verdüstert, sie habe ihre Leibes- und Gemütskräfte verloren, und er schließt lapidar, sie »starb von einem Fall Ao. 1713. im 34sten Jahr ihres Alters«. Der Eintrag im Totenbuch allerdings weist als Sterbetag den 20. September 1714 aus. Danach wäre sie 36 Jahre alt geworden.

Eine Frühvollendete, der viel zu wenig Zeit blieb, all die Fähigkeiten, die in ihr schlummerten, voll zur Entfaltung zu bringen. Ob eine Ausbildung bei Watteau in Paris noch neue Facetten ihres Könnens aufgedeckt hätte? Sie hatte sich immer einen guten Lehrmeister gewünscht, war begierig nach neuen, fremden Erfahrungen und fühlte sich nie als »fertige« Malerin, auch wenn sie die Technik des Miniaturmalens und der Rötel- oder Silberstiftzeichnung vollkommen beherrschte. Nicht nur Zürcher Honoratioren wie General Hans Rudolf Werdmüller oder Professor Johann Jakob Scheuchzer ließen sich von ihr malen, auch Zar Peter der Große und Königin Anna von England sandten ihre Bildnisse nach Zürich, um sie von der berühmten Anna Waser in Miniaturen übertragen zu lassen.

Doch was Anna eigentlich malen wollte und was sich nicht mit den Maßstäben der Kunstfertigkeit messen läßt, blieb ungemalt. Die Bilder, die sich in ihrem Inneren formten, wie etwa »der gute Tod«, der sie sehr beschäftigte, hätten sie – bei entsprechender Förderung und Reife – vielleicht über sich selbst hinauswachsen lassen. Aber das sind Spekulationen. Sie stellen sich unwillkürlich ein bei der Betrachtung des vollendeten und gleichzeitig weitere Entwicklung verheißenden Selbstporträts der Dreizehnjährigen. Wie hätte ein Altersbild ausgesehen? Wie eine – weiblichen Künstlern noch lange verbotene – Aktzeichnung?

Gut ein Vierteljahrhundert nach ihrem Tod wird in Chur Angelica Kauffmann geboren, die später als eine der wenigen Malerinnen in die europäische Kunstgeschichte eingeht. Auch sie ein malendes »Wunderkind«. Neben ihren Frühporträts können sich die Waserschen durchaus behaupten. Angelica Kauffmann gelingt es, den Rahmen der Porträt- und Miniaturkunst – Genres, auf die Frauen eingeengt wurden – zu sprengen. Wie sehr hätte sich dies die zu früh geborene und zu früh gestorbene Anna Waser gewünscht.

Amazone in Napoleons Troß

Frau Oberst

Regula Engel

1761–1853

21 Kinder in 32 Jahren – wer hält das für möglich? Doch es stimmt und läßt sich nachprüfen. Regula Engel, geborene Egli, hat ihren Lebenserinnerungen, die sie als Sechzigjährige abschloß, eine Chronik von Geburt und Tod ihrer Kinder angefügt, die in ihrer Nüchternheit erschütternd ist. Die meisten Daten machen sich an Schlachten fest – Zeugnisse einer kriegerischen und wirren Zeit, die von Nachgeborenen nur zu leicht nostalgisch verklärt wird.

Das Kind Regula wird 1761 mitten in den Siebenjährigen Krieg hinein geboren, die junge Mutter erlebt die Französische Revolution und die Feldzüge Napoleons bis zum bitteren Ende, die alte Frau blickt auf den Soldatentod ihres Mannes und fast all ihrer Söhne und Schwiegersöhne zurück. Das Schicksal einer Offiziersfrau, deren Mann als Söldner in fremden Kriegsdiensten steht.

Das Söldnertum hat Tradition in der von großen Kriegen nicht heimgesuchten Schweiz. Werber fremder Mächte ziehen durchs Land und heuern Soldaten an, kräftige Landburschen, für die auf den kleinen Bauernhöfen mit vielen Kindern kein Platz ist. Aus den höheren Ständen rekrutieren sich, oft über Generationen, die Offiziere. Sie bringen es, berühmt für ihre Tapferkeit und Loyalität, in ausländischen Diensten zu Reichtum und Ansehen.

Von den Frauen dieser Berufssöldner ist wenig die Rede. Sie ziehen mit dem Soldgeld zu Hause die Kinder auf, sehen ihre Männer nur selten zwischen zwei Feldzügen und werden in der Regel früh Witwen. Während die gewöhnlichen Sol-

datenfrauen sich mit diesem Los abfinden müssen, gibt es in Offizierskreisen die – allerdings selten genutzte – Möglichkeit, im Gefolge des Mannes zu den Kriegsschauplätzen zu ziehen. Den meisten Frauen ist dieses Leben zu anstrengend und gefahrvoll. Nicht Regula Egli, der späteren Frau Oberst Engel. Sie ist gerade siebzehn, als ihr der stattliche Sergeant-Major Florian Engel, der in schmucker Uniform in der Heimat Soldaten für das französische Heer anwirbt, Liebesanträge macht, die sie ohne Zaudern erwidert. »Ich glaubte keine Zeit verlieren zu dürfen und mein jugendlicher Leichtsinn ließ mich nicht daran denken..., daß eine Soldatenfrau sich mit dem Manne einem unstäten Leben und allen Gefahren denen dieser ausgesetzt ist, bloß giebt«, schreibt sie in ihren Erinnerungen.

Im September 1778 wird geheiratet, und es ist für die Engelin, wie sie genannt wird, gar keine Frage, daß sie ihren Mann in die Garnison nach Straßburg begleitet. Abenteuerlust mag sie dazu bewogen haben, aber gewiß auch die Angst, allein zurückzubleiben unter Menschen, denen sie sich nicht verbunden fühlt. Sie hat kein warmes Zuhause, keine Fürsorge kennengelernt, sie braucht einen Menschen, an den sie sich klammern kann. Weggehen fällt ihr nicht schwer, sie läßt eine düstere Jugend hinter sich.

Aufgewachsen ist sie im Waisenhaus, einem verfallenen ehemaligen Klostergebäude in Zürich-Oetenbach, in dem nicht nur Waisen, sondern auch Kinder aus armen, zerrütteten oder asozialen Familien untergebracht werden. Eine Umgebung, die zu ihrer Herkunft in krassem Gegensatz steht. Ihr Leben hätte anders verlaufen können.

Ihr Vater, auch er in Solddiensten, aber nicht in Frankreich, sondern als Leibgardist beim preußischen König, heiratete in Potsdam eine aus Zürich gebürtige Putzmacherin am Hofe. Heimweh trieb ihn zurück nach Zürich, die junge Frau hatte ihm zu folgen. Sie verließ die Weltstadt Berlin, die ihr gutes Auskommen und Abwechslung bot, nur widerstrebend.

Zürich kam ihr eng und streng vor, für Putzmacherinnen gab es hier wenig Bedarf. Der Mann zog als Anwerber für die preußische Armee durchs Land, geriet auf die schiefe Bahn und begann zu trinken. Den Abstieg vom bewunderten Leibgardisten zum unsteten Soldatenwerber bekam vor allem die Familie zu spüren. Mit den Kindern lief es nicht gut: zwei früh gestorben, eines fast blind, und das jüngste, 1761 in der Großmünsterkirche auf den Namen Regula getauft, von Pocken gezeichnet.

Die Mutter entfloh dem ewigen Gezänk und ließ sich als Putzmacherin in Chur nieder. Der Vater, der für die Kinder aufkommen mußte, gab Regula ins Waisenhaus. Sechs Jahre alt war sie, ein schwaches, an Gicht leidendes Kind in dem feuchten Haus, wo die Mädchen mit Weben und Stricken früh auf ihr späteres Dienstbotendasein vorbereitet wurden, während für Lesen und Schreiben wenig Raum blieb.

Regula Engel streift diese schlimme Zeit, fünf Jahre immerhin, in ihren Erinnerungen nur beiläufig, beschreibt aber um so ausführlicher den Umzug aus dem alten Gebäude, »wo wir armen Kinder an Krätze und anderen Krankheiten viel zu leiden hatten«, in das neue Waisenhaus auf der Kornamtswiese, das mit Hilfe großzügiger Gönner, unter ihnen Johann Heinrich Lavater, gebaut werden konnte.

Hier lebt Regula auf, fühlt sich wohl und holt die Schulversäumnisse in kürzester Zeit nach. Aber schon nach einem Jahr reißt der Vater sie aus dieser anregenden Umgebung wieder heraus und holt sie nach Hause. Er hat es inzwischen zu einigem Wohlstand gebracht und soll für den Waisenhausaufenthalt bezahlen. Da ist es billiger, das Kind, wie den blinden Bruder, daheim durchzufüttern. Er hat wieder geheiratet, eine Frau, »die unter der Larve der Frömmigkeit... eine Furie von Stiefmutter war. Das böse Weib wußte den Vater so zu verblenden, daß er uns täglich mehr seine Liebe entzog«, heißt es in den Erinnerungen. Die Kinder dürfen nicht mehr am Tisch mitessen, die Stiefmutter kocht für sie »schlechter als den Schweinen« und macht der Zwölfjährigen auch sonst das Leben zur Hölle.

Am Pfingstmontag, als die Stiefmutter Regula in einem schäbigen, abgetragenen Kleid zur Christenlehre schicken will, obwohl ein neues im Schrank hängt, begehrt das Mädchen trotzig auf – »Sie ist eine böse Frau... sie ist nicht meine Mutter!« – und wird dafür in die Kammer gesperrt. Der Bruder steckt ihr heimlich zwei Zürichschillinge zu und fleht sie an, zu fliehen, bevor der Vater nach Hause kommt: »Du wirst zu Tode geschlagen ...«

So schleicht sich Regula heimlich aus dem Haus, der Schiffländе zu, sie will versuchen, über den See zu kommen, Richtung Chur, wo ihre richtige Mutter sich als Putzmacherin ein Geschäft aufgebaut hat. Sie wird von gutmütigen Schiffern mitgenommen, in Sargans von der Frau des Landvogts neu eingekleidet und trifft schließlich nach vielen Reiseabenteuern erleichtert auf ihre Mutter. Doch die rechte Wiedersehensfreude will sich nicht einstellen: »Die Lebensweise der adelichen Bündtner wollte mir nicht behagen, es war für mich als Kind zu viel Zwang ...« Regula fühlt sich mehr und mehr eingeengt von den Verboten der Mutter, die als strenge Anhängerin der Herrnhuter Brüdergemeinde alle Vergnügungen – anders als in ihrer Jugend – mißbilligt.

Kein Wunder, daß die Siebzehnjährige, als der Sergeant Florian Engel um ihre Hand anhält, ihm sofort ihr Jawort gibt. Von nun an wird ihr Leben von militärischen Gesetzen bestimmt, und die Rebellische fügt sich darein, ja, gewinnt diesem unsteten Dasein die positive Seite ab. Sie zieht ja nicht als gemeine Landstürmerin oder als Marketenderin wie *Mutter Courage* ins Feld, sie ist die geachtete Frau eines Sergeanten, später Frau Lieutenant, dann schließlich Frau Oberst. In Männerkleider schlüpft sie nicht, weil sie wie ein Mann sein will, sondern weil das zu Pferd zweckmäßiger ist und bei der Truppe weniger Aufsehen erregt. Wie sie das mit ihren fast ständigen Schwangerschaften bewerkstelligt, bleibt ein Rätsel. Die Kinder werden zwischendurch im Zelt oder in einer Garnison geboren, die meisten überleben erstaunlicherweise und kommen erst später in den Kriegswirren um.

Ein Bedürfnis, die Kinderschar zusammenzuhalten, ihr Geborgenheit und Sicherheit zu geben, hat sie offenbar nicht. Sie selbst ist ohne Liebe großgeworden, hat fürsorgliches Verhalten nie gelernt. So behält sie jeweils nur die Kleinsten bei sich, die andern werden zu guten Freunden gegeben, bis sie alt genug sind für das Kriegshandwerk; in ihren Aufzeichnungen verliert sie nicht viel Worte darüber. Ihre Beziehung zu den Kindern hat etwas Animalisches: Gebären, Abnabeln, Säugen, Selbständigmachen. Sind ihr die Kinder oder die Schlachten wichtiger?

In ihrer Chronik fügt sich beides zusammen; so wird aus der Familiengeschichte ein Stück Zeitgeschichte:

1779 Straßburg

Der erste Sohn *Johann Baptista Wilhelm* wird in dieser Garnisonsstadt geboren. Prinz Max, der spätere Bayernkönig Maximilian, ist Taufpate.

1780 Schlettstadt

Geburt des Sohnes *Rudolf* in der Garnison. Er wird später, wie sein älterer Bruder, Offizier, und beide fallen in in der Schlacht bei Marengo.

1781 Calvi in Corsika

»Das war freilich nun kein Straßburg, aber wo man sich liebt, da hilft man sich immer fort«, so bringt sie im Frühjahr in der Garnison ihren dritten Sohn *Caspar* zur Welt, der später Offizier und Sekretär bei Joseph Bonaparte wird und in Amerika, in New Orleans, an Gelbfieber stirbt.

1782 S. Sebastian
Wieder ein Sohn, *Florianus,* nach dem Vater benannt. Zu seinem späteren Schicksal vermerkt die Mutter: »Quartiermaître du 12. Regim. Chasseurs à cheval, blieb nebst Vater und einem jüngeren Bruder bey Waterloo.«

1783 Arras in Flandern
Geburt der ersten Tochter *Anna Sophie Louise,* die später einen Generaladjudanten heiratet. Sie »starb in Mayland an den Folgen des Schreckens über den Verlust ihres Mannes und zweyer Brüder«.

1786–1790 Lille in Flandern
Nach einer Fehlgeburt bringt die Engelin 1786 Zwillinge, *Simon* und *Heinrich,* zur Welt, die mit acht Jahren in Rotterdam im Abstand von einer Stunde sterben. Die Mutter bedauert den zu frühen Tod zweier künftiger Soldaten.

Daß ein 1787 geborenes Mädchen stirbt, noch bevor es getauft werden kann, erschüttert Regula nicht so sehr: »Diesmal war es aber bloß ein Mädchen, das auch bald wieder starb, gleichsam als ob es sich gescheut hätte, zu einer Zeit erschienen zu sein, wo Alles voraussehen konnte, daß man bald der Buben zwanzig gegen ein Mädchen brauchen konnte.«

Im Herbst 1788 beginnt es in ganz Frankreich unruhig zu werden, vier Schweizer Regimenter liegen in Arras und Lille: »Alle diese Vorbereitungen aber zu den spätern tragischen Auftritten konnten meinen Mann und mich nicht hindern immer unserer Bestimmung treu zu seyn und ich gebar ihm den 16. Nov. wieder einen Sohn, den wir *Jakob* nannten.«

Ausgerechnet im Jahr der Französischen Revolution steht keine Geburt an, doch Florian Engel wird zum Lieutenant befördert, und auf diese »Promotion« folgt 1790 wieder eine Geburt: Sohn *Conrad.* Er wird später Ober-Lieutenant, gerät in Spanien in Gefangenschaft und wird auf barbarische Weise ermordet.

1791 Fideris in Bündten

Diesmal nicht auf einem Kriegszug, sondern in der Heimat wird *Simon Heinrich* geboren. Die Engelin hätte sich in Graubünden gerne etwas erholt, aber ihr Mann erwartet ihre sofortige Rückkehr zum Regiment nach Lille. Unterwegs, am Rhein zwischen Andernach und Bingen, stirbt der Säugling an ihrer Brust. Sie will ihn in Bingen beerdigen lassen, »ein intoleranter Pfaffe aber verweigerte das Begräbniß auf dem geweihten Kirchhofe«.

Bei ihrer Ankunft in Lille ist die Stimmung aufgebracht, Haß schlägt den königstreuen Schweizer Truppen entgegen, Offiziere werden vom flandrischen Pöbel meuchlings umgebracht. Leutnant Engel verhält sich nicht, wie man es von einem Schweizer Offizier erwartet, er läßt sein Regiment im Stich, setzt sich mit Frau und Kindern heimlich in einer Kutsche nach Paris ab und geht zu den Revolutionären über. In der Schweiz mißbilligt man diese Untreue, aber Regula Engel hat ihre eigene Kriegsmoral, mit der sie das Verhalten ihres Mannes rechtfertigt: »Was sollte er um Gottes Willen mit seinen sieben unerzogenen Kindern anfangen? Dienste mußte er ja wieder nehmen, denn er verstand ja nichts als den Waffendienst. Auch fand er, wie tausend Andere, nichts darin, das seiner Ehre oder seinem moralischen Gefühle hätte entgegen seyn können. Wem dienten denn die Schweizer bis dahin? den Königen in Frankreich. Doch wohl nicht als Despotenknechte? nein, um Frankreichs Macht und Gebiet gegen äußere Feinde zu schützen. Wer bezahlte sie? die Nation. Wenn sie nun dieser Nation, die keine Könige mehr hatte, ihre Dienste anboten und diese sie gern annehmen wollte, was konnte denn Böses darin liegen, wenn ihnen doch das liebe Vaterland kein Brod geben konnte?«

Als Florian Engel seiner Uniform wegen auf der Straße von Jakobinern festgenommen wird, eilt seine hochschwangere Frau, an jeder Hand einen Knaben, zu Robespierre mit einer Bittschrift für den Vater von sieben Söhnen, »einer für die Republik nicht unbedeutenden Rekrutierung«. Ihr Auftritt muß herzzerreißend gewesen sein: »Als ich vor ihm niederfiel, faßte ich trostlos meine beiden Knaben in die Arme, und die schreckliche Guillotine im Gedächtniß, konnte ich nichts hervorbringen als: Citoyen, miséricorde!« Robespierre zeigt sich großzügig, ihr Mann kommt frei und zieht nun auf republikanischer Seite als Grenadier-Hauptmann eines Infanterie-Regiments nach Holland.

1793 Breda in Holland
Zwillinge werden geboren, die aber nur wenige Stunden leben. Die Mutter schreibt in ihren späteren Aufzeichnungen: »und wenn schon die Kinder, die Gott früher wieder abruft, am besten versorgt sind, so macht doch oft die Sorge, die wir schon vor ihrer Geburt für sie tragen müssen, ihr Andenken uns nicht weniger wichtig, als wenn sie Jahre lang mit uns gelebt hätten.« – Im Jahre 1793 wird die Engelin für solch lebensweise Gedanken kaum Zeit und Ruhe gehabt haben.

1794 Rotterdam
Holland wird von den französischen Truppen eingenommen und *Catharina,* ein gesundes Mädchen, geboren, das der Mutter bald viel Kummer macht. Mit vier Jahren wird das Kind von einem französischen Sergeanten entführt und an liederliches Gesindel verkauft. Erst nach Monaten kommen die Eltern durch Zeitungsberichte auf seine Spur. Catharina wird später als junge Witwe mit ihren drei Kindern von Napoleons Schwester in Italien aufgenommen, ihr Mann ist als Oberst eines Husarenregiments in der Schlacht bei Leipzig gefallen. »Da es nicht meine Sache ist, eine Kriegsgeschichte zu schreiben,

sondern bloß meine eigenen Begebenheiten zu erzählen, so mag es hier genug seyn, anzuzeigen, daß wir in den Jahren 1794 und 1795 beinahe alle Städte von Holland, Seeland, Friesland berührten«, schreibt die Chronistin, geht dann aber doch ausführlich auf weitere Feldzüge ein, während von den Kindern, wenn überhaupt, nur in knappen Nebensätzen die Rede ist. Sie ist leidenschaftliche Anhängerin des aufgehenden Sterns Napoleon, des Oberbefehlshabers im Italienfeldzug, bedauert nur, daß er sich beim Durchmarsch durch die Schweiz gegen ihre Landsleute »nicht gar freundlich« benommen habe.

Napoleon rüstet seine Mittelmeerflotte auf, die Regimenter für den Ägyptenfeldzug werden zusammengestellt. Lieutenant Engel will seine Frau dabeihaben bei dieser gefährlichen Expedition, obgleich, wie sie schreibt, »ich eine recht böse Sieben seyn konnte und ihm so wenig unterthänig werden wollte, daß er selbst oftmals nach meiner Pfeife tanzen mußte... So sollte es aber, nach meiner Meinung, in allen Ehen seyn: wenn die Frau etwas begehrt oder thut, dürfte der Mann nie widersprechen, dann wäre Segen in der Haushaltung und Friede im Lande.«

Für Regula Engel stellt sich, offenbar zum ersten Mal, die Frage: »Entweder die Trennung von einem geliebten Manne... oder das Scheiden von acht unerzogenen Kindern, den theuren Pfändern unserer unwandelbaren ehelichen Liebe.« Sie entscheidet sich für den Mann, läßt die Kinder in Frankreich zurück, ein Mädchen und sieben Knaben, »deren Laufbahn wahrscheinlich auch die militärische seyn würde«.

Mit ihr warten noch dreizehn andere Offiziersfrauen auf die Einschiffung mit noch unbekanntem Ziel, zwölf Französinnen und eine Schweizerin. Der zuständige General mustert die Engelin und fragt, ob sie schwanger sei; sie antwortet hochfahrend: »Qu'est ce que cela le regarde?« – was geht es ihn an?

Natürlich ist sie schwanger, als die Flotte im April 1798 mit zweihundert Segeln von Toulon ausläuft.

Das Ehepaar Engel hat das Privileg, auf dem Schiff Napoleons und der Generalität zu reisen, und die Lieutenantsgattin beschreibt wohlgefällig all die Gunstbezeugungen, die der große Feldherr ihr, der kleinen Schweizerin, erweist. – Nach der Eroberung Maltas geht es weiter nach Alexandrien, wo Napoleons Flotte von Admiral Nelson angegriffen und geschlagen wird. Die Engelin kommentiert: »Sieben große Schiffe verbrannte uns der böse Mann und machte durch diesen Tag alle Völker jubeln, die Frankreichs wachsende Größe mit scheelen Augen betrachteten.« Daß in Ägypten Schweizer gegen Schweizer kämpfen, die einen auf französischer, die andern auf englischer Seite, bedrückt sie.

1798 Groß-Cairo in Egypten

Die Engelin bringt mitten im Schlachtgetümmel Zwillinge, zwei gesunde Knaben, zur Welt, die Napoleon in Ermangelung eines Priesters höchstpersönlich tauft und denen er seinen Namen gibt: *Napoleon Johann Baptist* und *Napoleon Heinrich*. Die Mutter ist zufrieden: »taufte er sie zwar nicht zu Christen, da ihm die Weihe fehlte, so taufte er sie doch zu seinen treusten Freunden bis in den Tod; sie sind beide mit ihm nach Helena gegangen und haben also sein Glück wie sein Unglück mit ihm geteilt.« Verbrieft ist der Dienst der beiden Söhne auf der Verbannungsinsel St. Helena nicht – glauben wir der stolzen Mutter, die sonst außer Schlachtenruhm so wenig Löbliches von ihren Kindern aufzulisten hat.

In Regula Engels Chronik ist nur bei den Napoleon-Zwillingen und bei der Tochter Catharina kein Todesdatum vermerkt, das heißt, sie haben als einzige die Mutter oder doch den Zeitpunkt der Aufzeichnungen überlebt. Drei von 21.

In Ägypten schlägt Napoleon inzwischen die Türken, nimmt Jaffa im Sturm, und in dem grausamen Gemetzel bleibt mancher napoleonische Offizier auf dem Schlachtfeld. Es fehlt an Wachtposten für die besetzten Gebiete und die gefangenen Soldaten. Die Engelin springt in die Bresche, übernimmt in Lieutenantsuniform einen Haufen von über fünfzig Soldaten, siebzehn davon von einem anderen Regiment, Rauf- und Trunkenbolde, die sie entwaffnen und in Arrest setzen läßt. Das bringt ihr Achtung und Bewunderung ein: »Die Offiziere unseres Regiments rühmten meine militairische Haltung und meine vollen Schweizer Waden gar sehr.«

In den Lazaretten erlebt sie unvorstellbares Leid, Seuchenkranke, »halb verfault«, zu Krüppeln Geschossene, unter Qualen oder mit Morphium betäubte Sterbende. Auch von ihren Reisegefährtinnen kommt die Hälfte auf grausame Art zu Tode, eine Französin wird »in lange Riemen geschnitten« und ins Meer geworfen – als drastische Warnung, sich nicht auf Liebesabenteuer mit dem Feind einzulassen.

Nach der Rückkehr in den Hafen von Nizza erreichen die wieder Schwangere erneut Schreckensnachrichten. Ihre beiden ältesten Söhne und der Schwiegersohn sind in der Schlacht von Marengo gefallen, die Tochter stirbt aus Gram über diesen Schicksalsschlag: »So kostete uns die Schlacht von Marengo vier liebe Kinder.« – Bald noch ein fünftes.

1801 Mantua

Ein Besuch auf dem Schlachtfeld von Marengo, auf dem ihre Söhne gefallen sind, setzt der Schwangeren so zu, daß die Geburt zu früh und überstürzt erfolgt. Das Kind, ein Mädchen, lebt nur vier Tage.

In Paris ist Napoleon nach dem Staatsstreich des 18. Brumaire erster Konsul geworden. Die Engelin, die ihrem Mann hierher gefolgt ist, findet alles verändert, reformierte Gottesdienste sind nicht mehr verboten. So nutzt sie die Chance, ihre in Kairo notgetauften Zwillinge zu »richtigen« Christen zu machen. Bei der glanzvollen Taufe in der Kirche St. Honoré kommt viel Prominenz zusammen: Napoleon, der Taufpate, mit seiner Gemahlin und seinem Bruder Joseph, Marschall Kellermann und auch ein bekannter Schweizer Zuckerbäcker, der zweiter Pate wird. Und natürlich die Neugierigen, die die dreijährigen ägyptischen Täuflinge und den Ersten Konsul sehen wollen. – Ein Höhepunkt im Leben der Regula Engel. Ihr Mann wird von Napoleon persönlich zum Kommandanten des 4. Infanterieregiments ernannt und mit Vorbereitungen für die Schlacht gegen England betraut.

1803 im Lager bei Boulogne
Nach ausführlichen Lageberichten besinnt sich die Engelin doch aufs Persönliche: »Gewiß erwarten meine Leser auch wieder einmal von einer Niederkunft zu hören, davon ich lange nichts mehr erzählen konnte; doch jetzt endlich brachte die gesunde Seeluft wieder einmal ein artiges Mädchen hervor, das wir *Nanette* hießen.«

Mit der feierlichen Krönung Napoleons zum Kaiser der Franzosen im Jahre 1804 erlebt Regula Engel einen weiteren Glanzpunkt ihres Lebens. Nun geht es Schlacht auf Schlacht weiter. Bei Ulm wird Sohn Jakob schwer verwundet, bei Austerlitz bekommt sie selbst einen deftigen Säbelhieb ab. Nach dem Waffenstillstand zwischen Österreich und Frankreich kann sie sich endlich etwas Ruhe gönnen – bis zur nächsten Geburt.

1805 Josephsstadt in Böhmen
»Hier hatte ich nun Zeit, mich wieder einer Bürde zu entladen, die, so sehr ich ihrer auch gewohnt war, doch abgelegt seyn wollte. Es war diesmal wieder ein schöner Knabe, dem wir den Nahmen *Joseph* beilegten.«

Die Engelin zieht mit ihrem Mann weiter quer durch Europa: Frankreich – Neapel – Rom – Jena und Auerstedt – Berlin – Preußisch-Eylan – Schlesien – Breslau – Sachsen –

Franken – und kommt am Rhein endlich wieder in eine wärmere Gegend. Über die Kriegsberichterstattung macht sie sich ihre eigenen Gedanken: »Das Seltsamste dabei war aber, daß beide Theile immer gesiegt haben wollten ... Auch predigen sie sich immer vor, was für ein schöner, verdienstvoller Tod es sey, für das Vaterland zu sterben und doch, wenn in einer Schlacht 2000 den schönen Tod gestorben sind, so sagte man, es seyen 500 gewesen und betrügt also 1500 um den ihnen gebührenden Ruhm, ist das nicht höchst ungerecht?« – Große Hochachtung empfindet sie vor Königin Luise von Preußen, die in Tilsit eigenmächtig und mutig, wenn auch erfolglos, von Napoleon mildere Friedensbedingungen für ihr Land erbittet.

Von der südlichen Sonne, die sich Regula Engel im Norden so herbeigesehnt hat, wird sie bald genug bekommen. Sie macht die Feldzüge in Spanien und Portugal mit und erlebt den Einzug der napoleonischen Truppen in Lissabon. Bei den unbeschreiblichen Massakern wird einer ihrer Söhne – 17 erst und schon Lieutenant – an einen Baum gespießt und zu Tode gemartert.

In diesen südlichen Ländern trägt sie stets Männerkleider, eine Offiziersuniform, um, wie sie schreibt, »den Lüsten der spanischen Mönche auszuweichen«. Sie ist froh, Spanien verlassen zu können und wieder nach Deutschland zu kommen. In Regensburg allerdings geraten die Napoleontreuen in österreichische Gefangenschaft.

1809 Semlin

Das Leben als Kriegsgefangene in der Donauprovinz empfindet sie als höchst eintönig. »Da hatte ich zum Glück wieder etwas mitgebracht, was uns ein wenig amüsiren konnte.« Sohn *Conrad,* ein »herrlich schöner Knabe«, wird in die Langeweile hinein geboren. Er kommt später in Kroatien um.

1811 Paris
Frau Oberst Engel – die Frau steigt bei der Beförderung des Mannes mit auf – kommt in Paris mit einer Tochter nieder, die nach der Kaiserin, Napoleons zweiter Frau Marie Louise von Österreich, auf den Namen *Marie Louise* getauft wird. Es ist das letzte, 21. Kind der Familie Engel, und es verliert sein Leben drei Jahre später bei der Blockade von Straßburg. Die Mutter ist fünfzig Jahre alt bei der Geburt. Es ist wohl einmalig für ihre Zeit, daß eine Frau 21 Kinder unter extremsten Bedingungen zur Welt bringt, ohne von dem tückischen Kindbettfieber heimgesucht zu werden.

Regula Engel lebt jetzt in angenehmsten Verhältnissen, mit Stadt- und Landwohnung, Kutscher und Bediensteten. Aber nicht für lange. Napoleon hat seinen wahnwitzigen Rußlandfeldzug begonnen, und die Engels ziehen mit einem Nachschubregiment gen Osten. In diesem verlustreichen russischen Winter beginnt Napoleons Stern, auch wenn die Engelin es noch nicht wahrhaben will, zu sinken. Die Völkerschlacht bei Leipzig, die Niederlage ihres Idols und den Tod ihres Schwiegersohns General Perrier verkraftet sie nur schwer.

Aber Oberst Engel und seine Frau bleiben ihrem Feldherrn und Wohltäter treu und gehen mit ihm nach Elba: »So nahm nun der große Napoleon, der noch vor wenigen Monaten allen Mächten Europas Trotz geboten hatte, Besitz von dem kleinsten Eilande seines einstmaligen Reiches...«

Im Frühjahr 1815 setzt Napoleon und mit ihm Oberst Engel mit kleiner Flotte nach Frankreich über und marschiert mit einer Schar Getreuer nach Lyon, sammelt seine alten Truppen und zieht glorreich in Paris ein. Bei Waterloo kommt es gegen das englische Heer unter Wellington und das preußische unter Blücher zur letzten Schlacht und vernichtenden Niederlage.

Es ist der schwärzeste Tag im Leben Regula Engels. Erst sieht sie ihren Mann fallen, dann ihren Sohn Florian und ihren

Jüngsten, den zehnjährigen Joseph, der an ihrer Seite kämpft: »sein Kopf ward von einer Kugel zerschmettert, ich sah das eine Aug' und sein Gehirn gerade vor mir verspritzen ...« Ein englischer Reiter, gegen den sie sich mit der Pistole zur Wehr setzt, durchschießt ihren Hals, ein Grenadier bringt ihr mit dem Bajonett eine tiefe Seitenwunde bei.

Sie wird, betäubt vom Wundschmerz und vom Schmerz über den Verlust ihres Mannes und der Söhne, nach Brüssel ins Hospital gebracht. Als die Wundärzte sie verbinden, entdecken sie mit Verwunderung, daß sie eine Frau vor sich haben. Wann hat es so etwas schon gegeben? Wegen des hohen Blutverlustes kann die Engelin erst nach sechs Wochen ins Lazarett nach Paris transportiert werden, und auch hier, im Hôtel-Dieu, gibt es wieder Verwirrung bei der Entdeckung, daß ein Frauenzimmer in der Uniform steckt. Die Patientin bekommt ein separates Stübchen, und sie wird, von einer gehörigen Dosis Opium eingeschläfert, kunstvoll operiert: »Die Ärzte näheten mir meine Seitenwunde ohne Umstände so zusammen, daß es kein Schneider hätte besser machen können.« Aber das Ausgeliefertsein in der Narkose macht sie auch mißtrauisch, »daß den Herren Ärzten dergleichen Freiheiten bei uns Frauenzimmern erlaubt sind, die doch leicht mißbraucht werden könnten, während dem wir wehrlosen Geschöpfe ein so aprobates Hausmittel nicht einmal an unsern eignen Männern versuchen dürfen, wenn es auch noch so wohl angewandt wäre«.

Bis an ihr Lebensende zehren wird sie von einem Verwundetenbesuch, den der russische Zar, der Kaiser von Österreich und der König von Preußen gemeinsam dem Hôtel-Dieu abstatten. Sie treten auch an ihr Bett, nicht ohne einen respektvollen Blick auf die an der Bettstelle aufgehängte Lieutenantsuniform zu werfen ... Anderntags läßt ihr Zar Alexander 300 Rubel in Gold und 25 Bouteillen Ungarwein zukommen, samt einer Einladung nach Rußland, während der marode französische Staat ihre Witwenpension drastisch kürzt.

Sie ist nach der Entlassung aus dem Hospital auf Hilfe angewiesen und erinnert sich nun wieder der ihr noch verbliebenen Kinder. Die Tochter Nanette in Lyon, deren Mann als politischer Häftling im Gefängnis sitzt, kann ihr nicht helfen. Sie selbst wird wegen eines Schriftstücks mit dem Namen Napoleons in Nîmes als gefährliche Spionin verhaftet und für drei Monate ins Gefängnis gesteckt. Frankreich ist ihr nicht mehr geheuer, sie entschließt sich, nach Amerika zu gehen und dort nach ihrem Sohn Caspar zu suchen. Zürcher Landsleute besorgen ihr Papiere und eine Schiffskarte, und im September 1816 tritt sie die Reise nach New York an.

In Philadelphia sucht sie Exkönig Joseph, den ältesten Bruder Napoleons auf, in dessen Diensten sie ihren Sohn glaubt. Aber Caspar ist nach New Orleans weitergezogen, und die Mutter folgt seiner Spur auf abenteuerlichen Wegen mit dem Postkarren und auf abgetakelten Schiffen. Am Ziel ihrer Reise findet sie den Sohn todkrank in einem Militärhospital: Gelbfieber. Nach drei Tagen stirbt er, und sie steht wieder allein. Was nützt ihr das feierliche Begräbnis mit allen militärischen Ehren? Heimweh, Geldmangel und der Wunsch, nun nach ihren Zwillingssöhnen auf St. Helena zu suchen, treiben sie nach Europa zurück.

Ihr Gesuch, von London aus eine Reisegenehmigung nach St. Helena zu erhalten, wird abschlägig beschieden. Von den Söhnen erfährt sie nichts. Nach einer langen und wirren Odyssee durch halb Europa langt sie am Vorabend ihres sechzigsten Geburtstages in Parma an, wo sie am Hofe ihre Tochter Catharina anzutreffen hofft – vergeblich. Niemand weiß Genaues. Man vermutet sie in Wien, oder wahrscheinlicher, bei Napoleons Schwester, Madame Murat, in Neapel. Regula Engel beschließt, endlich, nach zehn Jahren des Umherirrens, in die Schweiz zurückzukehren.

In ihrer Heimatstadt Zürich trifft sie nach so langer Zeit kaum noch auf Bekannte, die Stadt ist ihr fremd geworden. Niemand bezeugt der Frau Oberst die gebührende Achtung, wie sie es auf ihren Reisen gewohnt ist. Sie kommt schließlich bei einer Jugendfreundin unter und wird von einigen Wohltätern unterstützt, aber der noch außergewöhnlich rüstigen Frau wird klar, daß sie sich selbst um ihre Zukunft kümmern muß. So kommt ihr der Gedanke, ihre Lebenserinnerungen niederzuschreiben, um damit Geld zu machen. Waren ihre Erzählungen nicht überall auf lebhaftes Interesse gestoßen? Hatte sie sich mit ihren abenteuerlichen Geschichten nicht manchen Aufenthalt in herrschaftlichen Häusern erkauft?

Aber so leicht ihr das Geschichtenerzählen fällt, so schwer tut sie sich mit dem Aufschreiben. Auf Tagebücher oder Briefe kann sie sich nicht stützen, sie hatte in ihrem turbulenten Leben nie die Muße, Gedanken schriftlich festzuhalten. Ein alter, offenbar recht gebildeter Verwandter geht ihr deshalb zur Hand, auch ein Verleger gibt ihr gute Ratschläge. Das schmale Büchlein *Lebensbeschreibung der Wittwe des Oberst Florian Engel,* das 1821 in Zürich erscheint, wird überraschend gut verkauft, so daß sie eine Zeitlang trotz der hohen »Drückkosten« vom Erlös leben kann. Vier Jahre später erscheint eine zweite Auflage mit dem zugkräftigeren Titel *Die schweizerische Amazone. Abentheuer Reisen und Kriegszüge einer Schweizerinn.* Sie hat den doppelten Umfang und ist mit blumigen und witzigen Episoden angereichert, die dem Geschmack des Publikums sicher entsprechen, aber die Frage nach dem Wahrheitsgehalt der Ausschmückungen aufkommen lassen.

Ein zweiter Teil der Memoiren, der 1828 erscheint, liest sich längst nicht mehr so spannend. Regula Engel berichtet darin hauptsächlich von ihren Fahrten quer durch die Schweiz und ihren Besuchen bei prominenten Zeitgenossen. Sie hat eine eigene Taktik entwickelt, sich bei wohlhabenden, oft nur flüchtigen Bekannten einzuladen, vornehmlich bei Pfarrherren oder Offiziersfamilien. Mit ihrem überschwenglichen Lob über deren Gastfreundschaft hofft sie sich die Tür für weitere Besuche offenzuhalten. Während sie im ersten Teil der Lebenserinnerungen spontan und ungekünstelt schreibt, ähnlich den Aufzeichnungen Ulrich Bräkers, des *Armen Mannes im Tockenburg,* bemüht sie sich im zweiten Teil um eine gehobene Sprache und um Bildungseinsprengsel und Reflexionen, die angelesen und oft unfreiwillig komisch wirken.

Regula Engel lebt nach diesen Veröffentlichungen noch ein Vierteljahrhundert, aber es erscheinen keine Bücher mehr. Hat sie sich ausgeschrieben? Ist ihr Leben so ereignisarm geworden, daß sie sich nur wiederholen könnte? Bringen ihr die Bücher zu wenig ein? Ist sie verbittert, daß sie, die am Hofe Napoleons eine geachtete Persönlichkeit war, in Zürich so wenig Aufmerksamkeit findet?

Mit 66 Jahren sieht sie sich noch nach einer Stelle als Haushälterin oder Gesellschafterin um. Sie wechselt mehrfach ihre Wohnung und wird 1844 ins Zürcher Predigerspital aufgenommen. Neun Jahre später stirbt sie dort als »Hauskind« – eine beschönigende Bezeichnung für unheilbar Kranke oder geistig Verwirrte, die betreut werden müssen. Die Eintragung ins Totenbuch des Spitals lautet: »gest. 25., begraben 28. 6. 1853 Regula Engel, geb. Egli, von Langwies, im Alter von 93 Jahren, 3 Monaten, 20 Tagen, Witwe des Oberst Florian Engel (fiel in der Schlacht bei Waterloo).«

Das einzige Bild, das von ihr bekannt ist, eine nach einer Zeichnung angefertigte Lithographie, zeigt ein ältliches, mürrisches Frauenzimmer mit knochig harten Gesichtszügen und verhangenem Blick, in der ungelenken Hand einen Federkiel. Da macht auch die schmucke Witwenhaube das Porträt nicht attraktiver. Regula Engel hätte ein angemesseneres Konterfei verdient.

Was immer sich gegen die Engelin sagen läßt – mangelnde Mutterliebe, Geltungssucht, Schnorrerei –, langweilig war sie nicht. Hätte es eine andere Zürcher Frau gegeben, die ein so gefahrvolles Leben an der Seite eines Söldneroffiziers klaglos mitmachte? Die durch ständige Geburten nicht krank und erschöpft, sondern immer vitaler wurde? Die sich die Welt mit unverstelltem Blick ansah und sich ihre eigenen, lebensklugen Gedanken machte, ohne das Rüstzeug einer Tochter aus gebildeten Ständen zu haben?

Gewiß: Sie hat – ähnlich der Mutter Courage – den Sinn des Krieges nicht hinterfragt, hat die Söhne ins Feld ziehen lassen und deren Schlachtentod wie den ihres Mannes als Schicksalsschlag hingenommen. Krieg war ihr Lebensalltag, den Heldentod zu sterben eine Auszeichnung. Waren nicht noch im Ersten Weltkrieg Mütter stolz darauf, wenn ihre Söhne als Freiwillige ins Feld zogen und sich fürs Vaterland opferten?

Regula Engels Aufzeichnungen müssen aus der damaligen Zeit heraus gesehen werden. Einer Zeit, in der auch die Mutterrolle eine andere war als heute. Geburten konnten nicht geplant werden; daß viele Kinder wegstarben, gehörte zum Alltag, es wurde nicht viel Aufhebens davon gemacht. Trotzdem zeigte die Engelin – nicht nur im Alter – auch mütterliche Gefühle. Sollen wir ihr den Zusammenbruch und Todeswunsch bei einem Gang über das Schlachtfeld von Waterloo, auf dem ihr Mann und ihre Söhne lagen, nicht glauben?

Glanz und Tragik auf dem Grünen Hügel

Wagners Muse

Mathilde Wesendonck

1828–1902

»Meine liebe Muse bleibt mir noch fern? Schweigend harrte ich ihres Besuches; durch Bitten wollte ich sie nicht beunruhigen. Denn die Muse wie die Liebe beglückt nur freiwillig. Wehe dem Toren, wehe dem Lieblosen, der, was sich freiwillig nicht ergibt, mit Gewalt erzwingen will!«
Nein, mit Gewalt brauchte sich Kapellmeister Wagner die Zuneigung Mathilde Wesendoncks nicht zu erzwingen. Der vertrauliche Ton des im Mai 1857 geschriebenen Briefes ist das Echo auf vorausgegangene Gesten der Bewunderung und Fürsorge seiner Mäzenin, die ihm in Zürich viele Wege geebnet hat.

Richard Wagner, der in Sachsen seit 1849 wegen seiner Teilnahme am Aufstand gegen König Friedrich August II. steckbrieflich gesucht wird, nimmt jede Hilfe mit verblüffender Selbstverständlichkeit an. Nach seiner Flucht aus Dresden haben ihm Zürcher Freunde einen eidgenössischen Paß verschafft. Der königlich sächsische Hofkapellmeister dirigiert nun in Zürich Abonnements-Konzerte und bringt seine Opern zur Aufführung. Bei einem Beethoven-Abend im Februar 1852 lernt er das Ehepaar Wesendonck kennen, das im kulturellen Leben der Stadt eine einflußreiche Rolle spielt. Ein Funke springt über, Weichen in die Zukunft werden gestellt, bei der 23jährigen Ehefrau Mathilde ist wohl mehr als nur die gemeinsame Beethoven-Begeisterung im Spiel.

Auch Otto Wesendonck, wohlhabender Seidenfabrikant und Kunstmäzen aus dem Rheinland, der seine Geschäfte von Zürich aus betreibt, ist von Wagner beeindruckt. Er über-

nimmt eine Defizitgarantie für dessen Mai-Konzerte, Wagner bedankt sich mit einer Polka und einer »Sonate für das Album von Frau M(athilde) W(esendonck)«. Ein Jahr später heißt es im Vorspiel zur *Walküre* schon vertrauter: »G(esegnet) S(ei) M(athilde)!« Und die zweite Fassung der Faust-Ouvertüre trägt die Inschrift: »R. W. Zürich 17. Jan. 55 zum Andenken S(einer) l(ieben) F(reundin)«.

Für Mathilde Wesendonck, die »ganz unbelehrt, gleichsam wie ein weißes, unbeschriebenes Blatt« nach Zürich kam, sind diese Widmungen ein kostbarer Besitz und Ausdruck wachsender gegenseitiger Zuneigung. Dankbar genießt sie des Meisters Privatkolloquien, die ihr neue Welten erschließen, und sie ist überzeugt, daß sie all ihr Wissen nur ihm zu verdanken habe. Er führt sie in seine Werke und Gedanken ein, in die Philosophie Schopenhauers und in die griechische und germanische Mythologie, er spielt ihr Beethovens Sonaten vor und seine eigenen, noch unfertigen Kompositionen. Sie ist die Bereicherte, Beglückte.

Und er, der Meister? Er verlangt von ihr, daß sie ihm so zuhöre, wie Brünhilde Wotan zuhört. Seine Gespräche, seine Briefe kreisen stets um Dinge, die ihn betreffen und beschäftigen. Es sind eigentlich Selbstgespräche, die man egozentrisch nennen könnte, aber Mathilde empfindet sie nicht so. Sucht Wagner in ihr wirklich die ihn inspirierende Muse, oder schmeichelt ihm mehr die Verehrung, die diese junge, schöne, kluge und darüber hinaus wohlhabende Frau ihm entgegenbringt? Steckt gar Berechnung dahinter, wie der von Wagners »scheusäligem« Charakter überzeugte Biograph Erich Kuby behauptet? Kuby wirft dem Sendungsbewußten Größenwahn vor und zitiert ihn mit dem Satz: »Die Welt ist mir schuldig, was ich brauche.«

Tatsächlich vermag Wagner die Welt von seinem Anspruch zu überzeugen. Der großzügige Kunstförderer Otto Wesendonck greift auf Bitten seiner Frau immer wieder tief in die

Tasche, um dem ständig verschuldeten Komponisten gute Arbeits- und Lebensbedingungen in Zürich zu schaffen. Er läßt ein herrlich gelegenes Landhaus in Zürich-Enge – die heutige Villa Schönberg – für den Meister und seine Frau Minna herrichten, angrenzend an den Park seiner eigenen neugebauten Villa. Wagner bezieht sein »Asyl«, wie er das Haus nennt, noch vor der Einweihung der Wesendonckschen Villa auf dem »Grünen Hügel« über dem See. Gedanken über die Schwierigkeiten, die sich bei dieser räumlichen Nähe zwangsläufig ergeben werden, scheint er sich nicht zu machen, obwohl er die Eifersucht seiner Frau kennt und das Vertrauen Wesendoncks ihm als Herausforderung erscheinen müßte. An Liszt schreibt er am 8. Mai 1857: »Du siehst, ein ganz hübscher Boden für meine Zurückgezogenheit ist gewonnen... so fühle ich mich gedrängt, in diesem guten Wesendonck einen meiner größten Wohltäter anzuerkennen. Anfang Juli hoffen nun auch die Wesendoncks ihr Gut beziehen zu können; die Nachbarschaft verspricht mir Freundliches und Angenehmes.« Er beschreibt Liszt ausführlich Haus und Arbeitszimmer, den Schreibtisch mit Blick auf den See und die Alpen, den weiträumigen Garten – nur von Mathilde Wesendonck ist nicht die Rede. Steht sie gar nicht so sehr im Zentrum seines Lebens, wie sie es sich wünschte?

Seine spätere Aufzeichnung im Tagebuch könnte als Gegenbeweis dienen. Am 18. September 1857 hat er das Textbuch des *Tristan* vollendet und überbringt Mathilde den letzten Akt. Sie ist gerührt und glücklich, umarmt ihn und beteuert überschwenglich, nun habe sie keinen Wunsch mehr, und er notiert: »An diesem Tage, zu dieser Stunde wurde ich neu geboren... Ein holdes Weib, schüchtern und zagend, warf mutig sich mitten in das Meer der Schmerzen und Leiden, um mir diesen herrlichen Augenblick zu schaffen, mir zu sagen: Ich liebe Dich! – So weihest Du Dich dem Tode, um mir Leben zu geben; so empfing ich Dein Leben, um mit Dir nun von der Welt zu scheiden...« Das klingt sehr theatralisch. Möglich, daß sich dem noch im *Tristan* schwelgenden Wagner die Grenzen von Bühnenleben und wirklichem Leben verwischen und er sich so in die Tristanrolle hineinsteigert, bereit, mit der Geliebten zu sterben. In der Realität allerdings richtet er sich ganz aufs Überleben ein, auf das Leben in und mit der Zürcher Honoratiorengesellschaft. Zwar ist ihm Zürich nach dem Scheitern seiner Festspielpläne »nur noch ein rein geographischer Ort«, aber er versteht es, diesem Ort gesellschaftlichen Glanz allein durch seine Anwesenheit zu geben. Er hält Hof im vornehmen Hotel Baur au Lac, in der Villa Wesendonck oder in seinem »Asyl«, wo ihn auch Hans und Cosima von Bülow auf ihrer Hochzeitsreise besuchen, und noch ahnt niemand, was für Dramen sich abspielen werden um Cosima, die er ein gutes Jahrzehnt später heiraten wird.

Im Winter 1857/58 entstehen die fünf *Wesendonck-Lieder,* Vertonungen von Gedichten Mathilde Wesendoncks. Daß die Texte lange Zeit Wagner zugeschrieben werden, stört sie nicht, im Gegenteil, sie ist stolz darauf, ins Werk des Meisters einverwoben zu sein. Nie vorher hat Mathilde ihre Gefühle in Reime zu bringen versucht, erst Wagner inspiriert und ermuntert sie zum Schreiben, sie sieht in ihm dankbar ihren »Erwecker«.

Und Otto Wesendonck, der Ehemann? Er ist als erfolgreicher Kaufmann viel in Geschäften unterwegs zwischen den Seidenzentren Krefeld, Lyon und New York und hat wenig Zeit, sich um seine lern- und lebensbegierige junge Frau zu kümmern. Er liebt sie auf seine Art, indem er ihr alle Wünsche erfüllt und ihr vertrauensvoll Freiheiten läßt, wie sie in einer Ehe des 19. Jahrhunderts, zumal im protestantisch geprägten Zürich, kaum üblich sind. Mathilde sieht in dem dreizehn Jahre älteren Ehemann mehr eine Vaterfigur, einen verständigen, verläßlichen Freund, den sie als Ehegatten und Vater ihrer Kinder liebt, der ihr aber nicht die Leidenschaft und die geistigen Höhenflüge bieten kann, wie der noch um zwei Jahre ältere Wagner. Ein Unrechtsbewußtsein ihrem Mann gegenüber scheint Mathilde nicht zu haben: Sie verheimlicht ihm ja nichts, und sie wahrt ihm die eheliche Treue.

Das gesellschaftliche Leben, das sich unter Mathildes geschickter Regie in der Villa auf dem Grünen Hügel entfaltet, kommt beiden Männern zugute: Für Otto Wesendonck ist es Bestätigung seiner kulturellen und wirtschaftlichen Bedeutung, für Wagner glanzvolle Kulisse seiner Auftritte als Künstler. Er brilliert nicht nur am Flügel, sondern auch in der Konversation oder als Rezitator der Werke Gottfried Kellers. Durch sein planvoll aufgebautes Beziehungsnetz kann sich der ständig in Geldnöten Steckende auch finanziell über Wasser halten mit Gönnern und Fürsprechern wie Dr. Jacob Sulzer, dem befreundeten Ehepaar Wille oder dem Architekten Gottfried Semper, der die ersten Entwürfe für die Wesendonck-sche Villa gemacht hat.

Da es Mathilde Wesendonck versteht, in liberaler Art die gegensätzlichsten und schwierigsten Menschen zusammenzubringen, wird der Grüne Hügel mehr und mehr zu einem Zentrum des Zürcher Kulturlebens. Sie führt das, was man andernorts einen Salon nennt, und daß ihr dies im bürgerlich nüchternen Zürich gelingt, zeugt von ihren psychologischen, diplomatischen und organisatorischen Fähigkeiten. Henriette Herz in Berlin oder Fanny von Arnstein in Wien hatten es leichter in ihren weltläufig aufgeschlossenen Städten. Mathilde Wesendonck mißt sich nicht an ihnen. Gerade deshalb vielleicht gelingt es ihr in unkonventionell herzlicher Art, ihr Haus für Gelehrte, Politiker, Geschäftsleute und freischwebende Künstler attraktiv zu machen. Der Bildhauer Josef von Kopf schreibt über seinen Besuch auf dem Grünen Hügel: »Angenehm und ruhig ging es in diesem Hause zu. Frau Wesendonck war die Seele des Ganzen. Wagen, Pferde zum Reiten, Zeitungen, Bücher, Bäder, ausgezeichneter Tisch mit vorzüglichen Weinen, Musik, interessante Menschen, die von überall herkamen und gern blieben, machten dem Gaste die Villa zum Paradies.«

Farbe bringen in den Zürcher Salon die ausländischen Künstler, vor allem aus Italien, aber auch die Deutschen, die nach der Revolution von 1848 ihr Land verlassen mußten. Hier bewährt sich, wenn die Stadt schon nicht mit Wiener Charme und Esprit aufwarten kann, eine andere Tradition: die schon zur Zeit der Hugenottenverfolgungen geübte Toleranz der Zürcher Flüchtlingen und Verfolgten gegenüber. Daß Richard Wagner jenseits der Grenze steckbrieflich gesucht wird, macht ihn nicht suspekter, nur interessanter, sein »Asyl« und die Wesendoncksche Villa zum umso begehrteren Treffpunkt für Musikfreunde.

Für den 22. Dezember 1857, den Geburtstag Mathildes, hat sich Wagner etwas Besonderes ausgedacht: ein Überraschungsständchen auf dem Grünen Hügel mit dem zweiten Wesendonck-Lied »Träume«, das er instrumentiert hat. Mathilde ist mehr als gerührt, nimmt es als Liebesbezeugung des Meisters. Als dieser in den Weihnachtstagen den befreundeten Regierungsrat Hagenbuch um die Ausstellung eines Passes für Paris bittet, munkelt man von einer geplanten Flucht des Paares. Aber Wagner ist bei aller Gefühlsemphase auch Realist. Otto Wesendoncks Großzügigkeit bis zum letzten auszureizen, wäre riskant. So bleibt er in Zürich und vollendet die Kompositionsskizze zum ersten Akt von *Tristan und Isolde.* An Silvester überreicht er sie Mathilde mit einer Widmung, die in dieser Deutlichkeit überrascht:

Hochbeglückt,
Schmerzentrückt,
Frei und rein
Ewig Dein –

Zwischen dem ausgegrenzten Ehemann und Mathilde kommt es zu Beginn des Jahres 1858 zu der Auseinandersetzung, die man längst erwartet hat. Wagner reist nach Paris – allein. Er läßt sich dort von einer Mäzenin einen kostbaren Erard-Flügel schenken und kehrt mit gestärktem Selbstbewußtsein nach Zürich zurück, sichtlich bemüht, durch ein Beethoven-Konzert zu Otto Wesendoncks Geburtstag alles wieder ins Lot zu bringen. Mathilde lädt ihn gemeinsam mit dem aus Italien emigrierten Gelehrten Francesco de Sanctis, bei dem sie Italienischunterricht nimmt, zum Diner ein. Wagner gibt sich gekränkt und verletzt, da er den zurückhaltend scheuen Professor de Sanctis als Rivalen empfindet. In einem zornig larmoyanten Brief an Mathilde beschwert er sich anderntags: »So war mein ganzer Tag ein Kampf zwischen Mismuth und Sehnsucht nach Dir; und wenn ich mich so recht herzlich nach Dir sehnte, kam mir immer unser langweiliger Pedant dazwischen, der Dich mir raubte, und ich konnte mir nicht anders gestehen, als daß ich ihn haßte.« Der lange Klagebrief endet mit dem Satz: »Nimm meine ganze Seele zum Morgengruße!«

Mathilde kann die Seele des Eifersüchtigen nicht zum Morgengruß nehmen, der Brief erreicht sie nicht. Wagners Frau Minna hat ihn abgefangen und geöffnet. In der Szene, die sie ihrem Mann macht, bricht lang aufgestaute Wut aus ihr hervor. Minna, früh gealtert und vergrämt, kann dem Vergleich mit Mathilde und anderen Verehrerinnen ihres Mannes nicht standhalten. Sie ist es gewohnt, im Schatten des Meisters zu stehen, aber ihre Geduld und Gutmütigkeit haben Grenzen. Zwar versteht sie nichts von seiner Musik und mißachtet sie, aber sie versteht sehr wohl, daß sie ihren angenehmen Aufenthalt im »Asyl« eben jenen Fähigkeiten ihres Mannes verdankt, für die sie nichts übrig hat. Daß sie den Brief wie eine erbeutete Trophäe Mathilde überreicht, ist eine Kurzschlußhandlung, deren Folgen sie wohl zuwenig bedacht hat: Wagner versucht, sich von ihr zu trennen. In einem Brief an seine Schwester Kläre schildert er ausführlich das quälende Zusammenleben mit seiner Frau und das Verständnis, das ihm Mathilde entgegenbringt: »Sie hat seit der Zeit unserer ersten Bekanntschaft die unermüdlichste und feinfühlendste Sorge für mich getragen, und alles, was mein Leben erleichtern konnte, auf die mutigste Weise ihrem Manne abgewonnen ...«

Daß er sich trotzdem von den Wesendoncks zurückziehen will, erstaunt. Äußere Umstände mögen den Ausschlag gegeben haben: Das Verhältnis zu Otto Wesendonck ist nach einer Unterredung der beiden ungeklärt, in Zürich wird über die zerbrochene Ehe Wagners und über die Beziehung zu Mathilde getuschelt; er hat seiner Frau versprochen, jeden Verkehr mit den Nachbarn aufzugeben. In einem Brief an Mathilde besiegelt er den heroischen Verzicht und auch den Entschluß, vom geliebten Asyl Abschied zu nehmen: »Und was dieses Losreißen vom letzten Anker für mich heißt, das sage Dir selbst, die Du meinen Sinn so innig kennst wie keines!« – Nie die Frage, was die Trennung für Mathilde bedeutet, wie sie den bevorstehenden Abschied verkraftet, wie ihr weiteres Leben aussehen wird. Stattdessen im letzten Brief aus Zürich vom 16. August 1858 die nachdrückliche Bitte: »Suche mir das Asyl zu erhalten.« – Nach seinem Auszug ist Minna, noch immer seine Ehefrau, ins Asyl zurückgekehrt, aber die Spannungen, die sich zu Mathilde ergeben, sind so groß, daß auch sie im September Zürich verläßt.

Wagner hat vor, den Winter in Venedig zu verbringen und hofft gleichzeitig auf eine Amnestie aus Deutschland. Für Mathilde schreibt er an einem »Tagebuch seit meiner Flucht aus dem Asyl«. Daß ihm das Asyl als Refugium jederzeit zur Verfügung stehe, hält er für angemessen, schließlich ist er der große Entsagende, dem Mathildes weitere Zuwendung zusteht: »Dich mir erhalten, heißt, mich meiner Kunst erhalten. Mit ihr – Dir zum Troste leben, das ist meine Aufgabe«, schreibt er im September aus Venedig. Mathilde geht nicht auf seine beschwörenden Briefe ein. Will sie, die in wenigen

Jahren Gereifte, erst einmal Abstand gewinnen, zu sich selbst kommen?

Nachricht über Mathilde erhält Wagner nur von der gemeinsamen Freundin Eliza Wille. Einen Brief, den er über Frau Wille Mathilde schickt, läßt diese ungeöffnet zurückgehen. Wagner antwortet postwendend und tief gekränkt: »Du wirst einst auch diesen zurückgewiesenen Brief lesen – und fühlen, welch grauenvolles Unrecht mir mit dieser Zurückweisung getan!« Er hat aus seiner Beziehung zu Mathilde stets alles ausgeblendet, was nicht ihn betraf: ihre Familie, ihre ersten Schritte in die Selbständigkeit, ihre Sorgen. Kein Wort über den Verlust des dreijährigen Söhnchens Guido, des zweiten Kindes, das ihr durch den Tod entrissen wurde. Keine Fragen nach den übrigen Kindern, der siebenjährigen Tochter Myrrha und dem zweijährigen Karl. Den Tod Guidos versucht Mathilde schreibend zu bewältigen, ihren Schmerz in Worte zu fassen, wie im Gedicht »Klage der Mutter«:

Wie gab mein Herz sich arglos ganz der Freude hin,
Als Du im Arme, rosig lächelnd an der Brust
Mir lagst, mit jedem Atemzuge trank ich da
Beseeligung aus Deinem Blick ...

Mathildes Gedichte sind formal keine Meisterwerke, und sie erhebt auch nie den Anspruch, eine große Dichterin zu sein. Wagners Drang, die Welt von seiner Bedeutung zu überzeugen, liegt ihr fern. Aber sie läßt sich von seinen langen, tagebuchartigen Briefen aus Venedig beeindrucken, von Sätzen wie: »Wir –: wir sind fern und nah – vereint – einig – eins!« Sie hat ihm ihr Tagebuch als Vertrauensbeweis geschickt, möchte Trost von ihm, den er ihr in seiner Ichbezogenheit nicht geben kann.

Am Allerseelentag schreibt er ihr von der Versuchung, vom Balkon in den schwarzflutenden Kanal zu springen. Nur die Vorstellung – das mag sie trösten –, lieber in ihren Armen zu sterben, hält ihn zurück. Er versucht, den *Tristan* zu vollenden, beschäftigt sich mit dem Parzival-Stoff. Nach einem kurzen, ernüchternden Treffen mit Mathilde in Venedig läßt er sie wissen: »nur meine Entfernung kann Ihnen die Macht geben, sich frei nach Ihrem Willen zu bewegen ...« Der Brief ist förmlich gehalten, aus der Geliebten ist wieder die mit Sie angeredete Freundin geworden – eine Zäsur im Leben der beiden.

Eine äußere Zäsur im Leben Wagners ist die Übersiedlung nach Luzern im Frühjahr 1859. Artige Einladungen, die nichts mehr von der Leidenschaft vergangener Zeit ahnen lassen, gehen hin und her. Mathilde kümmert sich um seidene Bettüberzüge für Wagners neues Domizil in Tribschen, sie schickt ihm Zwieback und ihre Gedichte. Er lobt, sachlich und mit betonter Distanz, ihr »Kriegslied«, fragt nun auch nach den Kindern, beschreibt weitschweifig seine Arbeit am *Parsifal* und bittet dann ironisch: »Nehmen Sie's für eine Vorlesung, zu der Sie nicht nöthig hatten in's Züricher Rathaus zu gehen!« Wagner zeigt sich nun, nachdem das Pathos der Liebesbeteuerungen weggefallen ist, als äußerst witziger und geistreicher Briefpartner. Seine langen Briefe aus Paris werden zunehmend väterlicher, an das liebe, beste, das teuerste Kind gerichtet, mit Ratschlägen etwa, wie Mathilde ihren – in seinen Augen – hypochondrischen Mann behandeln soll.

Von Mathilde sind nur ein gutes Dutzend Briefe erhalten, die sie ihm in den Jahren 1861–1865 geschrieben hat, nach Paris oder wo immer er sich gerade aufhielt. Alltagsbriefe, in denen von Ausflügen mit den Kindern, von Konzerten in der Fraumünsterkirche, von den Gästen des Hauses und vom kulturellen Leben Zürichs die Rede ist: Keller zum Staatsschreiber ernannt, Herwegh als Literaturprofessor nach Neapel berufen ... Einer der Briefe, vom Juni 1861, endet mit der Frage, fast schon der Bitte: »Wird es eine Zeit geben, wo Er auf dem grünen Hügel ausruht? Hoffen wir, so hoffnungslos es scheint?« Auch sie wahrt wieder die strenge Form der Anrede, ein bewußtes Abstandnehmen in der Hoffnung, den Mittelpunkt ihres Lebens nicht ganz zu verlieren.

Wagner schickt ihr seinen Entwurf der *Meistersinger.* Sie bedankt sich für eine Cervantes-Übersetzung und einen Brief, »der mir doch wenigstens Ihre Handschrift wieder brachte, wenn ich auch nicht ganz die frühere, erhabene Stimmung des Freundes darin erkannte...« Von der Geburt des Sohnes Hans im Jahre 1862, eines Nachzüglers, ist nicht die Rede, wohl aber von ihrer ersten, im gleichen Jahr herausgekommenen Gedichtsammlung. Sie enthält auch Volkslieder, Legenden und Sagen, die Wagners Einfluß spüren lassen, ebenso wie den des Germanisten Ellmüller, ein Freund des Hauses, der auf dem Grünen Hügel am Kaminfeuer oft alte Heldensagen erzählt hat. Diese Freundschaft brachte nicht nur Mathilde Anregungen, auch Wagner formten sich so die Stoffe seiner Opern im Kopf. Mathilde nahm teil an der Entstehung von *Rheingold,* der *Walküre,* von *Siegfried,* den ersten Studien zur *Götterdämmerung,* zum *Tristan* und zu *Parsifal.* Sie erlebte mit, wie aus deutschen Volkssagen *Tannhäuser* und *Lohengrin* erwuchsen, mit Professor Ellmüllers Hilfe las sie die Nibelungen im Original. War Mathilde an all den Facettierungen Wagnerscher Stoffe so interessiert oder hat sie sich, liebend, in einem Anpassungsprozeß seine Themen zu eigen gemacht? Wie auch immer: Ihr Horizont wurde durch den Umgang mit ihm und dem Kreis von Gelehrten und Künstlern auf dem Grünen Hügel ungemein erweitert.

Wagner beschwört in einem Brief vom Juni 1863 an Eliza Wille noch einmal die Zürcher Zeit herauf, die Zeit mit Mathilde. Er beteuert, sie sei und bleibe seine erste und einzige Liebe, er fühle aber, daß er sie nicht wiedersehen dürfe, schon in Venedig habe ihn dieses Wiedersehen unglücklich gemacht. Dann wieder die alte Emphase: »ja, erst jetzt weiß ich ganz, daß ich nie aufhören werde, sie einzig zu lieben.« Ähnliche Sätze lesen wir allerdings später über seine neue Gefährtin Cosima.

Im August 1863 ein endloser Brief: Erinnerungen, Selbstbespiegelung, Larmoyanz, und mitten drin die Bitte, doch für ihn wieder einmal ein Konzert in Zürich zu arrangieren. Im Herbst die Ankündigung seines Besuches, verbunden mit der Anweisung, wie man ihn zu betreuen habe: »Frühstück und Mittagessen schicken Sie mir auf mein Zimmer…« – Ist Mathilde noch immer bereit, dem Meister alle Extravaganzen durchgehen zu lassen? – Aus dem wachsenden Abstand heraus sieht sie seine schwierige und egozentrische Art deutlicher. In erstaunlicher Offenheit schreibt sie ihm, anspielend auf seine Menschenverachtung und seine gleichzeitige Ruhmessucht: »Geradezu unbegreiflich ist mir, wie man den Erfolg schlechtweg, d.h. Beifall, zugleich verachten und doch suchen kann. Nur der Weise, däucht mich, der von der Welt Nichts will, darf sie verachten, der Andere, der sie braucht, wird durch die bloße Berührung mit ihr schon Mitschuldiger und kann nicht mehr Richter sein. Sie sind Wissender und Mitschuldiger im höchsten Grade.« Mutig, diese Sätze, wenn man Wagners Jähzorn kennt und die Unbeherrschtheit, mit der er auf Kritik reagiert. Und sie möchte ihn ja nicht verlieren.

Der Herbst 1863 bringt ihr genügend sonstige Sorgen. Ihr Mann liegt seit Wochen mit rheumatischem Fieber und schmerzhafter Muskelentzündung im Bett und bedarf Tag und Nacht der Pflege. Den Verkauf des Asyls, das für sie so viel Erinnerungswert hat, kann sie nur mit knapper Not verhindern. Für Cosima von Bülow, Wagners spätere Frau, stellt sie in mühseliger Arbeit ein Verzeichnis aller in ihrem Besitz befindlichen Dichtungen, Partituren, Briefe und Zeitschriftenbeiträge des Meisters zusammen. Sie kann zu dem Zeitpunkt noch nicht ahnen, mit welchem Sarkasmus Wagner später über all ihre Bemühungen urteilen wird. Wir erfahren dies aus Cosimas Tagebuch, in dem Wagners Leben wie in einem subjektiv eingefärbten Dokumentarfilm genauestens festgehalten ist.

Im Februar 1871 bringt Mathilde arglos ihr neues Bändchen über Friedrich den Großen auf den Weg nach Tribschen. Wagner reagiert darauf äußerst vergrämt, findet es geschmacklos, »daß Frauen sich so auf den Markt bringen«. Stört ihn, daß seine einstmals nur ihn adorierende Muse es nun wagt, anderen Göttern zu huldigen? Der förmliche kühle Dank, den Cosima in seinem Namen der Verfasserin ausspricht, ist ihm noch zuviel, die Erinnerung an Mathilde soll gänzlich getilgt werden. Er braucht seine Mäzenin nicht mehr, er hat höheren Ortes Gunst gefunden, der Bayernkönig Ludwig II. ist sein begeisterter Anhänger geworden. Er habe »der Frau« ihre Briefe zurückgeschickt und die seinigen verbrennen lassen, behauptet er, weil er nicht wolle, »daß irgend etwas bestehe, das annehmen lassen könnte, es sei hier eine ernste Beziehung gewesen«. Er verleugnet die ganzen früheren Liebesschwüre – oder waren es schon damals falsche? War Mathilde nur die Muse, die er als Stimmungsrequisit für *Tristan und Isolde* brauchte?

Den letzten Brief an Mathilde schreibt Wagner am 28. Juni 1871 von Tribschen aus: Die »verehrte Freundin« soll ihm die Kopie eines alten Notenblattes schicken. Mathilde, die Ausgebeutete, Benutzte, Betrogene? Sie sieht sich eher, wie es dem edlen Frauenbild der Zeit entspricht, als Dienende. Die Rolle der selbstlosen Muse eines Genies hat sie nicht hinterfragt, aber sie geht, und das ist das Entscheidende für ihre Persönlichkeitsfindung, nie ganz in diesem Genie auf und auch nicht an ihm zugrunde.

Nach Wagners Verbindung mit Cosima, der Tochter Liszts, zieht sich Mathilde nicht wie seine erste Frau Minna verbittert aus der Welt zurück. Ihr Leben läuft äußerlich in gewohnten Bahnen weiter: große Empfänge und Konzerte auf dem Grünen Hügel, Wißbegier und Lerneifer, Reisen mit Otto Wesendonck, dessen Kunstsammlung mehr und mehr wächst. Im Zentrum aber ihr Schreiben. Für ihre Kinder Myrrha, Carl und Hans hat sie sich *Märchen und Märchenspiele* ausgedacht, in denen Siegfried keck mit Dornröschen statt mit Brunhilde gekoppelt wird, weil dies dem kindlichen Gemüt gemäßer ist. Ihre Naturmythen für Erwachsene widmet sie der »lieben Spinnerin« Eliza Wille, das *Deutsche Kinderbuch* ihrem siebenjährigen Sohn Hans. Es ist das erste Buch, das ihren vollen Namen trägt, ein Zeichen ihres gewachsenen Selbstbewußtseins.

Mit diesem Selbstbewußtsein wagt sie sich nun auch an große Bühnenstoffe: *Genovefa, Gudrun, Edith oder die Schlacht bei Hastings.* Die Hauptrollen spielen stets Frauen, unkämpferische Heldinnen, die groß sind im Aufsichnehmen von Last und Leid. Mathilde möchte die Frau herausgehoben und geehrt wissen wie zur Zeit des Minnesangs. Die bedingungslose Emanzipation, für die Frauenrechtlerinnen auf die Straße gehen, lehnt sie ab. Die Frau gehöre ins Haus, nicht auf die Straße, mit dieser Meinung findet sie sich in Übereinstimmung mit den meisten Zeitgenossen. Sie ist kein revolutionärer Geist, aber durch ihr selbstverständliches Vorpreschen in die Männerdomäne Theater, durch ihren freien Umgang mit historischen Stoffen, durch ihre weibliche Sicht auf den Heroenkult, den sie auf menschliche Maße zurückführt, zeigt sie Frauen Möglichkeiten auf, in neue Gedankenwelten vorzustoßen, eigene Sehweisen zu entwickeln.

Ihrem Drama *Edith* hat sie die Worte Antigones vorangestellt: »Nicht mit zu hassen, mit zu lieben bin ich da.« Von diesem Motto ausgehend, versucht sie, Brücken zu schlagen zu christlichen und buddhistischen Gedanken. Für religiöse Unduldsamkeit hat sie kein Verständnis, auch nicht für die antisemitischen Strömungen, die es in ihrem Umfeld zweifellos gibt. Auffällig ist, daß in ihrem Haus keine Juden verkehren, obwohl der tolerante und großzügige Otto Wesendonck als Kunstsammler ständig Umgang mit jüdischen Galeristen in Berlin und New York pflegt. War der Einfluß Wagners im Haus so groß, daß man ihn durch Einladung jüdischer Gäste zu brüskieren fürchtete? Seine Schrift *Das Judentum in der Musik* wird bei den Wesendoncks nicht gelesen und verbreitet, aber sie ist auch nicht Anlaß zum Bruch mit Wagner. Auch wenn man sich auf dem Grünen Hügel nur den schönen Künsten widmen wollte, konnten doch politische Tönungen nicht ausbleiben: hier trafen sich deutschfreundlich Gesinnte. Als diese sich nach Beendigung des deutsch-französischen Krieges im März 1871 zum Siegesfest in der Zürcher Tonhalle zusammenfanden, kam es zum Eklat. Eine aufgebrachte Meute konnte von Soldaten nur mühsam davon abgehalten werden, die Wesendoncksche Villa in Brand zu stecken. Den Wesendoncks schien ein Verbleiben in Zürich, dem geliebten Domizil, nicht mehr ratsam. Sie ließen sich in Dresden, später in Berlin und zum Schluß am Traunsee nieder, wo Mathilde am 31. August 1902, sechs Jahre nach ihrem Mann, starb.

Der überstürzte Wegzug der Wesendoncks wurde von vielen Zürchern bedauert, die Stadt hatte ein kulturelles Zentrum verloren. Kaum jemandem, der heute das weit über die Grenzen bekannte Museum Rietberg besucht und den großzügigen Stil des Hauses, den weiten Park, die Sicht über den See auf sich wirken läßt, wird noch bewußt, daß Zürich dieses stimmige Kunstensemble den Wesendoncks zu verdanken hat.

Der Dichter Conrad Ferdinand Meyer, Mathildes literarischer Berater und, wie Gottfried Keller, dem Hause Wesendonck eng verbunden, schreibt ihr nach dem »Tonhalle-Skandal« im März 1871 bestürzt: »Es ist mir unmöglich, Ihnen wenigstens nicht mit zwei Worten zu sagen, wie tief mich die gestrigen Schändlichkeiten empörten. Jeder Zürcher, der noch einen Begriff von Ehre hat, wird die gestrigen Ausbrüche der Bestialität mit Verachtung brandmarken. Was mich betrifft, so liegt mir jede Solidarität mit solchen Elementen der Bevölkerung so ferne, daß ich nicht einmal ein Gefühl der Beschämung, sondern einfach dasjenige der Mitleidenschaft mit den um ihres Vaterlandes willen vom Pöbel beschimpften Deutschen habe.«

Für Mathilde bleibt Zürich, trotz dieser Trostworte, eine schmerzende Erinnerung. Die Jahre auf dem Grünen Hügel waren Höhepunkt ihres Lebens und gleichzeitig Wendepunkt: Abschied von dem Menschen, um den nach wie vor all ihr Sinnen kreist:

> Sprich, warum dies bittere Scheiden?
> Nimmst mit Dir mein ganzes Glück.
> Soll ichs tragen dich zu meiden,
> Gieb mich erst mir selbst zurück!

Noch 1878 schickt sie Wagner *Nausikaa,* den ersten Teil eines unvollendet gebliebenen dramatischen Gedichts, mit einer Widmung nach Dresden. Im Mittelpunkt steht, wie auch in ihrem letzten Drama *Alkestis,* eine Entsagung übende Frauengestalt. Zu Wagners Tod schreibt sie ein langes, verehrungsvolles Gedicht: »Zum 18. Februar 1883. Dem Tag der Beisetzung Richard Wagners zu Bayreuth«. Sie hat ihm, trotz erfahrener Schmähungen, die Treue bewahrt.

Eine Frau zwischen Aufbruch und Hingabe – von Emotionen geprägt, von Bildungseifer erfüllt, bewahrend und zukunftsoffen, liebend und entsagend, wie es Mathilde Wesendonck rückblickend auf ihre Musenzeit mit Richard Wagner, knapp und treffend formuliert hat:

> Mir erkoren –
> Mir verloren –
> Ewig geliebtes Herz.

Tumult im Präpariersaal

Die erste Schweizer Ärztin

Marie Heim-Vögtlin

1845–1916

Als die Aargauer Pfarrerstochter Marie Vögtlin sich 1869 an der Zürcher Hochschule für ein Medizinstudium einschreibt, kann sie nicht ahnen, was für turbulente Jahre ihr bevorstehen. Ihr Wunsch, Arzt zu werden – den Begriff »Ärztin« gibt es noch nicht –, entspringt dem Bedürfnis, Kranken und Benachteiligten zu helfen, Frauen vor allem, deren Versorgung im Wochenbett äußerst unzureichend ist. Prestigestreben oder eitles Außenseitertum liegen ihr fern, sie hat nicht das Bewußtsein, mit ihrer Immatrikulation als erste Schweizer Medizinstudentin eine Pioniertat zu vollbringen, ihr kommt die eigene Entwicklung hin zum Studium ganz selbstverständlich und folgerichtig vor.

Selbstverständlich aber ist der Entschluß der 24jährigen keineswegs, gegen die geballten Vorurteile in der Öffentlichkeit und der eigenen Verwandtschaft ihre Aufnahme in die medizinische Fakultät durchzusetzen. Sie sieht sich spöttischen Fragen und heimlich getuschelten Anwürfen ausgesetzt, die sie verwundern und verwunden, aber nicht umstimmen: Wie kommt eine Tochter aus angesehenem Hause dazu, solch unweibliche und unschickliche Pläne zu entwickeln? Warum will sie es unbedingt den Männern gleichtun, wo doch die körperlichen Kräfte der Frauen viel geringer sind, von der sittlichen Gefährdung ganz zu schweigen? Warum kann sie, klug wie sie ist, nicht Lehrerin oder Erzieherin werden wie andere Pfarrerstöchter? Hat sie kein Ehrgefühl, den guten Ruf der Familie so aufs Spiel zu setzen? Auch wenn ein paar »schamlose Ausländerinnen« sich an der Hochschule herumtreiben, schickt sich das für eine ehrbare Schweizerin noch lange nicht!

Das kleine Städtchen Brugg hat seine Sensation, zumal sich die heimische Presse des »Falles« annimmt. Die Familie schämt sich für das schwarze Schaf, der Vater, der ursprünglich seine Einwilligung zum Medizinstudium gegeben hat, zieht diese unter dem Druck der Verwandtschaft wieder zurück. Aber Marie Vögtlin läßt sich von ihrem Vorhaben nicht abbringen: »Je mehr man an meinem Plan rüttelt, desto fester wird meine Überzeugung und mein Entschluß; je mehr man mich entmutigen will, desto mutiger werde ich«, schreibt sie an ihre Freundin Marie Ritter.

Die Pfarrerstochter in Schwanden ist ihre einzige Vertraute, nachdem die Verlobung mit ihrem Vetter, dem jungen Arzt Fritz Erismann, dessen schwerkranke Mutter sie bis zum Tod gepflegt hat, überraschend in die Brüche gegangen ist – unverständlich für die Verwandtschaft, die dem Paar wohlgesonnen war und die von den politischen Verbindungen des sozialistisch engagierten Arztes wahrscheinlich nichts wußte. Für Marie Vögtlin war diese kurze Zeitspanne, wie sie sich später erinnert, eine der glücklichsten ihres Lebens. Die Gespräche mit dem Verlobten weiteten ihren Horizont, unter seinem Einfluß löste sie sich von der sie einengenden Strenggläubigkeit des Elternhauses. Sie las die Schriften Stuart Mills, vor allem aber Mazzinis und begeisterte sich für die Ideen des Sozialismus. Eine persönliche Begegnung mit dem italienischen Sozialpolitiker in Zürich beeindruckte die 21jährige tief, die sich ihre eigene Weltsicht zurechtgelegt hatte – eine Weltsicht, die weniger von politischen Parolen als vom selbstlosen Einsatz für andere geprägt war. Ihren Idealismus setzte sie, im Gegensatz zu vielen politischen Schaumschlägern, auch in die Praxis um: Nicht nur, daß sie ihre todkranke Tante pflegte, sie packte auch in einer kinderreichen Familie zu und führte ihrem verwitweten Vater den Haushalt. Im Cholerajahr 1867 meldete sie sich spontan zum freiwilligen Einsatz, ohne an eigene Ansteckungsgefahr zu denken. Ihrer Freundin Marie Ritter, die sie aus gemeinsamen Internatstagen in der französischen Schweiz kannte, schrieb sie: »Ich habe mich also wirklich bei den hiesigen Ärzten gemeldet, und bereits ist alles in Bereitschaft; in der Nähe des Kirschgartens ist ein leeres Haus eingerichtet als Absonderungshaus...«

Aus dem Pflegeeinsatz, der so sehnlich erhofften Bewährung, wurde nichts, die Seuche konnte unter Kontrolle gebracht werden, ohne daß man Hilfskräfte benötigte. Vom Pfarrhaushalt des Vaters aber, vom Kochen und Nähen, Klavierspielen und Briefeschreiben, fühlte sich Marie Vögtlin zu wenig gefordert, sie suchte nach weiteren Betätigungsfeldern. Bei ihrer Mithilfe in der Armenschule und im Kinderspital merkte sie, wie sehr ihr dieser pflegerische Einsatz lag, wie gerne sie im medizinischen Bereich Verantwortung übernommen hätte. So bereitete sie sich heimlich auf die »Universitätsreife« vor, die ihr ein Arztstudium ermöglichen sollte. Frühmorgens oder beim Kochen – Vater und Schwester durften nichts von ihrem Vorhaben merken – arbeitete sie Latein- und Mathematikbücher durch. Ihre Lernvoraussetzungen waren nicht schlecht, sie hatte, erst durch ihre Mutter, dann durch einen Privatlehrer, eine gute Grundbildung mitbekommen. Daß sich für studierwillige Mädchen in jener Zeit überhaupt ein Silberstreif am Horizont abzeichnet, läßt die Autodidaktin hoffen.

Das Jahr 1867 geht nicht nur als Cholerajahr in die Zürcher Geschichte ein, sondern auch als Markstein für den Beginn des »Experiments Frauenstudium«. Die Zürcher Hochschule hat sich – als erste im deutschen Sprachraum – Frauen offiziell geöffnet. Bereits seit den vierziger Jahren gab es einzelne Hörerinnen, die aber keine Examen ablegen konnten. 1865 kam die Russin Nadezda Suslova nach Zürich, um hier Medizin zu studieren, nachdem man sie in St. Petersburg ihres

Geschlechts wegen vom Studium ausgeschlossen hatte. Nach zwei Jahren intensiver Arbeit meldete sie sich zur Promotion. Die Mehrheit der liberal gesinnten Dozenten sprach sich – gegen den erbitterten Widerstand einer Minderheit – für die Zulassung aus, wohl wissend, daß damit ein Präzedenzfall geschaffen wurde, aber noch nicht ahnend, wieviel Studentinnen, vor allem aus Rußland, nun Zürich zustreben würden.

Zwei Jahre später, 1869, nimmt Marie Vögtlin als erste Schweizerin das Medizinstudium auf – und mit ihr noch weitere sieben Studentinnen, alles Ausländerinnen. Sie erregen die Zürcher Gemüter weniger als die Einheimische mit dem »appartigen Wesen«, die an ihre Freundin schreibt: »... ein dorniger Weg, voller Schwierigkeiten. Aber keine davon ist unüberwindlich, ich *will* sie alle überwinden... Die Zeit hat nun begonnen, wo der allgemeine Sturm losbricht, wo mein Plan das Tagesgespräch wird. Der ›Bund‹ und die ›Neue Zürcher Zeitung‹ haben sich bereits desselben bemächtigt, um ihn in die Öffentlichkeit zu tragen ...«

Aufregung in der Stadt, Aufregung in den Hallen der Hochschule, nicht so sehr bei den Professoren, die den Studentinnen mit besonderer Aufmerksamkeit entgegenkommen und den Sarkasmus oder Spott einzelner Kollegen auszugleichen versuchen, sondern bei den Studenten, besonders den Verbindungsstudenten, die durch das weibliche Geschlecht eingefahrene Rituale bedroht sehen und für die studierende Frauen eher Witzblattfiguren und Beuteobjekte denn Partnerinnen sind. Marie Vögtlin berichtet ihrer Freundin in Schwanden, wie peinlich es ihr ist, »überall unter Studenten zu stehen und mich passiv begaffen lassen zu müssen«, und die Kurzsichtige schließt ironisch: »das kurze Gesicht kommt mir sehr zu statten in dieser Beziehung.«

Franziska Tiburtius, eine spätere Kommilitonin, die sich als zweite Deutsche in Zürich eingeschrieben hat, schildert in ihren höchst anschaulich niedergeschriebenen Erinnerungen den Semesteranfang in der Anatomie: »Bei unserem ersten Erscheinen im Präpariersaal gab es einen unangenehmen Auftritt: es war unter den Studenten bekannt geworden, daß die Frauenzimmer zum erstenmal kommen würden. Als wir eintraten, war der Saal dicht gefüllt, auch von den andern Fakultäten zahlreiche Mitläufer, und es erhob sich ein wüster Lärm, Schreien, Johlen, Pfeifen usw.; da hieß es ruhiges Blut behalten. Neben dem großen Saal war ein kleiner Raum, der uns angewiesen war zur Aufbewahrung der großen Schürzen und des übrigen Handwerkszeuges. Der Lärm dauerte an, und als wir doch an die Arbeit gehen wollten, war die Tür verschlossen – wir waren eingesperrt!«

Der Professor entschuldigt sich später für seine Studenten, so etwas soll nicht wieder vorkommen, und es kommt auch nicht mehr vor. Die Studentinnen selbst sorgen jetzt für Unruhe: In Rußland haben sich die günstigen Studienbedingungen für Mädchen an der Zürcher Hochschule herumgesprochen, und immer mehr junge Russinnen brechen nach Zürich auf, um sich hier, vor allem in der medizinischen Fakultät, einzuschreiben. Viele sind außerordentlich motiviert, beherrschen die deutsche Sprache und bringen eine gute Vorbildung mit, andere dagegen nehmen das Studium nur als Vorwand für politische Agitation und freizügigen Lebenswandel. Sie werden von den Studenten spöttisch-geringschätzig »Kosakenpferdchen« genannt, wobei man ihre fanatische Zielstrebigkeit und ihre Opferbereitschaft unterschätzt.

Franziska Tiburtius wohnt Wand an Wand mit einem dieser Kosakenpferdchen und bekommt durch die dünne Holzwand mehr von den politischen Umtrieben und dem überschwenglichen russischen Gemeinschaftsleben mit, als ihr lieb ist. Sie erinnert sich: »Es waren meist ganz junge Mädchen, die dem Nihilismus und dem Bakuninschen Katechismus mit religiöser Begeisterung bis zum Fanatismus anhingen. Da sie in den Hörsälen und auf der Straße am auffälligsten waren, so wurde ihre Erscheinung bald als typisch aufgefaßt.« Sie tragen das Haar kurzgeschnitten zur Titusfrisur, gewaltige blaue Brillen, kurze, schmucklose »regenschirmfutterähnliche« Kleidchen, Matrosenhüte aus schwarzem Wachstuch und rauchen mit bedeutungsvoll abweisendem Gesicht Zigaretten.

»Auf der Platte«, der Gegend um das Polytechnikum, in dem auch die Hochschule untergebracht ist, entsteht eine zahlenstarke und bunte russische Kolonie, in der es zwei verfeindete Lager gibt, die Sozialisten auf der einen, die terroristisch agierenden Kommunisten auf der andern Seite. Ihr Anführer ist der Anarchist Bakunin, der 1867 in die Schweiz gekommen ist und erst von Locarno, dann von Zürich aus den Umsturz in Rußland vorantreibt. Zur Agitationszentrale wird die russische Bibliothek im Gasthaus *Zum Bremerschlüssel* gegenüber dem Polytechnikum, wo die Getreuen revolutionstüchtig gemacht werden. »Die russischen Kollegen zeigten düstere, schicksalsschwere Mienen, die kleinen Kosakenpferdchen waren in steter Bewegung und schwirrten auf der Platte hin und her«, schreibt Franziska Tiburtius, »jeden Abend gab es politische Versammlungen, wo die Meinungsverschiedenheiten mit aller Wucht und Verve der russischen Sprache – vielleicht auch manchmal durch andere Mittel – ausgefochten wurden. Kein Russe ging mehr ohne Revolver auf die Straße, und meine Kollegin selbst zeigte mir das zierliche sechsläufige Ding, mit dem sie sich nötigenfalls zu verteidigen gedachte.« Die Anhänger der verschiedenen Richtungen liefern sich erbitterte Gefechte, den Zürchern ist das Treiben rund um Hochschule und Polytechnikum immer weniger geheuer. Man hört von Explosionen bei der Herstellung von Sprengbomben, man vermutet überall Spione. Nicht ganz zu Unrecht: Die Medizinstudentin Vera Figner, die als Neunzehnjährige nach Zürich kam und revolutionäre Verbindungen knüpft, wird später in Rußland wegen mehrerer Attentatsversuche auf

Zar Alexander II. zum Tode verurteilt, dann zu lebenslänglicher Haft begnadigt.

Marie Vögtlin, durch ihren früheren Verlobten mit sozialistischen Ideen vertraut, verfolgt das politische Geschehen mit Interesse, möchte sich aber von allen Auseinandersetzungen fernhalten und sich nur dem Studium widmen. Daß ihr dies nicht gelingt, verwundert nicht. Dr. Erismann, mit dem sie auch nach Auflösung der Verlobung noch Briefe wechselte, hat inzwischen seine Studienkollegin Nadezda Suslowa, die erste in Zürich promovierte Ärztin, geheiratet und ist ihr nach St. Petersburg gefolgt. Äußerlich hat Marie Vögtlin diese Nachricht mit Fassung aufgenommen, innerlich wird eine Verwundung bleiben. Daß diese Ehe nur wenige Jahre Bestand hat, kann sie damals noch nicht wissen. Der medizinische Erfolg ihrer »Rivalin« mag sie herausgefordert und angespornt haben, ihr Studium möglichst mit Auszeichnung abzuschließen.

Mit Sorge und Wut sieht sie daher, daß das Studienniveau durch die vielen unqualifizierten, teilweise erst sechzehn oder siebzehn Jahre alten Studentinnen aus Rußland ständig sinkt – und damit das Ansehen aller weiblichen Studierenden. Schon erklären erste Stimmen das »Experiment Frauenstudium« für gescheitert; schließlich hat der Münchner Anatomieprofessor Theodor von Bischoff nachgewiesen, daß die weibliche Gehirnmasse wesentlich kleiner ist als die männliche und Frauen daher zu wissenschaftlicher Arbeit unfähig sind!

Die Zürcher Hochschule (die offiziell erst von 1912 an Universität heißt), hat die ersten Studentinnen ohne Qualifizierungsnachweis aufgenommen, da viele Mädchen ja gar nicht die Möglichkeit hatten, eine höhere Schule zu besuchen. Gemeinsam mit fünf anderen Medizinstudentinnen fordert Marie Vögtlin nun im Februar 1870 in einem Brief an den Rektor und den Senat, in Zukunft nur noch Frauen zum Studium zuzulassen, die ein Maturitätszeugnis oder ein ähnliches offizielles Examen abgelegt haben. Sie selbst geht mit gutem Beispiel voran und holt ihre Maturitätsprüfung nach. Den Professoren kommt der Vorstoß der sechs Studentinnen nicht ungelegen, zumal die Russinnen ständig Sonderrechte einfordern und viel Unruhe in den Lehrbetrieb bringen. 1873 werden die Zulassungsbedingungen für Studierwillige beiderlei Geschlechts verschärft. Die Abwanderung der russischen Studentinnen nach Bern und Genf hat allerdings noch einen andern Grund: Im selben Jahr 1873 kommt von der zaristischen Regierung ein Erlaß, der Russinnen unter Androhung von Sanktionen verbietet, weiter in Zürich zu studieren. Der »Ukas« trifft auch die nicht agitatorisch tätigen Studentinnen. Nur 12 von 109 bleiben in Zürich, und Franziska Tiburtius schreibt nach Hause: »Es ist jetzt nach Abgang der Russen wunderbar ruhig auf der Platte und in den Wandelgängen der Universität.«

Marie Vögtlin, von Natur aus eher scheu und zurückhaltend, hat sich als Wortführerin der Studentinnen auch bei den Professoren Achtung erworben. Sie ist sich inzwischen der Vorbildrolle bewußt, die sie für viele ihrer Geschlechtsgenossinnen spielt. »Die Verantwortung, die ich auf mich genommen habe, ist groß – ich fühle, daß ich im Namen meines ganzen Geschlechts dastehe, und wenn ich meinen Weg schlecht mache, dies für mein ganzes Geschlecht ein Fluch werden kann«, schreibt sie ihrer Freundin. Daß sie sich an den Gebrauch der Präpariermesser so gewöhnt hat wie früher an die Nähnadel, erwähnt sie mit Genugtuung. Für Tanzvergnügen hat sie nichts übrig, schon eher für Wandern und Schlittschuhlaufen. Ihr Semesterplan ist prall gefüllt, sie arbeitet von morgens halb sechs bis abends halb zehn und gönnt sich kaum Pausen, um all ihren Verpflichtungen nachkommen zu können. Dabei ärgert sie das »schauderhafte Mißverhältnis zwischen dem Leben der Männer und Frauen unserer Klassen«, und sie notiert wütend: »Es fährt mir manchmal bis in die Fingerspitzen, wenn ich sehe, wie die Männer durch nichts aus der Fassung und aus dem Genuß ihrer geliebten Bequemlichkeit zu bringen sind, wie das ganze Leben der Frauen eigentlich nur dazu da sein muß, um ihnen diese Bequemlichkeit möglich zu machen.«

Aber nicht auf alle Männer trifft dieses harte Urteil zu. Bei einer botanischen Exkursion lernt sie den vier Jahre jüngeren Geologen Albert Heim kennen. Die beiden verstehen sich auf Anhieb, das gemeinsame Interesse an der Natur und den Naturwissenschaften verbindet sie, auch der Einsatz für hilfebedürftige Menschen. Bei einer Bergtour verloben sie sich auf dem Gipfel des Glärnisch, und die Verwandtschaft findet dies nun nicht mehr »appartig«, sondern ist zufrieden, daß das studierte Frauenzimmer doch noch unter die Haube kommt. Dreißig Jahre alt, schon im Altjungfernalter ist Marie Vögtlin bei der Heirat. Zwei Jahre zuvor hat sie ihr Studium mit bestem Erfolg abgeschlossen: Staatsexamen, patentierte Ärztin, aber ohne Möglichkeit einer öffentlichen Berufsausübung. Dabei hat sie bei ihrer Arbeit in der Poliklinik gesehen, wie dankbar Frauen sind, wenn sie von einer Frau behandelt werden.

Um mehr Erfahrungen in der Behandlung von Frauen zu sammeln, geht sie nach dem Staatsexamen für ein Semester nach Leipzig – die dortige Gynäkologie hat einen ausgezeichneten Ruf. Von Zürich her ist sie gewohnt, als Frauenzimmer unter lauter Studenten vieles über sich ergehen zu lassen, von anzüglichen und spöttischen Bemerkungen einiger Kommilitonen bis zur Ignorierung der Studentinnen durch einzelne Professoren. Witze über »Weiber im weißen Kittel« regen sie nicht mehr sonderlich auf, zumal die Sticheleien mit dem Einzug von immer mehr Frauen in die Hörsäle ihren Neuigkeitswert verlieren. In der Leipziger Universität jedoch, die, wie alle deutschen Hochschulen, Studentinnen noch nicht zum Examen zuläßt, ist sie die einzige Frau unter 3200 Studierenden und wird begafft wie ein Fabelwesen. Während die Professoren sich ihr gegenüber entgegenkommend verhalten und Professorengattinnen sie zu Kaffeekränzchen einladen, erfährt sie von den Kommilitonen nur rüde Ablehnung und Anpöbeleien. »Es muß daran liegen, daß ihre Phantasie gereizt wird durch die Ausnahmestellung, die ich einnehme«, schreibt sie ihrem Freund nach Zürich. Den Hörsaal kann sie nur unter dem Schutz der Professoren betreten. Möglich, daß die zum Teil aus kleinbürgerlichen Kreisen stammenden Studenten nicht nur gegen die Frau und Ausländerin rebellieren, sondern gegen die Sonderbehandlung und Protektion, die dieser widerfährt.

Sie lernt in Leipzig viel über Geburtshilfe, aber wenig über Frauenkrankheiten und deren Behandlung. Die im großen Saal vorgeführten Patientinnen tun ihr leid: »die Frauen fürchten sich, unter die endlose Schar von Studenten zu kommen«. Verglichen mit Leipzig ist Zürich eine kleine, idyllische Universität mit überschaubaren Krankenstationen. In der anonymen Großstadtatmosphäre, in den riesigen, verrußten Klinikbauten fühlt sich Marie Vögtlin nicht wohl.

Ganz anders in Dresden: Hier hat ein Kollege sie an die königliche Entbindungsanstalt empfohlen, eine Einrichtung mit ähnlichem Renommee wie die Leipziger Gynäkologie, aber überschaubarer und persönlicher. Eine scharfe Examinierung durch den leitenden Professor, Geheimrat von Winckel, besteht sie glänzend und wird gleich als Assistentin auf die Privatstation übernommen. Ihrem Sozialempfinden entspricht zwar diese Klassenmedizin nicht, aber sie wird in dieser Klinik mit interessanten Fällen und wichtigen neuen Behandlungsmethoden konfrontiert. Auch ihre Dissertation *Über den Befund der Genitalien im Wochenbett* nimmt sie in Dresden in Angriff, promovieren allerdings wird sie – als erste Ärztin der Schweiz und wahrscheinlich Westeuropas – in Zürich. Natürlich hat es vor ihrer Zeit schon Frauen gegeben, die den Arztberuf ausgeübt haben; Dorothea Christiana Erxleben aus Quedlinburg wurde 1754, unter Sonderbedingungen, sogar zum Doktor der Medizin promoviert, aber Marie Vögtlin hat als erste ein volles, reguläres Studium durchlaufen und sich den allgemeinen Prüfungsnormen unterworfen. Ihre Promotion ist nicht eine einmalige Auszeichnung, sondern wird zum Präzedenzfall, auf den sich zukünftige Medizinerinnen berufen können.

Der Doktortitel bedeutet ihr übrigens wenig, sie tut dessen Verleihung als »mittelalterlichen Zopf« ab, sieht aber ein, daß sie ihn gerade als Frau zur Hebung ihres öffentlichen Ansehens braucht. Ähnlich wie sie empfindet die erste Berliner Ärztin Franziska Tiburtius ihre Zürcher Promotion, die »mit ziemlich viel Klimbim vor sich ging: ... feierlicher Einzug in die Aula, die Magnifizenz an der Spitze, dann das Opferlamm, der amtierende Professor, die anderen Professoren hinterher, die feierlich auf den Lehnstühlen Platz nahmen; – Praelectio, Thesenverteidigung... Verlesung der Eidformel in lateinischer Sprache, auf die natürlich niemand hörte, – dann die Promotionsformel von dem amtierenden Professor... und dann das erlösende Aufatmen, wenn man mit der Diplomkapsel unter dem Arm nach Hause ging...«

Der 11. Juli 1874 ist für Marie Vögtlin und gleichzeitig für die Geschichte des Frauenstudiums der denkwürdige Tag, an dem sie als erste Einheimische unter öffentlicher Verteidigung ihrer Thesen das Doktorexamen ablegt. Aber die Praxis ist ihr wichtiger. Sie kann nun ihren langgehegten Plan, sich als Frauenärztin in Zürich niederzulassen, in die Tat umsetzen, gesetzliche Hürden stehen nicht mehr im Weg, und das Bedürfnis der Frauen, sich von einer Geschlechtsgenossin behandeln zu lassen, ist groß. Das Wartezimmer in ihrer Hottinger Praxis ist, nachdem sie im Tagblatt und in der Neuen Zürcher Zeitung annonciert hat, ständig gefüllt. Es kommen Patientinnen aus allen Schichten, jedoch mehr Wohlhabende als Arme, denen sie sich ja durch ihren »Sozialismus der helfenden Tat« besonders verpflichtet fühlt. Sie behandelt Bedürftige praktisch unentgeltlich, gegen einen kleinen symbolischen Obolus, der verhindern soll, daß sie sich als Almosenempfänger fühlen.

In einem Brief an die Freundin Marie Ritter bedauert sie, daß die Frauen zwar ihre Leiden von ihr behandeln lassen, sie aber nicht zur Geburtshilfe heranziehen: »Die Leute stellen sich noch immer vor, daß dazu ein Pferd gehört.« Aufklärung tut not – medizinische, hygienische, sozialpolitische. Eigenverantwortlich handeln kann aber nur, wer Zusammenhänge erkennt; das setzt Schulbildung voraus, mit der es bei Mädchen im argen liegt. Diesen Zustand verändern müssen die Frauen selbst, also brauchen sie gleiche Rechte wie die Männer: das Frauenstimmrecht vor allem – ein Wort, das bei Marie Vögtlin voller Optimismus fällt. Sie kann nicht ahnen, daß noch ein Jahrhundert vergeht, ehe den Schweizer Frauen dieses Grundrecht zugestanden wird.

Sie selber fühlt sich trotz der ihr vorenthaltenen Rechte nicht eingeengt in ihren Entfaltungsmöglichkeiten. Sie hat sich schon früh, unter dem Einfluß ihres damaligen Verlobten Fritz Erismann, freigemacht von der streng orthodoxen Religiosität des Elternhauses und glaubt als Freidenkerin an keinen persönlichen Gott: »Über die höchsten Dinge werden wir immer unwissend bleiben; was wir aber deutlich wissen und herausfühlen können, das ist: was gut, schön, und nach und nach auch, was wahr ist, letzteres allerdings nur bis zu einer gewissen Grenze.« So konsequent sie ihre eigene Linie durchhält, so tolerant ist sie andern politischen und religiösen Gesinnungen gegenüber. Diese Offenheit trägt sicher, neben ihrer fachlichen Qualifikation, zu ihrem Praxiserfolg bei. Daß ihre Sprechstunden bald zu den besuchtesten der Stadt gehören, nehmen ihre männlichen Kollegen mit Neid, aber auch mit Bewunderung zur Kenntnis.

Die in aller Stille auf dem Gipfel des Glärnisch vollzogene Verlobung mit Albert Heim wird nun offiziell nachgeholt, und ein Jahr darauf, 1875, wird das Paar im Kirchlein von Gäbistorf bei Turgi durch Pfarrer Vögtlin, den Vater der Braut, getraut. Nach der Hochzeitsreise durch Südfrankreich und Italien beginnt der gemeinsame Alltag im geräumigen Haus an der Hottinger Straße, in dem auch die Praxisräume der Frauenärztin untergebracht sind. Daß eine Frau nach der Heirat nicht voll in ihren häuslichen Pflichten aufgeht, sondern weiter berufstätig bleibt, ist im ausgehenden 19. Jahrhundert höchst ungewöhnlich; es gibt ja kaum Frauen, die eine Berufsausbildung haben, die meisten sind froh, aus der elterlichen Obhut oder einer ungeliebten Dienststellung in einen eigenen Haushalt entfliehen zu können. Frauen mit selbstbestimmter Lebens- und Berufsplanung fallen aus dem Rahmen, sind unbequem, werden mißtrauisch beobachtet, die Ehemänner bedauert.

Albert Heim, junger Geologieprofessor am Polytechnikum und an der Universität, weiß, wie hart sich seine Frau das Studium erkämpft hat, wie sehr sie in ihrem Beruf aufgeht. Der Vielbeschäftigte macht nicht den Versuch, sie ans Haus zu fesseln. Die beiden entwickeln ein sehr modernes Ehemuster mit getrennter beruflicher Arbeit und einem Sich-Finden im gemeinsamen Studierzimmer am gemeinsamen Schreibtisch. Dieser gewaltige Schreibtisch mit zwei Arbeitsplätzen hat es der deutschen Frauenrechtlerin Luise Büchner bei einem Besuch im Heimschen Hause angetan: »Es war mir dieser Tisch ein Symbol, ein erstes sichtbares Zeichen dafür, wie Mann und Frau geistig ebenbürtig nebeneinander schaffen und wirken können.« Die Schwester des revolutionären Dichters Georg Büchner, der in Zürich verstorben ist und umgebettet werden soll, nutzt ihren Zürcher Aufenthalt zu Gesprächen mit politisch aufgeschlossenen Frauen, zu denen zweifellos Marie Heim-Vögtlin gehört. Die beiden haben ähnliche Ansichten, nur daß Luise Büchner fordernder und ungeduldiger auftritt als die nicht gern im Rampenlicht stehende Schweizer Ärztin.

Marie Heim-Vögtlin kümmert sich neben ihrer immer umfangreicheren Praxis auch um die praktische Ausbildung angehender Ärztinnen. Für die Dresdner Frauenklinik, an der sie selbst wertvolle Erfahrungen gesammelt hat, sucht sie unter den Zürcher Medizinstudentinnen geeignete Nachfolgerinnen aus. Ob die Beurteilung dieser Assistentinnen durch den Chefarzt, Prof. v. Winckel, nicht ihren Widerspruch weckt? Er spricht von »auserlesenem Material«, von Studentinnen, die »pflichtgetreu, fleißig, gewissenhaft und aufs eifrigste bestrebt« mindestens gleichwertige Leistungen erbringen wie die männlichen Volontärärzte. Daß in der Aufzählung der Tugenden Selbständigkeit, Durchsetzungsvermögen und Kreativität fehlen, entspricht dem Frauenbild der Zeit.

Nicht diesem Bild entspricht es, daß Marie Heim-Vögtlin, die erfolgreiche Berufsfrau, ihr erstes Kind im späten Alter von 37 Jahren, das zweite sogar mit über 40 bekommt und daneben weiter berufstätig bleibt. Sie kann sich mit dem Beispiel Dorothea Christiana Erxlebens rechtfertigen, die, ein Jahrhundert früher, ihre Praxis und vier Kinder versorgt hat. Hedwig Bleuler-Waser beschreibt in ihren Erinnerungen an die Universitätszeit, wie das Vorbild »der verehrten Frau Dr. Heim-Vögtlin« sie dazu bewogen habe, ein Medizinstudium zu beginnen, obgleich wohlmeinende Freunde rieten, sie solle nicht »gleich alle Hoffnung fahren lassen und studieren. Junge Herren seien ja doch alle darin einig, daß sie so etwas Entartetes wie eine Medizinerin nie heiraten würden.«

Immer wieder die Vorurteile gegen studierende Frauen, vor allem gegen Medizinerinnen. Ricarda Huch empört sich in ihren Zürcher Aufzeichnungen über einen Gynäkologen, der ein heftiger Gegner des Frauenstudiums war und »anstößige, oft geradezu unflätige auf sein Fach bezügliche Witze« in seine Vorlesungen einflocht, um die Studentinnen zu beleidigen und zu verscheuchen. Mit einer Kommilitonin gemeinsam verfaßte sie einen pamphletischen Briefwechsel über jenen Professor. Sie fand für das provozierende Buch mit dem Titel *Der Rachedolch* allerdings keinen Verleger.

Während sich Ricarda Huch in ihren Erinnerungen *Frühling in der Schweiz* über Marie Heim-Vögtlin sehr lobend äußert, zeigt sie für deren Mann wenig Sympathie. Sie schildert den Geologieprofessor Albert Heim als gnomenhaften Aufklärer mit Altmännerbart, der das Christentum verabscheut: »Von der Tiefe religiöser Vorstellungen hatte er keine Ahnung und wurde infolgedessen schnell mit ihnen fertig, wie er denn zum Beispiel das Abendmahl für eine Menschenfresserei ansah.« Die Christin Ricarda Huch reibt sich an einem Freidenker, dessen philanthropischen Einsatz sie jedoch nicht übersehen kann. Gemeinsam mit seiner Frau engagiert sich Heim für die Abstinenzbewegung und für Bestrebungen, eine konfessionsunabhängige Ausbildungs- und Arbeitsmöglichkeit für Krankenschwestern und Ärztinnen zu schaffen.

Als der Gemeinnützige Frauenverein 1901 in Zürich eine *Schweizerische Pflegerinnenschule mit Frauenspital* einrichtet, übernimmt Marie Heim-Vögtlin die Leitung der Kinderabteilung. In enger Zusammenarbeit mit der Chefärztin, Dr. Anna Heer, ist sie auch für die Finanzverwaltung zuständig. Daneben läuft ihre Praxis weiter und der Haushalt, zu dem nun drei Kinder gehören, Sohn Arnold, Tochter Helene und das Pflegekind Hanneli. Die Vielbeschäftigte versteht es, mit großer Arbeitsdisziplin allen Bereichen gerecht zu werden. Ihr Mann hat inzwischen als Geologe Karriere gemacht. Er ist Präsident der schweizerischen geologischen Kommission und bereist als Experte für Tunnelbau, Stauanlagen und Erdbebenforschung alle fünf Kontinente. 1898 hat er als erster zu wissenschaftlichen Zwecken mit dem Ballon *Wega* die Alpen überflogen. Während der Katalog seiner wissenschaftlichen

Arbeiten immer länger wird, beschränkt sich Marie Heim-Vögtlin auf die Praxis; *Die Pflege des Kindes im ersten Lebensjahr, Einige erzieherische Rathschläge für Mütter* oder *Worte einer Mutter an Mütter* heißen ihre Veröffentlichungen.

Bis zum Winter 1913/14 ist sie rastlos tätig, dann muß sie aus Krankheitsgründen zurückstecken. Am 13. August 1914 schreibt sie ihrem Sohn nach Amerika: »Es tut doch weh, von dem lieben Beruf Abschied zu nehmen. Seit der Krankheit letzten Winter ist es aus damit. Alle paar Wochen ein paar Frauen, die nicht von mir lassen wollen... Aber der Wagen läuft ja doch, und ich bin noch nicht ganz unnütz.« Sie hält Arnold, oft mit zwanzig Seiten langen Briefen, über alles auf dem laufenden, was zu Hause geschieht: die Herzkrankheit der Schwester, den Ausbruch des Krieges, die Mobilisierung der Schweizer Armee, die reiche Obsternte und die Zuckerknappheit. Über das Kriegsgeschehen macht sie sich ihre eigenen Gedanken: »die Franzosen nehmen das Maul so voll, und die Deutschen sind von einer elementaren Selbstgerechtigkeit. Man kann mit keinem Lande sympathisieren.«

Marie Heim-Vögtlins Tuberkulose verschlimmert sich zusehends, trotz ausgedehnter Kuraufenthalte in Ägeri und im Tessin. Im Februar 1915 schreibt sie ihrem Sohn, der nun eine Schweizer Expedition in Mexikanisch-Niederkalifornien leitet: »Du kannst nicht glauben, wie schmerzlich diese Gemeingefährlichkeit mir ist und wie niederschlagend... Der liebe Gott hätte mir auf mein langes Arbeitsleben nicht ein solches Ende antun sollen.« Die Kranke, die von ihrer Tochter gepflegt wird, nimmt schweren Herzens Abschied von ihren vielen Ämtern. »Ich bin jetzt ganz pflichtenlos, habe sogar meine Entlassung als Vorstandsmitglied vom Spital eingegeben und eigentlich keine andere Arbeit mehr als Kinderfürsorge«, schreibt die Siebzigjährige im Juni 1915. Um diese Aufgabe kümmert sie sich auch noch in den letzten Monaten ihres Lebens. Die quälenden Hustenanfälle setzen ihr im Frühling

1916 immer mehr zu, aber sie geht dem Tod entgegen, wie sie gelebt hat: eine Liste auf den Knien, in die sie all die Sachen einträgt, die für ihre Schützlinge besorgt werden müssen ...

Über Marie Heim-Vögtlin könnten zwei ganz verschiedene Biographien geschrieben werden. Eine über die moderne, emanzipierte Berufstätige und Pionierin des Frauenstudiums und eine über die Dienende, sich für andere Aufopfernde, wie es dem überkommenen Idealbild ihrer Generation entspricht. Beide blieben unvollständig. Diese progressiv-konservative Frau hat es geschafft, zwei widersprüchliche Leben in eines zu fügen.

Kampf dem Alkohol

Das Sozialengagement *Susanna Orelli-Rinderknechts* 1845–1939

Kindheitserinnerung: Eine lichterloh brennende Scheune. Die Kinder werden aus dem Schlaf gerissen, sehen entsetzt, wie das Feuer auf das Wohnhaus überzugreifen droht, wie der Vater unter Lebensgefahr das Vieh aus den Ställen holt, die Nachbarn und die Dorffeuerwehr die Flammen einzudämmen versuchen. Zurück bleibt ein Gerippe verkohlter Balken. Der Brandstifter wird rasch gefaßt: ein Trunksüchtiger, gerade aus der Heilanstalt entlassen und wieder rückfällig geworden, vom Alkohol enthemmt.

Eine andere Erinnerung: Der Sohn des Nachbarn, ein kräftiger, stattlicher Bursche, der einmal den Hof erben soll. Aber die Kinder sehen ihn immer seltener im Stall und auf dem Feld, dafür um so öfter im Wirtshaus. Er ist an den Suff gekommen, sagt der Vater. Eines Tages – vor den Kindern sucht man es geheimzuhalten – erschießt er sich im Rausch.

Und das traurigste Erlebnis: der Tod des Stiefbruders. Ein stiller, arbeitsamer Mensch, den die jüngeren Geschwister gern mögen. Mit dem Pferdewagen bringt er regelmäßig die Gerstenrückstände in die Brauerei und bekommt dort jedesmal ein großes Bier ausgeschenkt. So gewöhnt er sich ans Trinken. Bei einer Heimfahrt – er sitzt betrunken auf dem Kutschbock – verunglückt er tödlich. Daran ist der verfluchte Alkohol schuld, hören die Kinder.

Alkohol – ein Schreckwort für die kleine Susanna. Bilder, die sich tief in ihr Gedächtnis eingraben. Später, viel später, sind sie plötzlich wieder da – als Susanna Rinderknecht im »Hilfsverein für entlassene Geisteskranke« ehemalige Patienten der Anstalt Burghölzli betreut. Das Burghölzli mit den vergitterten Fenstern und den großen Schlafsälen bedrückt sie bei ihren Besuchen sehr. Ihre Schwester Caroline wurde nach einem schweren Gehirntyphus in diese Heilanstalt eingeliefert. Sie erholt sich erstaunlich schnell, dafür steckt sich nun Susanna mit Typhus an, doch auch sie übersteht die heimtückische Krankheit ohne Folgen. Zurück bleibt der Wille, den Menschen zu helfen, die aus den schützenden Mauern der Anstalt entlassen werden und sich wieder in der Gesellschaft zurechtfinden müssen. Viele von ihnen stammen aus zerrütteten Familien, und oft ist der Alkohol an dieser Zerrüttung schuld.

Daß der Alkoholismus im ausgehenden 19. Jahrhundert in der Schweiz zu einem der dringlichsten sozialen Probleme wurde, hängt sicher auch mit der Liberalisierung der Gesetze zusammen. Während seit dem Mittelalter die Zünfte, in Zürich die Zunft *Zur Meisen,* das Monopol auf Weinausschank besaßen und Neugründungen von Lokalen einem strengem Reglement unterlagen, wurde mit der Revision der Bundesverfassung von 1874 die volle Handels- und Gewerbefreiheit eingeführt, die auch für Alkohol galt. Nun schossen überall Gastwirtschaften aus dem Boden, auch Bierbrauereien, deren Niederlassung die Zünfte bislang verhindert hatten. Die Einführung eines eidgenössischen Alkoholmonopols brachte, zumindest kurzfristig, nicht die erhoffte Wirkung.

1882 zählte man in Zürich auf 130 Einwohner, Kinder eingerechnet, eine Wirtschaft. Jeder Schweizer verbrauchte im Jahresdurchschnitt 11 Liter Trinkbranntwein, 38 Liter Bier und 55 Liter Wein. Schnaps und Wein trank man zu jeder Mahlzeit, so wurden Kinder früh an Alkohol gewöhnt. Auch in Krankenhäusern wurde nach mittelalterlicher Sitte regelmäßig Wein ausgeschenkt, dessen Alkoholgehalt die Patienten gegen Seuchen immun machen sollte. Die Zürcher konnten ihren Durst fast an jeder Straßenecke löschen, in Lokalen, die nachts beliebig lange geöffnet waren. Die Einführung einer Polizeistunde lehnten die Bürger 1893 in einer Volksabstimmung als Bevormundung ab. So blieb es nicht aus, daß man häufig Betrunkene durch die Straßen torkeln sah und Frauen sich spätabends, weil sie Anpöbelungen fürchteten, nicht mehr allein auf den Heimweg wagten. Ermahnungen gegen die »Wirtshaushockerei« nützten nichts.

Die Trunksucht nahm solche Ausmaße an, daß nicht nur die Behörden, sondern auch Ärzte, Geistliche und Wissenschaftler sich Gedanken machten, wie der »Volksseuche« beizukommen sei. Einer von ihnen ist Professor Auguste Forel, der Leiter der Anstalt Burghölzli. Von ihm und seinem mit Engagement geführten Kampf gegen den Alkoholmißbrauch lassen sich die Schwestern Rinderknecht so beeindrucken, daß sie ihre Zeit und Kraft ehrenamtlich in der Trinkerfürsorge einsetzen. Zu Professor Forel und dessen Frau ergeben sich bald freundschaftliche Beziehungen, die lebenslang halten, auch wenn Susanna Rinderknecht sich zeitweilig stärker ihren Familienaufgaben widmet.

Bei einem Ferienaufenthalt in den Obwaldner Bergen hat sie den verwitweten Mathematikprofessor Johannes Orelli kennengelernt. Wegen des Altersunterschiedes – er ist fast 60, sie 36 – zögert sie, als er um ihre Hand anhält, doch die gemeinsamen Interessen und die übereinstimmende Lebenssicht lassen sie ihre Bedenken zurückstellen. Weihnachten 1881 werden die beiden in der Zürcher Predigerkirche getraut. Eine kurze, glückliche Ehe, in der Susanna Orelli, wie es dem Frauenbild der Gründerzeit entspricht, sich zurücknimmt und ihr Temperament zügelt. In ihren Lebenserinnerungen heißt es: »Mit Leichtigkeit paßte ich mich den Gewohnheiten meines Mannes an. Weil wir beide ganz offene Naturen waren, verstanden wir uns immer wieder. Es kam vor, daß ich mich in meiner Eigenart gehen ließ. Dann konnte er sagen: Tue das nicht mehr, das nimmt dir den Reiz.« – Zeilen, die noch nichts von der späteren Dynamik ihres eigenwilligen Lebens ahnen lassen.

Vier Jahre nur währt die Verbindung, dann stirbt Professor Orelli an einem – dem zweiten – Schlaganfall. »Wie ein vom Baum gewehtes Blatt« fühlt sich die mit vierzig Jahren noch mitten im Leben stehende Witwe. Die Pflege des halbseitig gelähmten Mannes hat ihre ganze Kraft gefordert, nun kommt ihr das große Haus am Zeltweg leer und ohne Mittelpunkt vor. Sie nimmt Studentinnen auf, um sich abzulenken, auch die Schwester Caroline ist nach dem Tod der Eltern zu ihr gezogen. Doch nichts vermag sie aus ihrer Schwermut herauszureißen: »Welt und Leben erschienen mir dunkel. Mein Empfinden für die Unvollkommenheit und die tausend Nöte des Daseins verschärfte sich, und jede Lebensaufgabe schien zu fehlen.«

Ein Genesungsaufenthalt im Kurhaus Gottschalkenberg bringt die Wende. Auch eine Begegnung mit dem Dichter Conrad Ferdinand Meyer auf der Rigi-Scheidegg, aus der sich eine bleibende, wenn auch lose Freundschaft entwickelt, hilft ihr weiter – vor allem aber die Wiederaufnahme der Kontakte zum Kreis um Professor Forel, der 1887 einen Internationalen Kongreß gegen den Mißbrauch geistiger Getränke nach Zürich einberufen hat. Schon seit ihrer Burghölzli-Zeit gehört Susanna Orelli dem *Verein des Blauen Kreuzes* an, der ältesten Bewegung, die sich um Alkoholopfer kümmert. Das theoretische Wissen um die Suchtgefahren holt sie sich beim neugegründeten *Alkoholgegnerbund,* in dem vor allem Ärzte und Wissenschaftler Aufklärungsarbeit leisten, neben Auguste Forel auch sein Nachfolger am Burghölzli, Professor Eugen Bleuler, und dessen Frau, Dr. Hedwig Bleuler-Waser, die später einen eigenen *Bund abstinenter Frauen* gründet.

Susanna Orelli ist eine gelehrige, an medizinischen Zusammenhängen interessierte Schülerin, obwohl sie keine fachliche Vorbildung besitzt. Die Bauerntochter aus Zürich-Oberstraß hat nur eine Landtöchterschule und ein paar hauswirtschaftliche Kurse besucht, bevor sie, nach einigen Monaten Welschlandaufenthalt, auf dem elterlichen Hof mit einspringt. Männerarbeit, Melken und Dreschen, mutet man ihr in der Fünfmädchenfamilie zu, und daneben liest sich die Wißbegierige in Schiller und Lavater hinein. Den Blick für die Nöte anderer hat ihr die immer hilfsbereite Mutter mitgegeben. Ohne Angst vor Ansteckung betreut Susanna während der Choleraepidemie eine erkrankte Nachbarsfamilie. Praktische Hilfe leistet sie auch in der Trinkerfürsorge.

Der Alkoholgegnerbund organisiert Vorträge und verbreitet Aufklärungsschriften, aber die, die Aufklärung am nötigsten hätten, erreicht er nicht. Mit Vorträgen allein, das wird Susanna Orelli schon bald klar, kommt man nicht weiter, auch nicht mit Verboten. Viele der überzeugten Abstinenzler sähen am liebsten ein absolutes Alkoholverbot oder wenigstens ein Kneipenverbot, um die Trunksucht einzudämmen – die Bauerntochter mit dem Sinn für das Machbare hält einen andern Weg für wirkungsvoller: »Wir müssen dem Volk einen Ersatz für seine traurigen Trinksitten, für seine elenden, stinkenden Spelunken mit dem obligaten, geisttötenden Kartenspiel und dem blöden Bierwitz bieten, welche beide, mit dem warmen Ofen der Wirtschaft verbunden, ihm immerhin eine relative Befriedigung geben.«

Kaffeehäuser nach Liverpooler Vorbild schweben ihr vor, Kaffeehallen ohne Alkoholausschank wie in England und in den skandinavischen Ländern. Nicht durch Verbot sollten die herkömmlichen Kneipen lahmgelegt werden, sondern durch erfolgreiche Konkurrenz. In Bern und Basel haben sich bereits alkoholfreie Gasthäuser etabliert, auch in Zürich gibt es zwei kleine Lokale ohne Alkoholausschank, das eine in der Spiegelgasse, das andere am Rennweg. Solche Stätten, fordert Susanna Orelli, müßten überall errichtet werden, um dem Volk zu beweisen, daß man ohne Alkohol besser, billiger und gesünder leben kann. »Wir müssen den Mut haben, die Logik der Gedanken in die Logik der Tat umzusetzen«, sagt sie und macht sich selbst voller Tatendrang an die Umsetzung.

Ihr Haus am Zeltweg wird zu einem Zentrum des »Initiativkomitees für die Errichtung eines neuen Wirtshauses«. Ein Volkshaus nach englischem Vorbild soll entstehen, aber die Planerin merkt bald, daß ein Projekt in dieser Größenordnung zum Scheitern verurteilt sein muß. Sie schlägt vor, viel bescheidener, mit einer kleinen Kaffeestube zu beginnen. Um die Gelder dafür aufzubringen, bereiten die eifrigen Damen des Initiativkomitees, zu denen auch die Schwester Caroline gehört, einen Wohltätigkeitsbazar im Gesellschaftshaus *Zum Schneggen* vor. Über die Eröffnung schreibt Professor Forel: »Am 19. und 20. Juni 1894 fand dann der Bazar statt, wobei alle ›Schönheiten‹ Zürichs im vollsten Glanze erschienen. Reden wurden gehalten und alle möglichen Vergnügungen veranstaltet. In der Nähe der Kasse befand sich Frau Professor Orelli, die mit strahlender Freude die reichlich zufließenden Gelder einsammeln half.« Die stolze Summe von 17000 Franken kann sie für die geplante Gaststätte verbuchen. Ein Anfang ist, trotz vieler Bedenken, gemacht, und der Erfolg beflügelt die weitere Arbeit.

Im Juli 1894 schließen sich fünfzehn einflußreiche Zürcher Frauen zum *Frauenverein für Mäßigkeit und Volkswohl* zusammen. Um nicht in eine Sektiererecke gestellt zu werden, vermeiden sie Begriffe wie »Abstinenz« oder »alkoholfrei«. Später allerdings, 1910, als sie schon mit der Zustimmung breiter Kreise rechnen können, nennen sie sich selbstbewußt *Zürcher Frauenverein für alkoholfreie Wirtschaften*. Zu der Zeit bestehen schon eine Reihe alkoholfreier Kaffeestuben und Speiselokale, die mit Gewinn arbeiten und das Vorurteil widerlegen, Frauen verständen nichts von Geschäften und könnten nicht selbständig wirtschaften – auch wenn bei der Eintragung ins Handelsregister die Unterschriften der Beteiligten erst durch die Bestätigung der Ehemänner Rechtsgültigkeit erhalten.

Das Vorstandsmitglied Susanna Orelli ist der Motor des gesamten Unternehmens und für den praktischen Ablauf zuständig. Nach außen vertritt die Präsidentin Huber-Werdmüller den Verein. Deren Sohn, der Jurist Max Huber, der spätere Vorsitzende des Internationalen Gerichtshofes im Haag und Präsident des Roten Kreuzes, berät den Vorstand in juristischen und vereinsrechtlichen Fragen. Von den mitarbeitenden Frauen selbst mit Erstaunen wahrgenommen, ist ein »Zürcher Modell« im Kampf gegen den Alkohol entstanden, das weithin Beachtung findet und in anderen Städten nachgeahmt wird.

Angefangen hat alles im Dezember 1894 mit der Eröffnung der *Kaffeestube zum kleinen Martahof* an der Stadelhoferstraße. Eine alte Malerwerkstatt, mit Geschick und Geschmack von den Frauen ausgebaut und eingerichtet. Einfache, gemütliche Räume mit karierten Tischdecken und Blumen auf den Tischen. Die Gäste sollen sich wie zu Hause – oder noch behaglicher – fühlen. Den Durst löschen, Zeitung lesen, sich aufwärmen, all das ist auch in den umliegenden Kneipen möglich; im Martahof kommt noch einiges hinzu: Hier herrscht kein Verzehrzwang, wohl aber die Möglichkeit zu preiswertem Mittag- und Abendessen. Es werden keinerlei alkoholische Getränke ausgeschenkt, dafür schon morgens um halb sechs heißer Kaffee oder Kakao, auch einzelne Tassen, niemand ist gezwungen, ein ganzes Kännchen zu bestellen. Trinkgelder sind abgeschafft, zum Ausgleich erhalten die Angestellten höhere Löhne. Der Kreis der Gäste beschränkt sich nicht auf das übliche Kneipenpublikum, es kommen Schüler, Studenten, Arbeiter, aber auch Geschäftsleute und Angestellte. »Nur keine Armenanstalt«, hatte Susanna Orelli als Parole ausgegeben; auch gehobenere Ansprüche sollen befriedigt werden, und alles zu Preisen, die nur wenig über den Selbstkosten liegen, und die so niedrig gehalten werden können, weil von den Frauen viel ehrenamtliche Arbeit geleistet wird.

Ihre Rechnung geht auf. Der Martahof mit seinen 55 Plätzen wird bald zu klein; im Niederdorf, dem Quartier mit dem größten Alkoholkonsum, pachten die Frauen das *Adlerstübli* an der Rosengasse dazu, weitere Lokale folgen. Auch auf andere Stadtteile weiten sich ihre Aktivitäten aus. An der Gemeindestraße in Hottingen richten sie die alkoholfreie Speisewirtschaft *Frohsinn* ein, im Seefeld den *Lindenbaum*. An der Kirchgasse entsteht schließlich der erste Großbetrieb: Nach geschickten Verhandlungen und der Ausschaltung eines Konkurrenzunternehmens wird hier am 1. April 1898 das Haus *Karl der Große* eröffnet, »von Frauen, die männlichen Schutz nötig haben«, wie böse Zungen behaupten. Doch die Frauen haben genug Selbstbewußtsein, den traditionsreichen Namen nicht zu ändern, und es zeigt sich bald, daß sie es aus eigenen Kräften schaffen, das Lokal mit den 250 Plätzen zu füllen. Der Andrang am Eröffnungstag ist so groß, daß in Schichten gegessen werden muß und viele Gäste, auch an den folgenden Tagen, keinen Einlaß finden. Karl der Große ist Stadtgespräch. Liegt es am guten und preiswerten Essen, das sich schnell herumspricht? Oder an der Neugier auf die Frauenwirtschaft? Den Alkohol scheint niemand zu vermissen – und genau das ist die Absicht der Vereinsfrauen.

Susanna Orelli hat, nach dem Ausfall einer Leiterin, den Betrieb selbst in die Hand genommen. Sie überwacht Küche, Einkäufe, Personal und Finanzen. Wie eine gelernte Hotelfachfrau schaltet und waltet sie, die frühere Bauerntochter und Professorengattin. Geschäftserfahrung hat sie nicht, dafür um so mehr Menschenkenntnis und Lebensklugheit. Und ihren gesunden Menschenverstand, den sie vom Vater, dem Gemeindepräsidenten von Oberstraß, geerbt hat. *Karl der Große* ist kein gewöhnliches Speiselokal, eher ein repräsentatives Gemeinschaftshaus. Der Festsaal mit den kostbaren Rokokogemälden steht allen Kreisen für Versammlungen und Feiern zur Verfügung – Feiern ohne »geistige« Getränke, ein gewagter Bruch mit der seit dem Mittelalter bestehenden Tafeltradition. Daß sich Zürcher Zungen auch ohne Alkohol lösen, hat man nicht für möglich gehalten, doch die Praxis widerlegt Zweifler und Spötter: der Festsaal ist ständig ausgebucht, die Stimmung fröhlich. Der alkoholfreie Betrieb trägt sich von Anfang an, und der Frauenverein erwirtschaftet so viel Gewinn, daß das gepachtete Haus nach wenigen Jahren gekauft werden kann.

Für Susanna Orelli kein Anlaß, sich auf den Lorbeeren auszuruhen. Sie hat längst ein neues Projekt im Kopf, dessen Dimensionen die Freunde an ihrem Realitätssinn zweifeln lassen. Professor Forel schreibt: »Es wurde mir angst und bang, als sie mir im Vertrauen noch viel größere Pläne, wie die Errichtung eines Restaurants auf dem Zürichberg, entwickelte ... So überzeugend und richtig ihre Gründe in der Tat waren, so zitterte ich förmlich für sie wegen des großen pekuniären Risikos. Ich bat sie inständig, doch ja nichts zu übereilen und sich zuerst mit ihrem ›Karl dem Großen‹ zu begnügen, aber vergeblich.« Die Unternehmerin, die den Kampf gegen den Alkohol zu ihrem Lebenswerk gemacht hat, zeigt sich starrköpfig. Den Platz, wo das *Alkoholfreie Volks- und Kurhaus* entstehen soll, hat sie seit langem ausgesucht, eine Wiese am Waldrand, mit Blick auf die Stadt, den See, bis hinüber zu den Berner Alpen. Stadtkinder sollen hier in guter Luft unbeschwert spielen können, Arbeiter aus den Fabriken und Angestellte aus den Kontoren die Natur und die Aussicht genießen an den Wochenenden.

Da das Grundstück der Stadt gehört und der Stadtrat nicht sonderlich erbaut ist von dem Plan, auf den Höhen des noch unerschlossenen Zürichbergs ein Kurhaus zu errichten, überzeugt Susanna Orelli die Abgeordneten in Einzelgesprächen von der Wichtigkeit des Vorhabens. Die Gegner sitzen nicht nur im Stadtrat, sie kämpft gegen neidische Wirte, Abstinenzfeinde, Frauenskeptiker und Naturschützer, die durch die Erschließung des Berges die Landschaft verschandelt sehen – ein Argument, das heute wahrscheinlich ähnliche Baupläne vereiteln würde.

Für den Bau des Kurhauses nimmt der Frauenverein eine Anleihe von 350000 Franken auf – damals eine atemberaubende Summe. Unermüdlich bettelt »Frau Professor« Spenden zusammen. So eindringlich schildert sie den Naturgenuß ohne alkoholvernebelten Kopf, daß auch Nichtabstinenzler tief in die Brieftasche greifen. Sie überwacht mit dem Architekten alle Bauarbeiten, viel zu langsam geht es ihr mit der Kanalisation, der Gas- und Stromleitung voran. Zum Beginn des neuen Jahrhunderts soll das Werk Gestalt annehmen. Sie kümmert sich um die Aussichtsterrasse, den Spielplatz mit den Schaukeln und Turngeräten, um die Großküche und um die Inneneinrichtung des Hauses. Heimelig und geschmackvoll wünscht sie die Räume, ohne Luxus, aber in solider Qualität.

Anfang November 1900, keine sehr attraktive Jahreszeit, wird das Kurhaus eröffnet, und die Zürcher wandern in Scharen aus der nebligen Stadt auf die sonnige Höhe, über tausend Besucher an einem Sonntag. Drei Franken kostet ein Zimmer mit Vollpension, fünfzig Rappen mehr mit Blick auf den See. Zu Silvester hat sich die »Wirtin« eine besonders wirksame Werbung für die Abstinenzbewegung ausgedacht: Sie lädt die Zürcher Jugend zu heißer Schokolade ein – auch die Eltern können mithalten und sich dabei Grog und Glühwein aus dem Kopf schlagen. Susanna Orellis optimistische Rechnung geht auch diesmal auf – trotz der spöttischen Zeitungsglossen auf die »geistlose Pomona«, die »Göttin des Apfelsafts«. Schon im ersten Jahr erwirtschaftet das Volks- und Kurhaus beachtlichen Gewinn, für den Frauenverein der Beweis, daß nicht nur überzeugte Abstinenzler, sondern auch alkoholgewohnte Wanderer auf ein kühles Bier verzichten können, wenn schmackhafte Obstsäfte ausgeschenkt werden.

Wieder bewährt sich das kaufmännische Geschick Susanna Orellis, die von Verboten nichts hält, von verlockenden Angeboten jedoch viel. Im Kreis von Professor Forel hat sie den Direktor der Versuchsanstalt für Obst-, Wein- und Gartenbau in Wädenswil kennengelernt, der Pasteurs Verfahren, unvergorenen Traubensaft haltbar zu machen, weiterentwickelt hat. Der »pasteurisierte« Trauben- und Obstsaft, den Professor Müller-Thurgau für Laborversuche in kleinen Mengen herstellt, ist genau das Getränk, das die Alkoholgegnerinnen als Weinersatz auf den Tischen sehen möchten. Sie kurbeln den Verkauf an, eine Aktiengesellschaft zur Herstellung alkoholfreier Obstweine entsteht, die neuerrichteten Produktionsstätten geben dem heimischen Obst- und Weinanbau Auftrieb. Aus der mit Eigensinn durchgesetzten Idee einer Praktikerin entsteht ein neuer, volkswirtschaftlich wichtiger Gewerbezweig. Traubensaft und Süßmost finden sich bald auf den Getränkekarten aller Gasthäuser, mögen die Witzblätter auch über das von Frauen verordnete »fade Getränk« spotten.

Allmählich gehören die vielgelästerten alkoholfreien Lokale zum gewohnten Stadtbild, Neugründungen wie der *Blaue Seidenhof* oder der *Olivenbaum* in Stadelhofen machen keine Schlagzeilen mehr. Nicht nur Abstinenzler schätzen die hausgemachte Hafersuppe, den Milchreis oder den Grießbrei mit Kompott für 40 Rappen. Ein ganzes Menü mit Fleisch und Dessert wird für einen Franken angeboten, bei Arbeitslosen nimmt man es mit der Bezahlung nicht so genau, sie werden, auch wenn sie nichts konsumieren, nicht an die Kälte gesetzt, allerdings dulden die Serviertöchter mit den weißen Schürzchen und Kragen bei den Gästen kein verwahrlostes Aussehen.

Serviertochter – eine neue Berufsbezeichnung, die sich bald in der Öffentlichkeit durchsetzt. Die familiäre Betreuung durch die Arbeitgeber soll damit betont werden, aber auch die

Erwartung der Gäste, »wie in der Familie« aufgenommen zu werden. Eine Hausordnung schützt die jungen Mädchen vor Zudringlichkeiten, Trinkgeld ist verpönt, die Serviertöchter wohnen, stets unter Aufsicht, im Hause. So gelingt es, auch Töchter »aus guten Familien« für das Gastgewerbe zu gewinnen, ein besonderes Anliegen Susanna Orellis, die vor allem Mädchen vom Lande verbesserte Berufschancen bieten möchte, ohne ihren Ruf zu gefährden. Dazu gehört auch ein soziales Netz, das vor allem für berufstätige Frauen, die allein wohnen, lebenswichtig ist.

Hier hat Susanna Orelli, wie bei der Einrichtung alkoholfreier Lokale, Pionierarbeit geleistet. Schon zu Beginn des Jahrhunderts richtet der Frauenverein eine umfassende Kranken- und Altersfürsorge für seine Angestellten ein. Erholungsbedürftige werden zur Kur geschickt, Alte und Gebrechliche finden Aufnahme in eigenen Häusern. Arbeits- und Ruhezeiten sind vertraglich festgelegt, Lernwillige können sich in Kursen weiterbilden, gemeinsame Feiern sollen die Mitarbeiterinnen zu einer großen Familie zusammenwachsen lassen. Alles ist vorbildlich ausgedacht und geregelt, auch wenn die Praxis nicht immer dem Ideal entspricht.

Bei der Beaufsichtigung der verschiedenen Häuser hat Susanna Orelli die Erfahrung gemacht, daß die von ihr eingesetzten Vorsteherinnen meist mit viel gutem Willen, aber ohne die nötige Fachkenntnis an die Arbeit gehen. Eine spezielle Ausbildung dieser Frauen hält sie deshalb für besonders vordringlich, und wie immer beläßt sie es nicht bei Worten, sondern setzt ihre Idee in die Tat um. 1908 wird in Zürich eine eigene Vorsteherinnenschule gegründet, die den Mädchen das nötige Rüstzeug für diesen verantwortungsvollen Beruf geben soll. Auf dem Stundenplan stehen – neben Kochen und Hauswirtschaft – Organisationslehre, Rechnungswesen und Personalführung, praxisbezogene Fächer, die Mädchen ohne höhere Schulbildung eine solide Berufsgrundlage geben.

Die Bewerberinnen müssen »häusliche Fähigkeiten und Tugenden« mitbringen, so verlangt es die strenge, vollen Einsatz fordernde Leiterin, die aber bei ungeschicktem Verhalten auch Nachsicht zeigen kann. Niemals allerdings bei Schludrigkeit und Faulheit – da schlägt das protestantische Arbeitsethos des Elternhauses durch, das Barmherzigkeit nur unverschuldet Fehlenden gewährt.

Ihre starke religiöse Bindung hindert sie nicht daran, sich auch Ideen der sozialistischen Arbeiterbewegung zuzuwenden, wenn diese im angestrebten Ziel mit ihren Vorstellungen übereinstimmen. So arbeitet sie mit dem »Sozialdemokratischen Abstinentenbund« eng zusammen, als es um die Planung eines alkoholfreien Volkshauses geht, das hauptsächlich der Arbeiterschaft als Treffpunkt dienen soll. Mit missionarischem Eifer kämpft sie als Mitglied der Vorbereitungskommission für die Forderung, in dem geplanten Gebäude keinen Alkohol zu dulden. Gerade in Arbeiterkreisen hat sie im Laufe ihres Lebens immer wieder durch Trunksucht verschuldete Familientragödien erlebt. Ihre eindrücklichen Schilderungen und Beschwörungen bleiben nicht ohne Wirkung, das Volkshaus am Helvetiaplatz wird im Herbst 1910 ohne Alkohol eingeweiht. Susanna Orelli gehört dem Verwaltungsrat an, der Frauenverein übernimmt die Führung des Restaurants und sorgt dafür, daß auch bei politischen oder gewerkschaftlichen Versammlungen kein Alkohol ausgeschenkt wird – ein bemerkenswerter Sieg der »Süßmosttanten« über trinkfeste Gewerkschaftler.

Eine beachtliche Reihe von Sozialprojekten hat Susanna Orelli in der Stadt Zürich verwirklicht, nun, mit über 65, scheint es ihr höchste Zeit zu sein, an die Landbevölkerung, vor allem an die ländliche Jugend, zu denken. Die Kindheitsbilder stehen ihr wieder vor Augen, die brennende Scheune, der tote Nachbarssohn, der verunglückte Bruder: all das Leid, das der Alkohol über die Familien gebracht hat. Den Wirten kann man nicht verbieten, Schnaps auszuschenken, da macht sie sich keine Illusionen, aber wenn es einen Raum gäbe, wo die Jugendlichen sich ohne Trinkzwang treffen könnten? Eine Gemeindestube, oder noch besser: ein Gemeindehaus, warm und gemütlich, ein Ort der Belehrung und der Geselligkeit? Sie sucht nach solchen Beispielen. In England gibt es Vorbilder, dort beteiligen sich die Kommunen an den Kosten. In einer Kommission für Wirtshausreform fordert Susanna Orelli die Schaffung von alkoholfreien Gemeindestuben und Gemeindehäusern in der ganzen Schweiz. Religiös und politisch unabhängig sollen sie sein, das Gemeinwohl im Auge haben und erst an zweiter Stelle die Abstinenz. Auf ihre alten Tage ist die leidenschaftliche Kämpferin gegen den Alkohol toleranter geworden. 1918, mit 73 Jahren, wird sie die erste Präsidentin einer *Schweizerischen Stiftung zur Förderung von Gemeindestuben und Gemeindehäusern.*

Immer ist sie die Anregerin neuer Projekte, aber sie hat nicht nur die zündenden Ideen, sie setzt diese auch mit eiserner Energie und gegen alle Widerstände in die Tat um. Niemand würde der kleinen, unscheinbaren Frau diese Resolutheit zutrauen, man unterschätzt sie, und dies nutzt sie zu ihrem Vorteil aus. Sie ist in Verhandlungen eine zähe, geduldige Taktikerin, die auf die Zeit und auf vernünftige Argumente, nicht auf Emotionen setzt. Ihre oft schroffe und undiplomatische Aufrichtigkeit bringt ihr Ärger, aber auch Achtung ein. Als sie sich mit 76 aus der Verwaltungsarbeit zurückzieht, gehören dem Zürcher Frauenverein dreizehn gastronomische Betriebe, als letzter ist das herrlich gelegene *Kurhaus Rigiblick* dazugekommen. Ein Imperium, das seine Existenz einer Idee und der Tatkraft einer Frau verdankt, die ganz hinter ihrer Arbeit zurücktritt und von sich sagt: »Was hätte ich allein vermocht ohne die guten Menschen, die mitgeholfen haben?« Christliche Demut, gepaart mit Eifer und Willensstärke. Ihre Privilegien empfindet sie als Verpflichtung anderen gegenüber, als Gnade Gottes: »Wir sind alle aufeinander angewiesen. Und alle sind wir die Empfangenden, und alle dürfen die Gebenden werden.«

Die letzten Jahre ihres Lebens verbringt sie zurückgezogen in ihrem Heim am Zeltweg, das Verwandten und Freunden stets offen steht. Solange es ihr Augenleiden erlaubt, verfolgt sie mit Interesse das politische Geschehen in den Tageszeitungen von links bis rechts: Sie will sich ein eigenes, unabhängiges Urteil bilden. Bei ihrem Tod – sie stirbt am 12. Januar 1939 mit über 93 Jahren – nimmt eine große Trauergemeinde in der Kapelle des Friedhofs auf dem Sihlfeld von ihr Abschied. Im Testament hat die kinderlose Witwe – ihrer Lebensaufgabe treu bleibend – ihr Vermögen Organisationen vermacht, die den Alkoholismus bekämpfen.

Nach Susanna Orelli-Rinderknecht wurde die Straße benannt, die an dem von ihr am härtesten erkämpften Projekt vorbeiführt, am *Alkoholfreien Volks- und Kurhaus* auf dem Zürichberg. Auch ein Brunnen an der Kreuzung Orelliweg/Schattengasse erinnert an die Gründerin des Zürcher Frauenvereins. – Posthume Ehrungen. Die größte Würdigung hat sie aber noch zu Lebzeiten erfahren: Die medizinische Fakultät der Universität Zürich verleiht ihr 1919 die Ehrendoktorwürde »in Anerkennung Ihrer großen Verdienste um die öffentliche Gesundheitspflege und Volkswohlfahrt«, wie es in der Urkunde heißt. Susanna Orelli-Rinderknecht ist die erste Frau, der diese Ehre zuteil wird. Eine Frau, die keine Akademikerin ist, die nie ein wissenschaftliches Buch geschrieben hat, und deren Werk doch ihre Zeit überdauert hat und weiter überdauern wird.

Ohne Stimmrecht kein Amt

Emilie Kempin-Spyri

1853–1901

Erste Juristin der Schweiz

Wachsflügelfrau nennt Eveline Hasler ihre fragile Romanfigur Emilie Kempin-Spyri, deren Lebensweg sie nachspürt. Wachsflügelfrau – ein gefährlich schönes Bild, das aus der Romantik stammen könnte: Höhenflüge einer Karoline von Günderode an die Grenzen der Welt und darüber hinaus. Oder aus dem alten Kreta: Baumeister Dädalus, wie er kunstvoll Flügel formt aus Federn, Leinwand und Wachs, um damit aus dem ausweglosen Labyrinth in die Freiheit zu fliegen; wie sein Sohn Ikarus zum Höhenflug ansetzt, der Sonne zu nahe kommt und ins Meer stürzt.

Emilie Kempin-Spyri, eine Frau, die sich wie Dädalus kühn berechnend Flügel gebaut hat und der Enge entfliehen will. Ist es ihre Schuld, daß sie scheitert, abstürzt wie Ikarus? Sie stürzt nicht ins Meer, nicht in den Tod, nur immer wieder in die Ernüchterung des Alltags mit seinen tausend Schranken, zuletzt in die geistige Verwirrung. Die Flügel schmelzen dahin oder sie werden gestutzt auf das richtige Maß, sind zum Schluß nur noch ein Fremdkörper, Wundfläche an einem aufgezehrten Leib. Ist es ihre Schuld?

Sie hat nicht die Bescheidenheit und Demut, die Töchtern in protestantischen Pfarrhäusern anerzogen werden. Sie ist eigenwillig und aufmüpfig, die Fünfzehnjährige, die der schwangeren Mutter im Haushalt hilft – helfen muß. Es sind drei jüngere Schwestern zu betreuen und bald der nicht mehr eingeplante Nachzügler, ein Junge wenigstens. Sieben Kinder muß Johann Ludwig Spyri, Pfarrer am Neumünster, durchbringen, die älteste Tochter ist 17, verlobt, sie wird das Haus bald verlassen. Für Emilie reicht es nach der Sekundarschule nur zu einem Welschlandjahr, dann wird sie wieder zu Hause eingespannt.

Dabei möchte sie Lehrerin werden oder Schriftstellerin wie Tante Johanna oder studieren. Der Vater hat für ihre Wünsche kein Ohr. Von berufstätigen Frauen hält er wenig, von studierenden gar nichts, außerdem fehlen Emilie Lateinkenntnisse. Das läßt sich nachholen; was Emilie sich in den Kopf gesetzt hat, gibt sie nicht so schnell auf. Sie belegt einen Latein-Grundkurs an der Höheren Töchterschule. Dazu hat ihr auch Tante Johanna geraten, allerdings nicht als Vorbereitung auf das Studium, sondern für den Hausgebrauch, denn: »Der Hausstand ist der einzige würdige Wirkungskreis der Frau.« Emilie hätte von der Tante, die sich als Schriftstellerin schon einen Namen gemacht hat, mehr Verständnis erwartet.

Johanna Spyri, die Frau des Zürcher Stadtschreibers, führt im Stadthaus keinen mustergültigen Haushalt; Staub liegt auf den Möbeln, Emilie sieht es mit Genugtuung. Die Tante mit dem strengen Gesicht und dem hochgesteckten Zopf wirkt vergrämt und depressiv, kaum zu glauben, daß sie mit leichter Feder Gestalten zeichnen kann, wie den glutäugigen Verführer in der Novelle *Ein Blatt auf Vronys Grabe,* die Emilie verschlingt. Der Schluß allerdings befremdet sie: Vrony, die dem gewalttätigen Ehemann davongelaufen ist und sich umbringen will, wird durch die Worte eines Pfarrers umgestimmt: »Geh' nun heim zu Deinem Mann, und wenn der Zorn bei ihm losbricht, so falte Deine Hände und bete immerfort in Deinem Herzen: Führe uns nicht in Versuchung!« Vrony folgt seinem Rat und erträgt die eheliche Folter froh und gottergeben. Emilie fragt sich: Ist die Tante so gottesfürchtig oder schreibt sie so, weil man von Frauen Erbauliches erwartet? Daß Johanna Spyri, die mit dem schwermütigen Dichter Conrad Ferdinand Meyer und seiner Schwester Betsy befreundet ist, später noch ganz andere Seiten entfalten wird, daß ihre *Heidi*-Bücher sie weltberühmt machen werden, davon ahnt Emilie noch nichts. Aber sie sieht, daß für die Tante Schreiben Leben ist, sich Freischreiben aus bürgerlicher Enge, auch wenn am Schluß – anders als im wirklichen Leben – immer das Gute siegt.

Emilie wird durch das Elternhaus nicht in besonderer Weise religiös geprägt. Der Vater ist zwar Pfarrer, aber näher steht ihm die Volkswirtschaft, er befaßt sich mehr mit Statistiken und Bahnentwicklung als mit der Bibel. Die Mutter fürchtet um die Heiratschancen ihrer rebellischen, lernbegierigen Tochter. »Studierte Frauenzimmer« stehen in keinem guten Ruf, besonders nicht im »unteren« Zürich, der Altstadt mit den Handels- und Patrizierhäusern, während man sich oben am Zürichberg, in den Studenten- und Professorenvierteln eher an das bunte Treiben und die fremden Sitten der ausländischen Studenten, aus Rußland und Polen vor allem, gewöhnt hat. Die Danziger Romanistin Käthe Schirmacher schreibt über ihre Zürcher Studienerfahrungen: »dieses untere Zürich ist streng konservativ: nimmt es den studierenden Mann als ein Kulturerfordernis, so hält es die studierende Frau (gemeinhin) für eine unzulässige Neuerung ...«

Daß Pfarrer Spyri als Redaktor und Präsident der *Schweizerischen Gemeinnützigen Gesellschaft* scharfe Artikel gegen die Frauenemanzipation und das Frauenstudium schreibt, hindert Tochter Emilie nicht, sich neugierig das studentische Treiben in den Vierteln Platte und Oberstraß anzusehen und sich von dem Milieu faszinieren zu lassen, das die im radikalen Flügel der Frauenbewegung engagierte Käthe Schirmacher so beschreibt: »Wer die nihilistisch-anarchistische Jugend der Universität und des Technikums in ihrem reichsten Flor sehen will, der muß die Vorlesungen über Staatsrecht und Kulturgeschichte hören. Sie finden in dem größten Saale des Technikums statt und zeigen eine langhaarige, mittelmäßig rasierte und kunstlos frisierte Hörerschaft, einige auffallende, helle

Kravatten, große Heckerhüte und Pelzbaretts und dazu eine Sammlung begeisterter Schwärmer und Prophetengesichter, Märtyreraugen und Fanatikerprofile: sie bilden die Heerschar des Kommunismus, sie entflammen sich für das Evangelium der Gleichheit und Brüderlichkeit und nennen Eigentum Diebstahl. Wie viele von den hier Anwesenden, dachte ich mir, werden in ihrem Leben mit den Gefängnismauern Bekanntschaft machen? Wie viele werden in Kronstadt oder Schlüsselburg, wie viele in Sibirien enden?« – Die Studentin der Staatswissenschaft Rosa Luxemburg, die mit knapp achtzehn nach Zürich gekommen ist und zum Kern der Revolutionäre gehört, wird nicht in Sibirien enden, sondern im Berliner Landwehrkanal, im Januar 1919, von der Reichswehr brutal ermordet. An ihren Auftritt an einem Internationalen Sozialistenkongreß in Zürich erinnert sich ein Teilnehmer: »Ich sehe sie noch, wie sie aus der Menge der Delegierten aufsprang und sich auf einen Stuhl schwang, um besser verstanden zu werden. Klein, schmächtig, zierlich in ihrem Sommerkleid, das geschickt ihren körperlichen Fehler verbarg, verfocht sie ihre Sache mit einem solchen Magnetismus im Blick und mit so flammenden Worten, daß die Masse des Kongresses, erobert und bezaubert, die Hand für ihre Zulassung erhob.«

Das chaotische Zürich. Daneben das brav bürgerliche mit seiner rigiden Sozialkontrolle und einem Frauentyp, den Johanna Spyris *Vrony* so treffend verkörpert. Dazwischen Emilie. Sie ist zu nüchtern und undoktrinär für Weltrevolutionspläne und utopische Heilsbotschaften, aber die dienende und duldende Hausfrau, *Die kluge und einsichtige Schweizerin von bürgerlichem Stande,* wie sie ein vielgelesenes Werk jener Zeit fordert, entspricht ihrem Charakter noch weniger.

Bei Emilies Vater, dem Präsidenten der Gemeinnützigen Gesellschaft, ist ein junger Theologe aufgetaucht mit philanthropischen Ideen und einem fanatischen Blick, der Pfarrer

Spyri nicht gefällt, der Tochter wohl. Emilie trifft den Philanthropen – ist es Zufall? – wieder in der Buchhandlung am Stadelhofer Platz, die dem Vater des angehenden Pfarrers gehört, einem nach 1848 aus Stettin geflüchteten Typographen. Der politisch denkende 23jährige Walter Kempin versteht es, Emilies sozialen Interessen ein kritisches Fundament zu geben, die Schriften John Stuart Mills empfiehlt er ihr als Gegengewicht zu den reaktionären Ansichten und dem patriarchalischen Frauenbild Pfarrer Spyris.

Walter Kempin, der Habenichts mit den utopischen Ideen, soll Pfarrer in Zürich-Enge werden, eine geachtete Stellung; Vater Spyri, aus altem Zürcher Geschlecht, ist trotzdem gegen eine Verbindung seiner Tochter mit dem Sohn eines deutschen Asylanten, das hübsche und intelligente Mädchen könnte bessere Partien machen, könnte in eine Industriellen- oder Geschäftsfamilie einheiraten. Nicht sehr christlich gedacht, aber Pfarrer Spyri vertauscht sein Amt ohnehin bald mit dem Direktorsposten bei der neugegründeten Nordostbahn.

Die Tochter setzt ihren Willen durch und heiratet Walter Kempin. Sie ist 21, volljährig. Der Vater sperrt die Mitgift. Die junge Frau, bald Mutter von drei kurz hintereinander geborenen Kindern, muß mit knappem Haushaltsgeld wirtschaften, ihr Tag ist mit häuslichen Pflichten voll ausgelastet, aber sie träumt noch immer von einem Studium. Nein, sie träumt nicht, sie setzt ihr Vorhaben Schritt für Schritt in die Praxis um. Lernt abends, todmüde, noch Latein und Mathematik. Walter Kempin hilft ihr dabei, er tritt öffentlich für die selbständige Entfaltung der Frau ein, und bei ihm decken sich, im Gegensatz zu vielen Schönrednern, Anspruch und Wirklichkeit.

Emilie belegt als Gasthörerin einen mathematischen Kurs am Polytechnikum, Vorlesungen in Logik und Metaphysik, Rechtsgeschichte und Institutionenlehre. Sie besucht einen Kurs über Hypnotismus, den Professor Forel, der Direktor der

Nervenklinik Burghölzli, leitet. Der unverbindliche Status einer Gasthörerin befriedigt sie nicht, sie will »richtig« studieren, holt im Frühjahr 1885 das Maturitätsexamen nach und beginnt – völlig außergewöhnlich und befremdlich für eine Frau – ein Jurastudium. Was für ein Höhenflug. Der Vater ist gekränkt und verärgert. Seine Tochter. Entzieht sich ihren Familienpflichten. Was will sie mit dem Studium anfangen? Er hält Frauen ihrer physischen Beschaffenheit wegen für ungeeignet, das Amt eines Advokaten, Arztes oder Geistlichen auszuüben.

Die Pfarrfrau steht unter genauer Beobachtung der Gemeinde. Wie kann eine Ehe gutgehen, in der die Frau morgens zur Universität hastet, zu Fuß, um das Geld für die teure Pferdebahn zu sparen, der Mann Frauenarbeit, eines Pfarrers unwürdig, übernimmt? Und die Kinder, leiden sie nicht unter der Abwesenheit der Mutter? Sie bekommen Mitleid, aber auch Spott zu spüren, besonders Robert, der Sohn. Die Mutter hat ständig ein schlechtes Gewissen, sie schreibt in einer Zeitschrift: »Auch ich habe nicht gewußt, bis die große Lehrmeisterin Erfahrung kam, daß sich die Pflege und Erziehung von Kindern nicht an gewisse Stunden binden läßt ... Mit bitterem Weh wird die Frau an die Stunden zurückdenken, in denen sie sich ihren Kindern entzogen hat ... Was verstehen denn davon alle die Kinderlosen und Unverheirateten, die in der Regel an der Spitze der Frauenbewegung stehen?«

Sie hat recht: Die Pionierinnen der Frauenbewegung, Louise Otto-Peters, Helene Lange, Auguste Schmidt, bei den Radikalen Minna Cauer, Anita Augspurg, Marie Stritt, sie alle haben nicht für Kinder zu sorgen, auch die meisten Berufsfrauen nicht, die in Zürich ausgebildeten Ärztinnen Franziska Tiburtius, Emilie Lehmus, Agnes Bluhm ...

Ob Emilie Kempin die Ausnahme kannte? Hedwig Dohm, die Großmutter Katia Manns, Frauenrechtlerin der ersten Stunde, die in geschliffen formulierten Schriften schon 1873 das Frauenstimmrecht forderte, war Ehefrau eines Redakteurs, Mutter von fünf Kindern. Später, ein Jahrzehnt nach Emilie Kempin, wird sich eine Zürcher Frau zur Habilitation anmelden, die auch eine Familie zu versorgen hat: Hedwig Bleuler-Waser. Sie hat als zweite Schweizerin an der philosophischen Fakultät promoviert. Ihr Habilitationsgesuch zieht sie allerdings wieder zurück, weil sie schwanger ist. Sie arbeitet für den Bund abstinenter Frauen, unterstützt ihren Mann, Professor Eugen Bleuler, in der Heilanstalt Burghölzli, schreibt Theaterstücke, organisiert Frauenbildungskurse – auch sie ist Mutter von fünf Kindern.

Daß die Pfarrfrau Kempin ihr Studium straff durchzieht, hat nicht nur mit ihrem Ehrgeiz, ihrem Wissensdrang und ihrem Trotz dem Vater gegenüber zu tun, sondern auch mit wirtschaftlichen Zwängen. Ihr Mann hat die Pfarrstelle in der Kirchgemeinde Enge verloren, der Kirchenrat hat ihm nahegelegt, von sich aus zu kündigen, er paßt nicht ins Bild, das man sich von einem Pfarrer macht. Mit dem von ihm gegründeten *Centralverein des Schweizerischen Roten Kreuzes,* der Pflegerinnen für Krankenstationen auch in Friedenszeiten ausbilden sollte, ist er ebenfalls gescheitert. Auch der Versuch, in Zürich ein *Intelligenzblatt* herauszugeben, ist ein Mißerfolg. Walter Kempin, der Pfarrer, der Philanthrop, der Redakteur, ein Versager oder ein von der geschlossenen Zürcher Gesellschaft als Außenseiter Geächteter? Er setzt sich aus Zürich ab, nimmt eine Redaktionsstelle in Remscheid an, viel Geld schickt er nicht nach Hause, seine Frau muß sehen, wie sie mit dem wenigen zurechtkommt.

Im November 1886 vertritt sie ihren Mann als Klägerin in einer Geldeintreibungssache vor dem Bezirksgericht Zürich-Selnau. Sie studiert im sechsten Semester Jura, steht kurz vor der Promotion und hat sich mit der Rechtslage vertraut gemacht. Der Vertreter der Gegenseite, ein Winkeladvokat ohne Studium, anerkennt die Klagevertreterin nicht. Sie ist zwar

»durch Geburt und Heirat« Bürgerin von Zürich, aber sie ist eine Frau. Sie hat nicht das Aktivbürgerrecht, die einzige Voraussetzung für die Vertretung Dritter vor Gericht. Umsonst beruft sie sich auf Artikel 4 der Bundesverfassung: Jeder Schweizer ist vor dem Gesetze gleich. Es gibt in der Schweiz keine Untertanenverhältnisse, keine Vorrechte des Orts, der Geburt, der Familien oder Personen. – Da steht aber nichts von *Schweizerin,* kontert der Richter süffisant.

Die angehende Juristin gibt sich nicht geschlagen, sie will den Beschluß des Bezirksgerichts durch eine staatsrechtliche Beschwerde beim Bundesgericht anfechten. Unerwartete Unterstützung erhält sie von Theodor Curti, der nach seiner Tätigkeit für die *Frankfurter Zeitung* in Zürich eine eigene Zeitung, die *Züricher Post,* herausgibt. Der Unabhängige mit sozialistischen Ideen von Volkseigentum, der sich aber von den Sozialisten nicht vereinnahmen läßt, will den Fall Kempin in die Presse bringen. Sei es aus gerechter Empörung, sei es, um Emilies Vater, dem konservativen Vertreter der Privatwirtschaft, politisch zu schaden. Er gibt, erfahren in Verfassungsfinessen, der Klägerin rechtspraktische Tips zum Argument, Frauen käme das Aktivbürgerrecht nicht zu, weil sie unter der Vormundschaft des Ehemannes ständen.

Emilie Kempin ist zuversichtlich – bis im Januar 1887 der Bundesgerichtsentscheid eintrifft, der ihre Beschwerde als unbegründet ablehnt: »Wenn nun die Rekurrentin auf Artikel 4 Bundesverfassung abstellt und aus diesem Artikel scheint folgern zu wollen, die Bundesverfassung postulire die volle rechtliche Gleichstellung der Geschlechter auf dem Gebiete des gesamten öffentlichen und Privatrechts, so ist diese Auffassung ebenso neu wie kühn; sie kann aber nicht gebilligt werden ...«

Ebenso neu wie kühn – eine verblüffende juristische Begründung. Der Verein Feministische Wissenschaft hat ihn zum provozierenden Titel eines Buches über das Frauenstudium an der Universität Zürich gewählt. Frauen können also ungehindert Jura studieren, können mit Auszeichnung Examen machen, nur Anwältin können sie ohne Aktivbürgerrecht nicht werden. Die Aktivbürger bleiben unter sich, die störende Konkurrenz wird kleingehalten.

Unterstützung in ihrem Kampf erhält die Abgewiesene von der streitbaren Kommilitonin Meta von Salis, die für die *Züricher Post* schreibt und an der philosophischen Fakultät promoviert. Theodor Curti versucht, die beiden abzuwiegeln, er rät zur Geduld, will im Kantonsrat kämpfen für die Zulassung von Frauen vor Gericht. Aber Emilie Kempin hat nicht die nötige Langmut, für sie geht es nicht nur um ein Grundsatzproblem, sie muß eine Familie unterhalten.

Die Kempins sind aus dem Pfarrhaus in eine Wohnung an der Oberdorfstraße umgezogen, in Universitätsnähe, praktisch für die studierende Mutter, für die Kinder ein Verlust an Bindungen. Die Jüngste besonders vermißt die vertraute Umgebung, sie reißt eines Tages aus und macht sich auf den Weg zurück zum alten Haus. Die Mutter ist erschreckt und betroffen. Hat ihr Vater recht mit der Behauptung, die Frau gehöre nicht an die Universität, sie habe im Haus ihre Kinder zu erziehen? Oder Tante Johanna, die für studierte Frauen nur den Begriff »Mannweiber« übrig hat?

Trotz dieser psychischen Belastungen zieht Emilie Kempin ihr Studium in der kürzest möglichen Zeit durch. Im Mai 1887 reicht sie beim Dekanat der Rechts- und Staatswissenschaftlichen Fakultät ihre Dissertation ein: *Die Haftung des Verkäufers einer fremden Sache* – kein besonders spannendes, aber ein übersichtliches, nicht zu zeitraubendes Thema. Im Juli wird sie promoviert, nach sechs Semestern, magna cum laude. Eine enorme Leistung der 34jährigen, die aussieht wie 25, zart, zerbrechlich, Wachsflügelfrau.

Sie kann sich nicht ausruhen auf ihren Lorbeeren, sie muß Geld verdienen. Noch hat sie als Frau keine Chance, als Advokatin oder als Privatdozentin zugelassen zu werden. Professor Meili, bei dem sie Institutionenlehre gehört hat, bietet ihr eine Stelle als Substitutin in seinem Advokaturbüro an. Er hat ein Gespür dafür, daß diese ehrgeizige und überaus tüchtige Frau an der Hochschule oder in einer anderen Anwaltspraxis eine gefährliche Konkurrentin werden könnte; sie einzubinden und so unter Kontrolle zu halten, scheint ihm geboten. Nun wälzt die junge Juristin Eisenbahnakten und sieht sich plötzlich im Fahrwasser des nüchtern kalkulierenden Vaters.

Substitutin bei Meili. So hat sie sich die Zukunft nicht gedacht. Professor Schneider von der juristischen Fakultät schlägt Emilie Kempin als Vertreterin für einen zum Bezirksrichter ernannten Privatdozenten vor. Die Kollegen nehmen Anstoß: Eine Frau als Lehrende? Unmöglich. Der Fall kommt vor den Fakultätsrat. Aus dem Protokoll vom 19. April 1888: »Prof. F. hält es nicht für wünschenswert, daß eine Frau Privatdocentin werde... Prof. W. möchte die Frage der Zulassung einer Frau denn doch noch nach der prinzipiellen Seite geprüft wissen.« Die Entscheidung wird vertagt.

Zur nächsten Sitzung hat Emilie Kempin ein Gesuch um Zulassung als Privatdozentin für Römisches Recht eingereicht; es soll an den Erziehungsrat weitergeleitet werden. Die Professoren sind verstört. Überraschend – oder auch bezeichnend – die Aussage Professor Meilis, ihres Arbeitgebers, im Protokoll: »Prof. M. bezweifelt die genügende Qualifikation der Bewerberin auf Grund ihrer bisherigen Tätigkeit und ist überdies in Anbetracht der möglichen Konsequenzen entschieden gegen die Gewährung des Gesuches.« Mögliche Konsequenz wäre beispielsweise der Verlust einer tüchtigen Arbeitskraft in der Anwaltskanzlei.

Bis zur Klärung des Falls darf Emilie Kempin nicht mehr in den Hochschulräumen unterrichten, auch die Kantonsschule stellt ihr keinen Raum zur Verfügung, private Versuche, ein Lokal ausfindig zu machen, scheitern. So fällt die Vorlesung über Römisches Recht, wie es beabsichtigt war, flach. Das Senatsprotokoll vom 1. Juni liefert die Begründung nach: »Der Senat ist der Ansicht, daß Paragraph 132 des Unterrichtsgesetzes die Zulassung weiblicher Privatdocenten durchaus ausschließt und daß auch hievon abgesehen, dieselbe unter den gegenwärtigen Verhältnissen inopportun ist.« Am 29. Juni teilt der Rektor mit, daß die Ablehnung des Habilitationsgesuches der Frau Dr. Kempin durch den Erziehungsrat erfolgt sei.

Ein Besuch Emilie Kempins im Sommer 1888 in Berlin macht ihr Hoffnung, daß es mit der Gleichberechtigung der Frauen trotz aller Rückschläge doch vorangeht. Hier herrscht Aufbruchstimmung. Henriette Schrader, eine Nichte Fröbels und Gründerin des Pestalozzi-Fröbelhauses, holt sie mit der Kutsche von der Bahn ab und macht sie an einem ihrer »Pädagogischen Abende« mit den Spitzenvertreterinnen der bürgerlichen Frauenbewegung Deutschlands bekannt. Die »erste Schweizer Juristin« führt Gespräche mit Helene Lange, die in ihrer aufsehenerregenden *Gelben Broschüre* vom Preußischen Kultusministerium weibliche Lehrkräfte an den Höheren Schulen fordert. Sie spricht mit Auguste Schmidt, der Mitbegründerin des *Allgemeinen Deutschen Frauenvereins,* und sie läßt sich beeindrucken von den Ansichten Minna Cauers, die den radikalen Flügel im bürgerlichen Lager anführt. Zum Vortrag der Schweizerin ist auch Kaiserin Viktoria erschienen, die sich nach ihrem verstorbenen Gemahl Kaiserin Friedrich nennt. Sie ist an Frauenfragen sehr interessiert, hat allerdings politisch wenig Einfluß. In der Humboldt-Akademie trifft Emilie Kempin auch auf bekannte Gesichter, die Medizinerinnen Franziska Tiburtius und Emilie Lehmus, die in Zürich promoviert haben und nun in Berlin die erste Poliklinik für Frauen leiten.

Diese Begegnungen geben ihr Auftrieb. Noch im Sommer 1888 gründet sie in Zürich ein eigenes Büro für Rechtsfragen. In Berlin hat sie gesehen, wie ein Netzwerk der Frauen funktionieren kann. Gegenseitige Hilfe, Vermittlung von Kontakten, Fürsprachen, Pressearbeit. Das müßte auch in Zürich möglich sein. In ihre Beratungsstunden kommen hauptsächlich Frauen aus dem Universitätsumfeld. Eine der ratsuchenden Klientinnen ist die Ärztin Caroline Farner, die zehn Jahre vor Emilie Kempin als zweite Schweizerin in Zürich promoviert hat. Ähnlich wie Franziska Tiburtius in Berlin hat sie in Zürich eine unentgeltliche Klinik für Frauen gegründet. Neben ihrer großen Praxis setzt sie sich mit mutigen Vorträgen für die Frauenbewegung in der Schweiz ein.

Lichtblicke auch für Emilie Kempin? Liegt nicht der mächtige Schatten ihres Vaters und die Mißachtung, die man ihrem Mann in der Öffentlichkeit entgegenbringt, über all ihren Entfaltungsversuchen? Immer drängender wird die Vorstellung: Auswandern. Möglichst weit weg von Zürich, vielleicht Amerika. Sie hat das Beispiel Belva Lockwoods vor Augen, die in den Vereinigten Staaten für ihre Rechte als Frau und Juristin kämpfte und nach fünf Jahren, 1879, als erste Frau am obersten Gerichtshof zugelassen wurde. Wieder ein gefährlicher Höhenflug?

Ende September 1888 kurzentschlossen die Überfahrt mit dem Postdampfer nach New York. Mit Ehemann, drei Kindern, Dienstmädchen und 22 Kisten Umzugsgut – alle Rückzugsbrücken bewußt abgebrochen. Noch auf dem Schiff lernen die Kempins den New Yorker Arzt Dr. Weber und dessen Frau kennen, die sich als Vorsitzende der *Arbitration Society* um Rechtsbeistand für Arme bemüht und juristisch gebildete Mitarbeiterinnen sucht. Zufall oder Gunst des Schicksals: Fanny Weber und die Schweizer Juristin, der die Gründung einer Rechtsschule für Frauen vorschwebt, finden sich.

Aber der Anfang in New York ist hart. Wohnungssuche. Ausbildungsprobleme der Kinder. Mangelnde Englischkenntnisse. Keine Zulassung beim Gericht. Alles auf Emilies Schultern. Walter Kempin bemüht sich zwar um journalistische Aufträge, aber sein Englisch bleibt mangelhaft, während seine

Frau sich schnell in der neuen Sprache zurechtfindet, bald ihre Vorträge ganz selbstverständlich englisch schreibt und hält.

Die Wohnung in der 14. Straße ist so klein, daß sich niemand in Ruhe zurückziehen kann, das erschwert das Zusammenleben. Eine größere ist ohne ein festes Familieneinkommen nicht bezahlbar, und die Zürcher Ersparnisse sind bald aufgezehrt. Emilie nimmt schließlich einen Sekretärsposten bei der *Medico-Legal-Society* an, um den Familienunterhalt zu sichern. Walter fühlt sich unwohl als Hausmann in New York, er strebt zurück nach Zürich, möchte ein Jurastudium beginnen, nicht von seiner Frau abhängig sein. Sohn Robert und die ältere Tochter Gertrud wollen ihn begleiten, während Agnes, die Jüngste, bei der Mutter bleibt, die immer noch um die Gründung einer *Woman's Law School* kämpft.

Im Oktober 1890 hat sie mit Hilfe einflußreicher Frauenkreise ihr Ziel erreicht: Die *Woman's Law Class* an der University of the City of New York wird im Beisein des Dekans und der Professoren eröffnet. 14 Schülerinnen haben sich für den Grundkurs eingeschrieben, auch Abendkurse werden angeboten, die Presse berichtet ausführlich. Das Kursangebot soll Frauen, die ihren Lebensunterhalt selbst verdienen müssen, mit dem nötigen Rechtswissen versehen und sie befähigen, eigene Geschäfte zu führen und verantwortliche Stellungen zu übernehmen.

Am Ende des Schuljahres 1890/91 kann Emilie Kempin, die sich jetzt Emily nennt, dreizehn Schülerinnen in einer öffentlichen Feier die Zertifikate überreichen. Das neue Schuljahr ist schon ausgebucht, wegen der großen Nachfrage sollen die Kurse doppelt geführt werden. Wieder ein Höhenflug. Der Druchbruch einer Frau, einer Ausländerin ist gelungen. Aber der Absturz folgt, die Hiobsbotschaft aus Zürich: Robert schwer erkrankt. Überstürzte Abreise aus New York. Die Flügel sind gebrochen. Gewissensbisse. Ist sie der Sonne zu nahe gekommen?

In Zürich findet sie Robert in der Obhut der überforderten Großmutter Kempin. Ein schweres Halsdrüsenleiden hat ihn geschwächt, aber die Anwesenheit der Mutter läßt ihn überraschend schnell genesen. Über allem die bange Frage: Du wirst uns doch nicht wieder verlassen? Die Familie als selbstgewählte Fessel. Depesche nach New York: Absage wegen Familienpflichten.

Was nun? Sie muß Geld verdienen. Ihr Mann führt als Jurastudent ein kleines Anwaltsbüro, das nichts einbringt. Sie könnte wieder bei Meili anfangen, Eisenbahnstatistiken. Dann doch lieber – trotz vorausahnender Bedenken – eine Bürogemeinschaft mit ihrem Mann.

Orell Füssli in Zürich bringt ein Werk von ihr heraus, das sich nach Meinung Professor von Orellis, eines einflußreichen Mentors, als Habilitationsschrift eignet. Die Überschrift hört sich imponierend an: *Die Rechtsquellen der Gliedstaaten und Territorien der Vereinigten Staaten in Amerika mit vornehmlicher Berücksichtigung des Bürgerlichen Rechts, verfaßt von Emily Kempin, Doktor beider Rechte der Universität Zürich, Docent der Rechtswissenschaft an der Universität der Stadt New York, Professor für gerichtliche Medizin am New Yorker Medical College und Hospital for Women.*

Ihre nochmalige Bewerbung als Privatdozentin für römisches, englisches und amerikanisches Recht kann nun auch von den »alten Zöpfen des Senats«, wie Professor Forel sich ausdrückt, nicht mehr abgelehnt werden, ohne als voreingenommen zu erscheinen. Der Fakultätsrat bestätigt, die Befähigung der Kandidatin stehe außer Zweifel, die venia legendi wird ihr »ausnahmsweise« erteilt. Ihre Antrittsvorlesung hält sie über *Die modernen Trusts.* Für ihr Kolleg haben sich sieben Männer und drei Frauen eingeschrieben, unter ihnen Ehemann Walter und eine Fabrikantentochter aus Danzig, Anna Mackenroth.

Die finanziellen Sorgen bleiben. Sechzig Franken erhält sie

an Kolleggeldern, festes Gehalt gibt es für Privatdozenten nicht. Die neue, größere Wohnung an der Florhofstraße muß bezahlt werden, die Kinder wachsen heran, haben mehr Ansprüche, und die Bürogemeinschaft wirft keinen Gewinn ab. Nationalrat Curti rät ihr, nochmals eine Petition wegen der Zulassung als Anwältin einzureichen, aber der Kantonsrat lehnt ab und schiebt eine Motion Curtis auf die lange Bank.

Die Abgewiesene versucht es mit einer Flucht nach vorn, einem Büro in bester Lage an der Bahnhofstraße: *Amerikanisches Rechtsbüro, Dr. E. und W. Kempin.* Ein New Yorker Anwalt, den sie bei der Arbitration Society kennengelernt hat, wird amerikanischer Kompagnon. Die Klientel der Bahnhofstraße gehört gutbürgerlichen Kreisen an, als Ausgleich möchte Emilie Kempin nach amerikanischem Vorbild nebenher eine unentgeltliche Rechtsstelle für Frauen einrichten. Die Frauen, die in ihre Praxis kommen, wünschen von ihr persönlich beraten und betreut zu werden, aber vor Gericht darf nur der Jurastudent Walter Kempin die Klientinnen vertreten, der promovierten Ehefrau, Dozentin und erfahrenen Juristin steht dieses Recht nicht zu. Das führt zu Unstimmigkeiten mit der Klientel und in der Ehe.

Abends leitet Emilie Kempin in ihren Praxisräumen eine *Rechtsschule für Laien,* die großen Zuspruch findet. Sie hat Erfolg, aber sie ist erschöpft, arbeitet, wie sie sich selber einredet, nur der Kinder wegen so viel, doch die Kinder sehen ihre Mutter kaum noch. Wieder das schlechte Gewissen. Und ihr Mann, der einstige Philanthrop, schreibt Börsenberichte.

Neben der Berufsarbeit ringt sich die schon voll ausgelastete Juristin und Mutter noch Beiträge für Fachzeitschriften ab. Auf Wunsch deutscher Frauenrechtlerinnen verfaßt sie eine Abhandlung über *Die Rechtsstellung der Frau* im Deutschen Reich, die in Leipzig erscheint und sie in Deutschland in weiteren Kreisen bekannt macht. Sie wird zu Vorträgen nach Berlin, Leipzig, Dresden und München, zu einem Frauenkongreß nach Nürnberg eingeladen.

Im heimischen Zürich möchte ihre Schülerin Anna Mackenroth einen *Verein akademisch gebildeter Frauen* gründen, Emilie Kempin soll den Vorsitz übernehmen – kann sie sich noch zusätzliche Lasten aufbürden? Anita Augspurg, die radikale Jurastudentin aus Verden an der Aller, die in Zürich als erste deutsche Juristin promovieren wird, hält eine Rede auf Emilie Kempin, ihr Vorbild. Wer ahnt, daß Anita Augspurg später, zur Zeit des Dritten Reiches, als Pazifistin in Zürich Zuflucht suchen muß?

Zur Gründungsversammlung im *Plattengarten,* dem Lokal der Aufrührer und der Feministinnen, finden sich Studentinnen und ehemalige Absolventinnen der Hochschule zusammen, ein Netzwerk soll sich über Generationen und Fakultäten spannen. Die Zoologin Marianne Plehn, die von einem Gut in Westpreußen stammt, und die Zürcher Germanistin Hedwig Waser gehören dazu, beide mit Ricarda Huch befreundet, die nach ihrer Promotion in Geschichte eine Stelle im Archiv der Stadtbibliothek angenommen hat und auch an der Höheren Mädchenschule unterrichtet. Die Kommilitonin Waser und dic Großmünsterschule hat sie in der Erzählung *Haduwig im Kreuzgang* verewigt. Zum Abend im Plattengarten kann die Vielbeschäftigte nicht kommen, aber sie steuert ein »gesinnungstüchtiges Trinklied« bei vom *Lindtwurm,* der vor der Universität darüber wacht, daß keine Frau hereinkommt.

Anna Mackenroth hat auch die Studentin Rosa Luxemburg eingeladen – undenkbar, daß sie gekommen wäre, obwohl ihr das Lokal Plattengarten vertraut sein muß. Sie hält nichts von Frauenzirkeln, nichts von der Frauenbewegung, auch nicht der proletarischen einer Clara Zetkin, für sie geht es um die Befreiung des Proletariats, sie steht mit ihrem Gefährten Leo Jogiches auf der Seite der Revolution, die nicht Frauensache ist. In einem in Zürich erschienenen Kampfartikel schreibt sie:

»Jawohl: Agitation und Organisation! Das sind alte Losungen, so alt wie der Klassenkampf des Proletariats, und sie werden so lange lebendig bleiben, wie die kapitalistische Gesellschaftsordnung bestehen wird.« Gemessen an ihren gesellschaftsverändernden Zielen nimmt sich die Frauenbewegung, auch die radikale, wie ein harmloses Teekränzchen aus.

Emilie Kempin allerdings ist nicht nach Teekränzchen zumute. Sie übernimmt sich. Sie hat *Le droit des femmes* aus dem Französischen übersetzt und gilt nun als Expertin für Frauenrechtsfragen. Auf einem Juristentag in Basel tritt sie – einzige Frau – für Gütertrennung in der Ehe ein. 1894 erscheint in Zürich ihre Abhandlung *Die Ehefrau im künftigen Privatrecht der Schweiz.* Ihre wissenschaftliche Kompetenz kann nicht mehr angezweifelt werden, obwohl sie, wie von Kollegen spöttisch bemerkt wird, »weibliche« Standpunkte vertritt. Sie wird immer wieder zu Kongressen eingeladen, ihr Selbstbewußtsein, durch das Scheitern der Bürogemeinschaft mit ihrem Mann angeschlagen, steigt wieder.

Nur an der Universität geht es nicht voran. Immer noch Privatdozentin ohne feste Besoldung. Sie bewirbt sich zweimal um freiwerdende Lehrstühle, in beiden Fällen werden junge, unerfahrene Rechtswissenschaftler berufen. Der Nachteil der Frauen: Lebenspraxis, Erfahrung fallen bei Berufungen nicht ins Gewicht. Familienjahre gelten für die Wissenschaft als »verloren«. Und der Behördenbescheid über die Zulassung Emilie Kempins als Rechtsanwältin steht noch immer aus.

Sie müht sich, arbeitet, und das Leben geht an ihr vorbei. Sie ist 42. Die Ehe mit ihrem Mann ist längst keine Ehe mehr, jeder geht eigene Wege. Auf einer Abendgesellschaft verliebt sie sich – sie hat sich solche Emotionen gar nicht mehr zugetraut – in Mathieu Schwann, einen jüngeren Privatgelehrten aus Deutschland. Dieser aber wendet sich der Tochter Gertrud zu, die er in ihrem Haus kennengelernt hat. Gertrud ist neunzehn, hat die Schule abgebrochen und ist in einem Modeatelier in der Lehre, ein Kind noch in den Augen der Mutter. Und Schwann, der gebildete Schöngeist, läßt sich von diesem Kind betören. Was geht in Emilie Kempin, der Verschmähten, vor? Gerüchte schwirren durch die literarischen Zirkel, durch Hochschulgänge, Pfarrhäuser und Kaffeekränzchen. Das weltoffene Zürich ist doch eine Kleinstadt, man kennt sich, weiß Bescheid. Die Spyris gehören zu den angesehensten Familien. Der Vater Ratsherr und Direktor bei der Nordostbahn, der Onkel war Stadtschreiber, seine Witwe hat sich als Dichterin einen Namen gemacht. Auch die »zugezogenen« Kempins haben sich in der Stadt etabliert, in der Kempinschen Buchhandlung kaufte Gottfried Keller seine Bücher. Dem Sohn, dem ehemaligen Pfarrer, gerät zwar nicht viel, aber diese Schmach hat er nicht verdient, da ist man sich einig. Selbst die sonst zurückhaltende Ricarda Huch beteiligt sich an den Sticheleien, einem Redakteur in Bern schreibt sie über Schwann: »Frau Dr. Kempin verliebte sich in ihn (sagt das Gerücht) und beschloß ihn zu umgarnen, um ihn mit ihrer Tochter zu verheiraten. Die Tochter ist nach allgemeiner Aussage niedlich, aber der minimste Backfisch, den man sich denken kann, ganz kindisch.« – Emilie Kempin als Kupplerin? Schwer nachzuvollziehen.

Verständlich, daß sie erst einmal wegstrebt aus Zürich, sich für das Winter- und Sommersemester 1895/96 von der Universität beurlauben läßt, die Stunden an der Höheren Töchterschule der frischpromovierten Anna Mackenroth überträgt. Berlin ist ihr Ziel, dahin hat sie seit langem Verbindungen. Zentrum der Frauenbewegung. Weltstadt ohne provinziellen Klatsch, ohne bigotte Moral.

Sie nimmt eine Wohnung in bester Lage, Unter den Linden, und genießt den frischen Wind frauenbewegter Aktionen. Minna Cauer ruft mit ihrem Verein *Frauenwohl* zum Widerstand auf gegen den zweiten Entwurf des neuen Bürgerlichen Gesetzbuches, Kundgebung reiht sich an Kundgebung. Helene Lange führt sie im neugegründeten *Bund Deutscher Frauenvereine* ein, dem Dachverband der bürgerlichen Frauenorganisationen gemäßigter und radikaler Richtungen. Die Szene ist bunter geworden seit ihrem letzten Berlinbesuch, turbulenter, hektischer. Reformkleider und wallende Gewänder neben Hosenanzügen und bürgerlicher Gepflegtheit. Der Gast aus der Schweiz wird um eine Stellungnahme zum neuen Gesetzbuch gebeten. Emilie Kempin ist in ihrem Element, sie hat viel geschrieben über die Rechtslage der Frau, sie holt weit aus, gescheit und differenziert. Aber die Zuhörerinnen reagieren ungeduldig, sie wollen kein abgewogenes Urteil, sie wollen Anleitung zum Widerstand.

Die Frauenbewegung hat sich nicht nur äußerlich verändert, das wird der Rednerin blitzartig klar, auch die Strukturen sind andere geworden, härter, männlicher, professioneller. Sie erlebt die angehenden Akademikerinnen am Rednerpult, einige in Zürich ausgebildet wie Anita Augspurg, ihre Schüierin: wortgewandt, brillant, scharf. Nicht mehr die Verschiedenheit der Geschlechter wird betont, der eigene Weg, sondern das Gleichziehen mit dem Mann, möglichst rasch und ohne Wenn und Aber. Emilie Kempins besonnenes Konzept muß scheitern in dieser Runde, wie auch die Strategien der Gemäßigten um Helene Lange. Was ihr vorschwebt, ist heute leichter zu verbinden als damals: die »weibliche« und die »männliche« Frau. Einerseits das Einbringen einer menschlich orientierten Sichtweise in die Wissenschaft, nicht nur Exaktheit, auch Emotion, andererseits die Beherrschung des männlichen Instrumentariums, Logik, Kenntnis der Gesetzestexte, Durchsetzungsvermögen. In Berlin ist in jenen Aufbruchtagen nur das letztere gefragt. Beim Internationalen Frauenkongreß, den Lina Morgenstern 1896 einberuft, steht Emilie Kempin nicht mehr auf der Rednerinnenliste.

Sie hat ohnehin andere Sorgen: die Kinder. Was soll aus Agnes werden, die bei ihr wohnt? Für Sohn Robert muß sie die teure Ausbildung bei einem Buchdrucker bezahlen. Gertrud reist aus Zürich an, schwanger. Sie erwartet ein Kind von Schwann. Die Ratlose schlüpft nun auch bei der Mutter unter. Und Robert wird entlassen, der Bruder eines »gefallenen Mädchens« ist untragbar – Sippenhaft in der liberalen Weltstadt Berlin.

Der mit den Kempins befreundete Pfarrer und Theologieprofessor von Soden verhilft der bedrängten Juristin zu Vorlesungen an der Lessing-Hochschule und an der Humboldt-Akademie, abends hält sie Rechtskurse für Nichtakademikerinnen. Für die *Deutsche Juristenzeitung* schreibt sie Artikel über Frauenfragen, im Frühjahr 1897 bringt sie ein *Rechtsbrevier für deutsche Ehefrauen* heraus. Keine freie Stunde. Kein Durchatmen.

Und immer die Familiensorgen: Gertrud heiratet Schwann in London, die Mutter wird zur Hochzeit nicht eingeladen. Agnes, die Jüngste und gut Begabte, weigert sich, weiter zur Schule zu gehen. Und eines Tages steht ihr Mann, der ewige Jurastudent, vor der Tür, erschöpft und mittellos. Sie gibt ihm die letzten Scheine, obwohl die Miete noch nicht bezahlt ist. Geld aus Amerika soll eintreffen, von ihrem ehemaligen Kompagnon. Immer wieder fragt sie auf der Post nach. Vergeblich. An einem Migränetag im Herbst 1897 bricht sie vor dem Postschalter zusammen. Sie wird in die Klinik Berolinum, eine private Anstalt in Lankwitz, eingeliefert. Diagnose: Nervenzusammenbruch.

Aus den vorgesehenen drei bis vier Wochen werden eineinhalb Jahre Aufenthalt in dieser Nervenheilanstalt. Die Kinder dürfen sie nicht besuchen, der Anstaltsarzt hat sie für unmündig erklärt. Kann sie tatsächlich keine eigenen Entscheidungen mehr treffen? Eines Nachts bricht sie nach Berlin auf, im Unterrock, die Kleider sind weggeschlossen. Sie findet das Haus Pfarrer von Sodens, er muß ihr weiterhelfen, sie will zurück in die Schweiz.

Professor von Soden vermittelt die Rückkehr – allerdings nicht in die Zürcher Anstalt Burghölzli, wie sie es wünscht, sondern in die Basler Friedmatt. Ist den Angehörigen eine zu große Nähe unangenehm?

Auch in der Friedmatt macht sie einen Ausbruchsversuch. Sie will nach Zürich oder nach New York oder sich nach einer Arbeit umsehen. In einem Brief an einen Basler Pfarrer, der von der Anstaltsleitung zurückgehalten wird, bewirbt sie sich um eine Stelle als Magd: »Ich sehne mich nach nützlicher Arbeit und Bewegung, wie die mannigfachen Pflichten in einem Haushalt sie bieten. Dann aber bin ich noch vollkommen existenzlos, mein Bureau, das ich in Berlin gehalten habe, ist natürlich geschlossen, meine Clientel kennt mich nicht mehr, mein Name ist mit dem Odium der Geisteskrankheit behaftet ...« Die klaren Sätze und der logische Aufbau des langen Briefes könnten vermuten lassen, Emilie Kempin sei zu Unrecht entmündigt worden. Aber es gibt genügend Hinweise auf tatsächlich krankhaftes Verhalten: Wirklichkeitsverlust. Wahnvorstellungen.

Sie stirbt am 12. April 1901 an einer schmerzhaft wuchernden Geschwulst im Leib, die schon Franziska Tiburtius bei einer Untersuchung in ihrer Berliner Frauenpraxis festgestellt hat: Krebs.

Die Biographin Eveline Hasler forscht neunzig Jahre später nach der Personalakte, der Krankengeschichte. Es gibt keine Unterlagen mehr in der Psychiatrischen Klinik Friedmatt, sie muß sich die Daten mühsam aus anderen Quellen zusammensuchen, ein zäher Kampf gegen das Vergessen von Frauengeschichte.

Kein Grabstein also für die Zürcher Bürgerin Kempin-Spyri. Aber wenigstens eine Gedenktafel am Pfarrhaus in Zürich-Altstetten, in dem Emilie Spyri am 18. März 1853 geboren wurde. Enthüllt erst 90 Jahre nach ihrem Tod vom Enkel Herbert Kempin. In Bronze gegossen die Würdigung: Erste

Juristin der Schweiz. Vorkämpferin für die rechtliche Gleichstellung der Frauen in Wissenschaft, Lehre und Beruf.

Die Tafel solle heutigen Frauen Mut machen, den Kampf um die Gleichberechtigung weiterzuführen und auf ihren Rechten zu bestehen, sagt die Pfarrerin Käthi La Roche bei der Einweihung. Noch bleibt einiges zu tun: Erst 1987, fast hundert Jahre nach dem Kempinschen Habilitationsversuch, wurde an der Rechts- und Staatswissenschaftlichen Fakultät die erste Frau auf den Lehrstuhl für Römisches Recht berufen.

Emilie Kempins Höhenflug bleibt, auch wenn er in ihrer Zeit gescheitert ist, Herausforderung für die Enkelinnen.

Leben aus dem Koffer

Die Dichterin
Else Lasker-Schüler
1869–1945

Zu Lebzeiten hat Else Lasker-Schüler immer wieder für Aufregung und Irritation gesorgt. Doch wer hätte geahnt, daß sie fünfzig Jahre nach ihrem Tod – just vor der Eröffnung der großen Gedenkausstellung im Zürcher Museum Strauhof im Juni 1995 – noch einmal Schlagzeilen machen würde? Nicht nur Zürcher Zeitungen berichten von einem geheimnisvollen »Koffer aus dem Keller«, auch in Deutschland läßt der Inhalt des abgewetzten braunen Köfferchens, das mehr als ein halbes Jahrhundert unbeachtet im Keller der Zürcher Buchhandlung Dr. Oprecht ruhte, die Fachwelt aufhorchen. »Ein sensationeller Nachlaßfund«, befindet die Frankfurter Allgemeine Zeitung. Und der Literaturhistoriker Martin Bircher ist nach einer ersten Durchsicht des Materials überzeugt, daß durch die neuentdeckten, mit Korrekturen übersäten Manuskripte und Druckfahnen das Bild von der intuitiv leichthin schreibenden Dichterin endgültig widerlegt sei. Die von sich sagte, sie dichte »mit der Hand der Seele – mit dem Flügel«, feilte in Wahrheit beharrlich und sprachversessen an jedem Begriff.

Wie nun kommt das in keinem Verzeichnis erwähnte Gepäckstück mit den wertvollen unbekannten oder verloren geglaubten Dokumenten, auch einigen Büchern und Postkarten, in das Kellerverließ? – Die aus Deutschland nach Zürich emigrierte Dichterin hat es kurz vor ihrer letzten Palästinareise im Frühjahr 1939 Emil Oprecht, dem Verleger ihres Buches *Das Hebräerland*, anvertraut, dessen Buchhandlung eine wichtige Anlaufadresse für Emigranten war. Nur für ein paar Wochen oder Monate wollte sie es bei Oprecht unter-

stellen, bis zu ihrer Rückkehr nach Zürich. Die verschärften Schweizer Einreisebestimmungen und der Ausbruch des Zweiten Weltkrieges machten diese Rückkehr unmöglich. So geriet der nie zurückgeforderte, unscheinbare Koffer mit dem Aufkleber *Hotel Seehof, Schifflände 28*, der letzten Zürcher Bleibe der Dichterin, allmählich in Vergessenheit. Als man ihn endlich wiederentdeckte, flatterte beim Öffnen ein geheimnisvolles, bis heute nicht entschlüsseltes Zettelchen mit Else Lasker-Schülers Handschrift zu Boden: »Verlaß mich nicht. Es sind ja nur noch die letzten Stunden. Und ich muß wieder hinaus in die Welt« – ihre Zürcher Abschiedsbotschaft – an wen?

Das braune Köfferchen ist nicht der einzige persönliche Besitz, den die Verscheuchte zurückläßt. Auch im Keller des Kunsthauses Zürich hat sie vier Koffer untergestellt. Zwei Aufbewahrungsbestätigungen fanden sich in ihrem Nachlaß, der in der Jewish National and University Library Jerusalem aufbewahrt wird. Der Schauspieler Ernst Ginsberg, einer der treuesten Freunde der Dichterin, machte sich dreizehn Jahre nach ihrem Tod auf die Suche nach den verschollenen Koffern. Er öffnete sie nicht ohne Beklemmung: »Ich gedachte der herben Scheu, mit der Else Lasker-Schüler immer jeder Berührung privatester Bezirke auszuweichen pflegte. Aber dann gedachte ich auch so vieler Beweise ihrer Freundschaft und tat, was getan sein mußte.« Drei der Koffer waren angefüllt mit Zeichnungen ihres frühverstorbenen Sohnes Paul, dessen große künstlerische Begabung für sie außer Zweifel stand. Im vierten Koffer fanden sich bislang unbekannte Dichtungen aus ihrer Feder und Briefe, die ihr berühmte Zeitgenossen geschickt hatten. Der Kofferdeckel war – augenfällige Bestätigung ihres Wanderlebens – übersät mit Hotelaufklebern ihrer Reiseziele: Wien, Zürich, Berlin, Kolberg, Königsberg, Leipzig, Köln, Stuttgart, Frankfurt, Hamburg, London, Kairo, Alexandrien, Jerusalem.

Auch wenn sie weitgehend ein Leben aus dem Koffer führte, mochte sie doch auf persönliche Erinnerungsstücke und alles, was sie je geschrieben hatte, nicht verzichten. Sie war sich des Wertes ihrer Dichtung bewußt, keine Verlagsabsage, keine noch so herbe Kritik ließ sie an sich und ihrem Schreiben zweifeln. Dabei machte sie es selbst ihr wohlgesonnenen Menschen schwer, all ihren Eskapaden Verständnis entgegenzubringen. Die Schwierigkeiten, mit denen sie zeitlebens zu kämpfen hatte, lagen nicht nur in den Zeitläuften und dem entwürdigenden Dasein als Heimat- und Staatenlose, sondern auch in dem bewußt inszenierten Verwirrspiel um ihre Person, das die Phantasie und Toleranz ihrer Umwelt oft überforderte.

Wer war diese Else Lasker-Schüler, die sich auch *Tino von Bagdad* oder *Prinz Jussuf von Theben* nannte und sich damit einen künstlerischen Adelstitel – höher angesiedelt als Erb- und Geldadel – zulegte?

Eine Nomadin. Eine Traumtänzerin. Ruhelos unterwegs auf der Suche nach einem Leben, das ihr die Realität nie bieten kann. In keiner Stadt, in keinem Land ist sie wirklich zu Hause, auch wenn sie in Zürich gern seßhaft geworden wäre. Keine menschliche Beziehung kann ihren Eruptionen, ihrem exzentrischen Wesen auf Dauer standhalten. Sie hat sich eine Welt nach ihrem Bilde geschaffen, bizarr und unberechenbar, und sie mit leibhaftigen Fabelwesen bevölkert: *König Giselheer* nennt sie ihren jungen Geliebten, den Berliner Arzt und Dichter Gottfried Benn, der in ihr »die größte Lyrikerin, die Deutschland je hatte« sieht. Für eine andere Schlüsselfigur der Literaturszene, den Kritiker Karl Kraus, dem sie die Titel *Cardinal* oder *Dalai Lama* verleiht, ist sie »die stärkste und unwegsamste lyrische Erscheinung des modernen Deutschland«.

Aber das moderne Deutschland – bis auf avantgardistisch-expressionistische Kreise – und auch die Schweiz tun sich schwer mit ihr und all den biographischen und literarischen Fußangeln, die sie legt. Man stelle sich biedere Zürcher Beamte vor, denen eine Vita wie die folgende auf den Schreibtisch flattert: »Ich bin zu Theben (Ägypten) geboren, wenn ich auch in Elberfeld zur Welt kam im Rheinland. Ich ging bis 11 Jahre zur Schule, wurde Robinson, lebte fünf Jahre im Morgenlande, und seitdem vegetiere ich.« – Überbordende Phantasie oder Flucht in Wunschwelten, um die nackte Alltagswirklichkeit auszugrenzen?

Von dieser Alltagswirklichkeit setzt sich Else Lasker-Schüler auch in ihrer Kleidung ab, wenn man den Beschreibungen ihrer Zeitgenossen mehr Glauben schenkt als den offiziellen, in Ateliers gestellten Fotos. Sie zeigen eine geschmackvoll und dezent gekleidete Dame, während etwa Benn schildert, wie man mit ihr nicht über die Straße gehen konnte, ohne daß alle Welt stillstand und ihr nachsah: »extravagante weite Röcke oder Hosen, unmögliche Obergewänder, Hals und Arme behängt mit auffallendem, unechten Schmuck, Ketten, Ohrringen, Talmiringen an den Fingern, und da sie sich unaufhörlich die Haarsträhnen aus der Stirn strich, waren diese, man muß schon sagen: Dienstmädchenringe immer in aller Blickpunkt.«

Daß sie ihr Geburtsdatum verändert, sich um sieben Jahre jünger gemacht hat, fällt bei ihrer knabenhaft schlanken Gestalt, dem pechschwarzen Haar und den jugendlich lebendigen Gesichtszügen und Gesten nicht weiter auf. Benn glaubte, sie sei ein knappes Jahrzehnt älter als er – in Wirklichkeit waren es siebzehn Jahre. Auch die Geburt ihres Sohnes Paul gehört in das Verwirrbild, das sie von ihrem Leben zeichnete. Nie hat sie den Namen seines Vaters genannt, aber den Vermutungen, es handle sich um einen spanischen Prinzen, nicht widersprochen.

Ein von Legenden umranktes Leben, kunstvoll gewirkt aus Dichtung und Wahrheit, wobei das Irreale oft als gelebte

Wirklichkeit, das Reale als poetische Überhöhung erscheint. Die nachprüfbaren Fakten nehmen sich nüchterner, aber nicht weniger beeindruckend aus:

Geboren ist Else Lasker-Schüler am 11. Februar 1869 in Wuppertal-Elberfeld. In ihrem Elternhaus – der Vater ist jüdischer Bankier – herrscht eine liberale und tolerante Atmosphäre, um so mehr erschrecken sie antisemitische Ausschreitungen auf dem Schulweg und in der Stadt. Noch als Kind hat sie den Tod ihres Lieblingsbruders zu verkraften, mit 21 verliert sie ihre über alles geliebte Mutter. Knapp vier Jahre später heiratet sie den Arzt Dr. Berthold Lasker und zieht mit ihm nach Berlin.

Hier beginnt ihr eigentliches Leben, ihre künstlerische Entfaltung. Sie nimmt Zeichenunterricht beim Maler Simon Goldberg und legt sich ein eigenes Atelier zu. Von ihrem Mann entfremdet sie sich mehr und mehr:

»Bist wie der graue sonnenlose Tag,
Der sündig sich auf junge Rosen legt.
– Mir war, wie ich an deiner Seite lag,
Als ob mein Herze sich nicht mehr bewegt.«

Um so weiter öffnet sie ihr Herz dem Dichter und Bohemien Peter Hille, der ihr Mentor wird und sie in die *Neue Gemeinschaft* einführt, einen Kreis von Musikern, Künstlern und Literaten, die außerhalb der etablierten Gesellschaft neue Lebensformen erproben wollen. Mag sein, daß sie hier auch dem unbekannten Vater ihres Sohnes Paul begegnet ist, den sie, nicht nur im Gedicht *Sinnenrausch*, mystisch verklärt:

»- Ich folge dir ins wilde Land der Sünde
Und pflücke Feuerlilien auf den Wegen,
– Wenn ich die Heimat auch nicht wiederfinde...«

Mit Sicherheit lernt sie in dieser Runde den neun Jahre jüngeren Schriftsteller und Verleger Georg Levin kennen, dem sie den Namen *Herwardt Walden* gibt. Eine literarisch produktive Zeit beginnt. 1902 erscheint ihr erster Gedichtband *Styx*. Ein Jahr darauf, wenige Monate nach der Scheidung von Berthold Lasker, heiratet sie Walden. Der zum Freundeskreis gehörende Dichter Alfred Döblin beobachtet die Verbindung mit Skepsis und schreibt über die Lasker-Schüler: »Sie führte eine unglückliche Ehe. Walden befreite sie daraus und heiratete sie, und ihr kleiner Sohn, Paulchen, ging mit ihr... Walden, mit seinem Spürtalent, hatte die große Begabung der jungen Frau erkannt, aber ihr Temperament, wie mir scheint, nicht mit derselben Sicherheit.«

Walden versucht nicht, dieses ungestüme Temperament zu zügeln, er leistet aber verlegerische Hilfestellung bei den Veröffentlichungen seiner Frau, die nun in kurzen Abständen erscheinen, auch in der von ihm gemeinsam mit Karl Kraus gegründeten Wochenschrift *Der Sturm*. Finanziell wirft diese Zeitschrift nichts ab. Die kleine Familie »mit ihrem unglaublich verzogenen Sohn« nähre sich, vermutet die Schauspielerin Tilla Durieux, nur von Kaffee, den ihnen ein buckliger Oberkellner mitleidig stunde. – Ein Eheleben, mehr von Geldnot als von Bohemeromantik gezeichnet, das im November 1912 mit einer von Walden betriebenen Scheidung endet.

Im Berliner Café des Westens, ihrem Stammcafé, begegnet Else Lasker-Schüler dem Mann, dessen *Morgue*-Gedichte sie überwältigt haben und den sie nun mit Leidenschaft bedichtet: Gottfried Benn, ihr *König Giselheer*: »Der heere König Giselheer / Stieß mit seinem Lanzenspeer / Mitten in mein Herz.« Sie widmet Benn, dem »dichtenden Kokoschka«, einen Gedichtzyklus und eine selbstillustrierte Prosa-Skizze und empfiehlt ihn dem Verleger Kurt Wolff: »Er ist halb Tiger, halb Habicht... ebenso herb wie derb ebenso zart wie weich.« Und sie beeilt sich, Wolff zu versichern: »Ich stehe Dr. Benn *nicht* was Liebe betrifft nah – tue es *Ehrenwort* hinterrücks...« Doch sie zelebriert ihre Leidenschaft öffentlich. Benn, um Distanz bemüht, widmet ihr im Herbst 1913 zwar seine Gedichtsammlung *Söhne*, läßt im Gedicht *Hier ist kein Trost* aber keinen Zweifel am Ende der Beziehung: »Keiner wird mein Wegrand sein. / Laß deine Blüten nur verblühen. / Mein Weg flutet und geht allein.« – Dem Band vorangestellt ist die Widmung »Ich grüße Else Lasker-Schüler: Ziellose Hand aus Spiel und Blut«.

Beobachtungen des mit Benn befreundeten Dichters Klabund könnten dieses Zitat verständlicher machen. Er schreibt: »Sie liebt nur sich, weiß nur von sich. Die Objekte ihres Herzens... sind Bleisoldaten, mit denen sie spielt. Aber sie leidet an diesen Bleisoldaten; und wenn sie von ihnen spricht, bluten die Worte aus ihr heraus.« – Eine Verwundete, die sich fahrlässig oder wissend auf gefährliche Spiele eingelassen hat.

Freunde, vor allem der Maler Franz Marc und seine Frau, setzen sich für die völlig Verstörte und Mittellose ein. Mitten im kriegslüsternen Säbelgerassel erscheint im Sommer 1914 *Der Prinz von Theben*, ein vom Alltag abgehobenes Geschichtenbuch mit Zeichnungen der Lasker-Schüler und farbigen Bildern von Franz Marc. Doch Marc, ihr »Blauer Reiter«, fällt wenig später auf den Schlachtfeldern Frankreichs. Ein Briefwechsel in Bildern und ein Briefroman, *Der Malik*, bleiben ihr von dieser Freundschaft. Auch um einen anderen Freund trauert sie, um den Lyriker und »himmlischen Spielgefährten« Georg Trakl, »im Krieg von eigener Hand gefällt«. Ihre ihm zugedachten Verse enden mit dem schlichten Bekenntnis: »Ich hatt ihn lieb.«

Eine Vereinsamte, die gegen Kriegsende in einem Brief nach Zürich die traurige Bilanz zieht: »ich bin alleine noch von allen Prinzen übrig geblieben.« Seit der Scheidung von Walden besitzt sie keine eigene Wohnung mehr, lebt in billigen Hotelzimmern oder versucht, bei Bekannten unterzukommen. Adresse: postlagernd. 1918 verbringt sie mehrere Monate in Zürich und Locarno, unterstützt von der *Gesellschaft zur Pflege junger Dichtung*.

In Zürich erhofft sie sich auch Hilfe vom deutschen Militärattaché Harry Graf Kessler, aber der entzieht sich mit diplomatischer Gewandtheit näheren Kontakten. In seinen Notizen vermerkt er, Else Lasker-Schüler, »die mit der Schellenkappe *Jussuf, Prinz von Theben* herumläuft und den allgemeinen Frieden stiften will«, habe fünfmal telefoniert.

Auch andere wichtige Persönlichkeiten und Institutionen werden von der hartnäckigen Schweiz-Freundin heimgesucht. Ob ihr idyllisch-paradiesisches Schweizbild ihrer Wahrnehmung entspricht oder ob es die heimatverliebten Schweizer entgegenkommender stimmen soll? Dem Feuilletonredakteur der Neuen Zürcher Zeitung, Eduard Korrodi, schwärmt sie in einem langen Brief von Zürichs weitem Bahnhof vor, auf dem sich höflich aller Länder Sprachen begegnen, oder von den breitschultrigen Männern aus Hodlers Gemälden und von den Menschen, die das Steigen zu Fuß noch nicht verlernt haben und jedem Stein, jeder Alpenblume verwandt sind.

So umgetrieben von ihrer Schweizsehnsucht müßte sie doch höheren Ortes auf Verständnis stoßen mit ihrer Bitte um ein längerfristiges Visum... »Vielleicht tun Sie mir den großen Gefallen, den Herrn Bundesrat so im Vorbeigehen zu fragen, ob ich wieder in die Schweiz kommen darf?« bittet sie Korrodi unbefangen und fährt fort: »Die Möven vom Zürchersee schreiben mir so sehnsüchtige Briefe und ich sehne mich nach den weißen Vögeln...« Sie versichert ihm – auf das Ordnungsbedürfnis der Schweizer anspielend –, von unerlaubten Umtrieben könne bei ihr keine Rede sein, sie spuke höchstens mal um Mitternacht in den kleinen Gassen und Winkeln der Stadt umher.

Korrodi weiß sehr wohl, wieviel dichterische Sprachkraft hinter den kindlich extravaganten Attitüden der Lyrikerin steckt, die Peter Hille einmal »schwarzer Schwan Israels« genannt hat, »eine Sappho, der die Welt entzweigegangen«. Ihre eigenwilligen Wortschöpfungen bleiben im Gedächtnis haften: »die Frühblaubelaubten«, »die Enthimmelten«, oder Sätze aus dem frühen Band *Mein Herz*: »Was wissen die Armen, denen nie ein Blau aufging am Ziel ihres Herzens oder am Weg ihres Traums in der Nacht.« Die blaue Blume der Romantik scheint auf, die Farbmystik der Symbolisten, Strömungen, die ganz im Zuge der Zeit liegen. Aber immer ist da noch ein ganz eigener, wunderhafter Lasker-Schüler-Ton. Hinter der Selbstmythisierung stehe, schreibt Benn, der Wille zur Ganzheit und zu jener »großartigen und rücksichtslosen Freiheit, über sich allein zu verfügen, ohne die es ja Kunst nicht gibt«.

Frei von jeder berechnenden Theatralik ist die Beziehung Else Lasker-Schülers zu Paul, ihrem von Kind an kränkelnden, mit Liebe und Hoffnungen überschütteten Sohn. Ihm läßt sie zukommen, was sie sich vom Mund abspart. Teure Privatschulen, Sanatoriumsaufenthalte in Locarno und Davos müssen finanziert, Arztrechnungen bezahlt werden. Freunde versuchen sie nach Möglichkeit zu unterstützen, aber Spendenaufrufe wie der von Karl Kraus in der *Fackel* für die »mit schweren Sorgen kämpfende Dichterin« lassen sich nicht unbeschränkt wiederholen.

Glücklich ist Else Lasker-Schüler, daß sich ihr junger Freund, der Zürcher Maler Max Gubler, ihres fast gleichaltrigen Sohnes annehmen will. Bei aller unkritischen Mutterliebe ahnt sie wohl doch, daß die künstlerische Begabung ihres »Paulchen« nicht an die Gublers heranreicht. Die Fünfzigjährige hat sich in den Zwanzigjährigen verliebt, »ich glaube, wo wir auch sitzen werden, bildet sich Himmel«, schreibt sie ihrem »allerliebsten Hirten«. Sie empfiehlt den Autodidakten dem Berliner Kunsthändler Paul Cassirer, der ihn im Zürcher Hotel Schwert empfängt und ihm ein Stipendium anbietet. Die Verbindung zu Cassirer bringt ihr im Sommer 1919 zwei anonyme Anzeigen wegen kommunistischer Umtriebe bei der Schweizer Bundesanwaltschaft ein. Sie ist dabei in guter Gesellschaft: Auch die Schauspieler Alexander Moissi und Elisabeth Bergner werden verdächtigt, unter dem Deckmantel von Gastspielreisen in der Schweiz kommunistische Verbindungen zu knüpfen.

Daß bei Paul Cassirer in Berlin 1920 eine zehnbändige Gesamtausgabe der Werke Else Lasker-Schülers erscheint, muß das Mißtrauen der Schweizer Behörden verstärkt haben. Für die vom Erfolg nicht verwöhnte Dichterin ist es ein Glücksfall. Um so irritierter wird die stets wachsame Fremdenpolizei eine Broschüre zur Kenntnis genommen haben, die 1925 im Zürcher Lago-Verlag unter dem provozierenden Titel *Ich räume auf* erscheint. Else Lasker-Schüler rechnet darin wutvoll mit ihren Verlegern ab, von denen sie sich übervorteilt glaubt: »Man muß die Buchschieber mal unter sich beobachtet haben, die Börse ist ein Kasperletheater dagegen.« Vollmundig verkündet sie: »Ich werde die Händler aus ihren Tempeln jagen, die wir Dichter ihnen aufgerichtet haben...«

Einer dieser geschmähten Verleger ist Paul Cassirer. Er rechtfertigt sich im Berliner Tageblatt mit einer genauen Auflistung der an Lasker-Schüler gezahlten Vorschüsse und Honorare und versichert, er habe aufgrund der Inflation deren Werke sogar dreifach bezahlt und die Gesamteinnahmen der Autorin hätten »ganz gewiß die Einkommen hoher Staatsbeamter erreicht«. Für den mangelnden Verkaufserfolg der Bücher – 1924 nur 180 Stück abgesetzt – macht er die Öffentlichkeit verantwortlich, die vor der Kunst der »größten Dichterin der Jetztzeit« versage, was auch die rasche Absetzung ihres ersten Dramas *Die Wupper* vom Spielplan des Deutschen Theaters beweise.

Die zurechtgewiesene Angreiferin kämpft gegen Windmühlenflügel. Dabei wären sichere Verlagskontakte für sie lebenswichtig. Sie braucht dringend Geld für ihren Sohn, der, immer wieder von Schwäche- und Fieberanfällen heimgesucht, keine künstlerische Ausbildung und keine Erwerbstätigkeit durchstehen kann. Sie zieht mit ihm von Arzt zu Arzt, von Sanatorium zu Sanatorium, selbst der berühmte Professor Sauerbruch wird hinzugezogen, bis schließlich die Diagnose »Lungentuberkulose« feststeht. Paul kommt im Frühling 1926 ins Schwabinger Krankenhaus – dritter Klasse – bitter für die um ihren Sohn kämpfende Mutter. Sie bringt ihn in ein Tessiner Sanatorium, später nach Davos, und klammert sich an die Aussagen der Ärzte, in zwei bis drei Jahren könne er geheilt sein.

Eine trügerische Hoffnung. Sie holt Paul schließlich nach Berlin zurück, wo er im Dezember 1927, im Alter von 28 Jahren, stirbt. Für sie ist er nie erwachsen, nie selbständig geworden, er bleibt, nicht nur in der Todesanzeige, »mein teures Kind, mein geliebter Junge«. – Am Abend, bevor er starb, habe sie ihn wieder zweijährig empfunden, schreibt sie: »Ich hätte ihn tragen können, einsingen können in den Todesschlaf...« – Sie hat ihren Lebensmittelpunkt verloren. Was hält sie noch auf dieser Erde? »Könnte ich einmal Gott sehen, daß ich Kraft zum Weiterleben bekäme«, schreibt sie an Paul Goldscheider in Wien. Immer wieder kümmern sich besorgte Freunde um sie. Gottfried Benn, ihr einstiger stolzer König Giselheer, begleitet sie beim Begräbnis auf dem jüdischen Friedhof Berlin-Weißensee.

Sie versucht, mit hektischer Aktivität, über ihren Schmerz hinwegzukommen. Reist nach Rom, nach Wien, schreibt, zeichnet, stellt ihre Bilder aus, geht ins Kino, liest aus ihren Werken, möchte sich, falls die von Franz Werfel vermittelte Verbindung zum Zsolnay-Verlag klappt, an der Nordsee »ein klein Häuschen bauen auf Pfählen... mit Treppen sofort ins Meer«.

Seit ihrer polemischen Anklageschrift gegen ihre Verleger ist von ihr kein Buch mehr erschienen. Welcher Verlag möchte sich auf das Risiko einer öffentlichen Beschimpfung einlassen? – Rowohlt wagt es, bringt 1932 gleich zwei ihrer Werke heraus: den Prosaband *Konzert* und die Erzählung *Arthur Aronymus. Die Geschichte meines Vaters*. Eine Bühnenfassung von *Arthur Aronymus* erscheint im Theater-Verlag S. Fischer.

Im selben Jahr wird Else Lasker-Schüler der Kleist-Preis zugesprochen, den sie allerdings mit einem österreichischen Heimatdichter teilen muß. Sie hatte sich in ihrer unverblümten Art selbst um die Auszeichnung beworben: »Ich bin Else Lasker-Schüler – wollte Sie nur fragen, ob ich nicht mal einen Preis irgend woher bekomme zum Beispiel von Ihrer Kleiststiftung, Kleist hätte ihn mir sicher gegeben. Mir geht es miserable...« – Bald wird es ihr noch miserabler gehen. Der *Völkische Beobachter* bläst, ein Jahr vor der nationalsozialistischen Machtübernahme, zum Sturm gegen die »von Juden dominierte« Kleiststiftung und deren Preisträger. Prinz Jussuf von Theben, das märchenhafte alter ego der »knabenhaft-dürren Jüdin Else Lasker-Schüler«, sieht sich plötzlich konfrontiert mit der fetten Balkenüberschrift »*Die Tochter eines Beduinenscheichs* erhält den Kleistpreis«.

In Berlins Straßen formieren sich die Nationalsozialisten mit Hakenkreuzfahnen zu immer gewaltigeren Aufmärschen. Nach dem Reichstagsbrand wird im Februar 1933 der Ausnahmezustand über Deutschland verhängt, das bedeutet Aufhebung der demokratischen Rechte und Willkür gegen politische Gegner. Freunde raten der nicht ins Bild der deutschen Frau passenden Dichterin dringend zum Verlassen des Landes. Am 19. April flüchtet sie in die Schweiz, nachdem sie in Berlin vorbeiziehende SA-Männer provoziert hatte und in einem anschließenden Handgemenge mit einer Eisenstange niedergeschlagen und verletzt wurde.

Eine *Verscheuchte*, wie sie sich in einem Gedicht selbst nennt. Dessen Schlußzeilen lauten:

»Wo soll ich hin, wenn wild der Nordsturm brüllt?
Die scheuen Tiere in der Landschaft wagen sich
Und ich – vor deine Tür, ein Bündel Wegerich.

Bald haben Tränen alle Himmel weggespült
An deren Kelchen – Dichter ihren Durst gestillt,
Auch du und ich.«

Wo soll ich hin? – die verzweifelte Frage aller Asylsuchenden. Else Lasker-Schüler schlägt sich mehrere Monate ohne polizeiliche Anmeldung in Zürich durch, der Stadt, die sie von zahlreichen Aufenthalten her kennt und in der sie sich alten Freunden verbunden weiß. Die Schilderungen ihrer Nächte, die sie hungernd und frierend auf Parkbänken und unter Büschen am Zürichsee verbracht habe, entsprechen wohl nicht ganz der Wahrheit, passen aber gut zum Bohemedasein, das sie sich andichtet und das ihr auch entspricht. In Wirklichkeit mietet sie sich gleich nach ihrer Ankunft in dem ihr von früher her bekannten Augustinerhof-Hospiz ein.

Wie sie ihren Lebensunterhalt bestreiten soll, weiß sie allerdings nicht. Eine Erwerbstätigkeit ist ihr, wie allen Immigranten, von der Fremdenpolizei untersagt. Jede Lesung, die sie hält, jedes Gedicht, das sie in einer Zeitschrift veröffentlicht, wird zu einem kriminellen Akt und mit Strafe belegt. Kontrolldetektive überwachen die strikte Einhaltung der zum Schutze einheimischer Arbeitssuchender und zur Abschreckung einströmender Flüchtlinge erlassenen Verbote. Ohne die Unterstützung treuer Zürcher Freunde könnte sie diese schwere Zeit kaum durchstehen. Der jüdische Culturbund kommt für die Miete im Hospiz auf. Es bedrückt sie, immer auf die Hilfe anderer angewiesen zu sein. Sie wirke gedankenflüchtig und verzweifelt, stellt Klaus Mann in seinem Tagebuch fest. An Jakob Job, den Direktor des Zürcher Rundfunks, schreibt sie: »Es ist ja nichts entsetzlicher wie herumbetteln. Ja, wenn man ein richtiger Herumtreiber wäre oder ein Handwerksbursch, da fällt einem alles von oben!«

Wie ein von oben fallendes Wunder empfindet sie die Uraufführung ihres Stückes *Arthur Aronymus und seine Väter* am 19. Dezember 1936 im Zürcher Schauspielhaus. Sie hat all ihre Hoffnung auf diese Inszenierung gesetzt, hat sich in einer – erst durch den letzten Kofferfund bekanntgewordenen – Vorrede selbst ans Publikum gewandt. Doch trotz glänzender Besetzung – Wolfgang Langhoff, Leonard Steckel, Kurt Horwitz, Traute Carlsen, Regie Leopold Lindtberg – wird das Stück schon nach der zweiten Aufführung wieder abgesetzt. Lag es am Text, der von der Pogromstimmung in einem westfälischen Dorf der Biedermeierzeit handelt und Parallelen zur Gegenwart nahelegt? An prophetischen Sätzen wie »Unsere Töchter wird man verbrennen auf Scheiterhaufen«? An der wenig sensiblen Kritik, die das eigentliche und höchst aktuelle Anliegen der Exilautorin, die Versöhnung von Christen und Juden, nicht verstanden hat? »Die wenigsten ahnten oder wollten zugeben, daß die Traumängste der Dichterin schon im Begriff waren, sich in blutige Wahrheit zu wandeln«, schreibt der an der Aufführung beteiligte Ernst Ginsberg. Und der Verriß des Stückes in der Neuen Zürcher Zeitung bestätigt seine Worte: »Das Bekenntnis Else Lasker-Schülers zur konfessionellen Toleranz in Ehren, aber so dick aufgetragen hätte sie es uns denn doch nicht zu demonstrieren brauchen; man kann uns Schweizern keine derartige Schwerhörigkeit nachsagen...«

Else Lasker-Schüler hadert in diesen Weihnachtstagen 1936 mit ihrem Schicksal und mit Gott, den sie auf einem nächtlichen Gang durch Zürichs Gassen anfleht, doch »die Bürde der Dichtung« von ihr zu nehmen. *Arthur Aronymus* hat ihr weder Geld noch Ruhm noch das so ersehnte Dauervisum gebracht. Die Schweizer Behörden gewähren ihr nur auf wenige Monate befristete Aufenthaltsgenehmigungen, die sie nach kurzen Reisen ins Ausland immer wieder neu beantragen muß. Eine Arbeitserlaubnis erhält sie nicht, so daß sie ständig auf Unterstützung durch Mäzene angewiesen ist. Orientalisch verbrämte Bettelbriefe gehen an den Zürcher Seidenfabrikanten Sylvain Guggenheim, an den Verleger Salman Schocken in Jerusalem, an Thomas Mann, von dem sie sich eine Einladung nach Küsnacht erhofft hatte. Ihm schreibt sie, noch als Jussuf, Prinz von Theben: »Ich bin so traurig, denn immer mußte ich wie ein Tagelöhner herumlaufen. Dann hoffte ich, mein Schauspiel reiße mich heraus und ich saß dann aber wie nach einem Begräbnis lange Wochen...«

Warten. Nichtstun. Hoffen. Dazwischen die zermürbenden Kontrollen der Fremdenpolizei. Die *Tagebuchzeilen aus Zürich* geben Zeugnis von der Mühsal ihres Emigrantendaseins. Im Juli 1938 wird ihr durch Verfügung des Reichsführers-SS und Chefs der Deutschen Polizei die deutsche Staatsangehörigkeit aberkannt. Begründung: »Sie war typische Vertreterin der in der Nachkriegszeit in Erscheinung getretenen *emanzipierten Frauen*. Durch Vorträge und Schriften versuchte sie, den seelischen und moralischen Wert der deutschen Frau verächtlich zu machen. Nach der Machtergreifung flüchtete sie nach Zürich und brachte dort ihre deutschfeindliche Einstellung durch Verbreitung von Greuelmärchen zum Ausdruck.«

Die Ausgestoßene ist nun staatenlos, »schriftenlos«, wie es in der Schweizer Amtssprache heißt. Damit wird auch ihre bis Ende 1938 gültige Aufenthaltsbewilligung in Frage gestellt – zumal der Kontrolldetektiv der Fremdenpolizei zu Protokoll gibt, sie mache zeitweise den Eindruck einer geisteskranken Person, in deren Zimmer eine jeder Beschreibung spottende

Unordnung herrsche. Der Schweizerische Schriftsteller-Verein versucht, die Angeschuldigte in Schutz zu nehmen: Ihre »geistige Absonderlichkeit« sei es gerade, die Frau Lasker-Schüler zu einer eigenartigen und sicherlich bedeutenden Dichterin gemacht habe.

Doch die Schweiz hat keinen Bedarf an eigenartigen Dichterinnen. Else Lasker-Schülers Visum wird trotz Fürsprache einflußreicher Freunde nicht verlängert. So bleibt ihr nichts anderes übrig, als das Land zu verlassen und auf eine spätere Wiedereinreise zu hoffen. Im Frühling 1939 bricht sie, zum dritten Mal, nach Palästina auf. Sie nimmt nur zwei Koffer mit, es soll ja kein endgültiger Abschied von Zürich sein, nach drei oder vier Monaten will sie in die ihr liebgewordene Limmatstadt zurückkehren – trotz aller Behördenschikanen.

Aber die politische Lage verschärft sich von Monat zu Monat, Krieg liegt in der Luft, die Schweizer machen ihre Armee mobil und sichern ihre Grenzen. In dieser Situation sich politisch unberechenbare und mittellose Ausländer ins Land zu holen, ist nicht opportun. Und die Fremdenpolizei ist über die Antragstellerin, die in Zürich keinen festen Wohnsitz hatte, bestens informiert. Der Aktenvermerk, Frau Lasker verfüge über keine eigenen Mittel, sondern sei auf die Wohltätigkeit von Privatpersonen angewiesen, wiegt schwer. Da überrascht der Wortlaut der Visumsverweigerung nicht: »Aus vorsorglich armenpolizeilichen Gründen. – Überfremdung.«

Die Abgewiesene versucht über einen befreundeten Anwalt, die Entscheidung anzufechten, aber der Ausbruch des Zweiten Weltkrieges macht ohnehin jede Hoffnung auf Rückkehr in die Schweiz oder gar nach Deutschland zur Illusion. Die doppelte Emigrantin ist vom »kalten« Jerusalem tief enttäuscht, obwohl auch hier Freunde für ihre Existenzgrundlage sorgen und sie sogar eine Ehrenrente erhält. »Es ist keine Wärme hier«, schreibt sie an ihren Mäzen Salman Schocken, und: »ich werde hier vor Traurigkeit sterben ...«

Es ist nicht materielle Not, die sie fragen läßt: Was soll ich hier? Es ist die Fremdheit der Sprachen, des Klimas, des orthodoxen Judentums, es ist vor allem die große Kluft zwischen ihrem herbeigeträumten bunten Hebräerland und der grauen Wirklichkeit palästinensischer Städte:

»Ich kann die Sprache
Dieses kühlen Landes nicht,
Und seinen Schritt nicht gehn«,

klagt sie im Gedicht *Heimweh*. Sie sucht den Weg zurück »in die alleralleralllererste Heimat ... dorthin wo Gott begann die Welt zu bauen« und ihr wird bewußt, daß der Ursprung ihrer Zerrissenheit und Trauer in ihr selbst liegt. »... ich bin keine Zionistin, keine Jüdin, keine Christin; ich glaube aber ein Mensch, ein sehr tieftrauriger Mensch«, schreibt sie an Martin Buber.

Trotz ihrer Niedergeschlagenheit und Bitterkeit, ihrer Ängste und körperlichen Schwäche behält sie einen Rest Lebensenergie. Sie gründet den *Kraal*, einen anspruchsvollen Gesprächs- und Vortragskreis, der ihre Einsamkeit mit geliehenem Glanz umgibt. Sie schreibt an einem Stück, das *Ichundich* heißen soll, und sie veröffentlicht 1943, als Vermächtnis gedacht, einen letzten Gedichtband: *Mein blaues Klavier,* den sie ihren Freunden widmet und denen, »die wie ich vertrieben und zerstreut in der Welt«. Abgeklärte, sich schon ins Jenseits hinübertastende Verse:

»Mein Herz ruht müde
Auf dem Samt der Nacht
Und Sterne legen sich auf meine Augenlide ...

Ich fließe Silbertöne der Etüde ...
Und bin nicht mehr und doch vertausendfacht
Und breite über unsere Erde: Friede«

Ihre alte Vitalität flammt noch einmal auf in der Liebe zu einem jungen Professor der Hebräischen Universität und in all den zornigen, beschwörenden Briefen, die sie in die Welt hinausschickt, an Freunde und Feinde, Juden und Christen, deren Versöhnung eines ihrer zentralen Anliegen bleibt. Wenn jemals eine deutsch-jüdische Symbiose stattgefunden habe, dann in dieser vollkommenen Vereinigung biblischer Bilder und deutscher Sprache, schreibt die Biographin Sigrid Bauschinger, wohl wissend, daß sich Else Lasker-Schüler in keinem Staat und in keiner Glaubensgemeinschaft verorten läßt. Sie hat sich ihre eigene Religion geschaffen: orientalisch und abendländisch, buntbebildert und mystisch.

Sechs Jahre lang hat die zeitlebens Unbehauste das mühselige Emigrantendasein in Jerusalem durchgehalten, dieses Leben aus den beiden Koffern, die sie als einzigen Besitz aus Zürich mitgebracht hat. Am 22. Januar 1945 ist sie nach einem schweren Angina-Pectoris-Anfall in einem Jerusalemer Krankenhaus gestorben – mit knapp 76, noch vor dem Ende des Weltkriegs, den sie in seiner ganzen schrecklichen Dimension nie ganz erfaßt hat. Beim Begräbnis auf dem Ölberg liest der Rabbiner, gegen alle jüdische Tradition, eines ihrer Gedichte: *Ich weiß, daß ich bald sterben muß*. Es endet in gläubiger Zuversicht:

»Mein Odem schwebt über Gottes Fluß –
Ich setze leise meinen Fuß
Auf dem Pfad zum ewigen Heime.«

Else Lasker-Schüler hat viel Ablehnung erfahren, aber auch viel Anerkennung, vor allem für ihr lyrisches Schaffen. Es gebe in ihrem Werk Verse, »an denen die Sterne mitgedichtet haben«, schreibt der Zürcher Essayist Max Rychner, sie habe mit ihrem Leben, ihrer Seele, mit der Sprache alles gewagt und in jedem Augenblick alles aufs Spiel gesetzt. Und Friedrich Dürrenmatt, der tiefgründig Skurriles liebte, bewundert die spielerische Phantasie, mit der die Dichterin auf geheimnisvolle Weise die Wirklichkeit gewann, »nicht jene freilich, die eine Schöpfung der Menschen ist, sondern jene höhere, welche die Schöpfung selbst ist: die Ursprünglichkeit dieses Planeten«.

Kurz nach Else Lasker-Schülers Tod erschien in der Schweizer Emigrantenzeitschrift *Über die Grenzen* ein Nachruf, der die Spannbreite und Widersprüchlichkeit ihres Wesens aufzeigt – und das Verständnis, das die Zürcher Emigranten ihrer Person und ihrem Werk entgegenbrachten: »Es ist noch nicht lange her, da teilte Else Lasker-Schüler unsere Emigration in der Schweiz, bewohnte ein Stübchen im alten *Seehof* am zürcher Limmatquai ... Die Gabe der Dichtung, mit der sie sowohl gesegnet als belastet war, verwirrte auf bunte, sanfte und zugleich wilde Weise ihre Sinne. Immer aber schlug ihre Kunst Brücken zur Wirklichkeit, über die sie – eine genial Träumende – hellsichtig zu uns zurückfand.«

Nach Zürich, zu den ihr so vertrauten »Möven vom Zürchersee«, hätte sie gern, nicht nur im Traum, zurückgefunden.

Anteil am Nobelpreis?

Mileva Einstein-Marić
1875–1948
Kommilitonin und Ehefrau

Als Albert Einstein 1921 von der Schwedischen Akademie der Wissenschaften der Physik-Nobelpreis zugesprochen wurde, überließ er das gesamte Preisgeld, immerhin die damals beträchtliche Summe von 180000 Schweizer Franken, seiner ersten Frau Mileva, von der er seit einigen Jahren geschieden war. Niemand nahm daran Anstoß. Warum sollte der in zweiter Ehe wohlhabend verheiratete Wissenschaftler, hochdotiertes Mitglied der Berliner Akademie, dieses Geld nicht seiner weniger begüterten ehemaligen Gefährtin, die mit den beiden gemeinsamen Kindern in Zürich lebte, zukommen lassen?

Erst in den Achtzigerjahren bekam die Überweisung dieser Geldsumme eine neue Gewichtung – aus feministischer Sicht: Könnte es sich nicht um eine späte Wiedergutmachung an Mileva handeln? Hatte Albert Einstein seine erste Frau und Kommilitonin nicht für seine wissenschaftliche Arbeit ausgebeutet? Hatte sie ihm nicht mathematische Unterlagen für seine Forschungen zur theoretischen Physik geliefert, für die er dann den Nobelpreis bekam, ohne ihren Namen je zu erwähnen? Ist es Zufall, daß diese frühen Publikationen im Original nicht mehr auffindbar sind?

Daß all diese Fragen überhaupt gestellt werden konnten, hängt mit einem Buch zusammen, das schon 1969 in einem jugoslawischen Verlag erschienen ist, aber erst 1982 durch die Übersetzung ins Deutsche bekannt wurde: *Im Schatten Albert Einsteins. Das tragische Leben der Mileva Einstein-Marić.* Die Verfasserin Desanka Trbuhović-Gjurić hat Mathematik und

Physik studiert und ist Serbin wie Mileva Marić. Ihr geht es weniger um eine Anklage Albert Einsteins, als um das Festschreiben des tragischen Lebens einer hochbegabten Wissenschaftlerin. Auch wenn man alle Regungen serbischen Nationalstolzes und alle Überhöhungen aus Zuneigung abzieht, bleibt diese Biographie beeindruckendes Zeugnis eines Frauenlebens zwischen Selbstbestimmung und Selbstaufgabe.

Natürlich ist Mileva Einstein-Marić, wie Feministinnen argwöhnen, auch ein Opfer patriarchaler Gesellschaftsverhältnisse. Natürlich hat sie aus Liebe zu einem Mann ihre eigene berufliche Entfaltung hintangestellt und die ihres Partners befördert. Natürlich lag die Last des Familienalltags auf ihren Schultern, während der Gefährte sich ungehindert der Wissenschaft widmen konnte. Doch aus diesem zeittypischen Muster darf noch nicht auf ein unglückliches oder zerstörtes Leben geschlossen werden. Mileva hat sich während der ganzen Zeit ihrer Ehe nicht ausgebeutet gefühlt. Sie hat ihrem Mann, an dessen geniale Begabung sie glaubte, als er noch völlig unbekannt war, zugearbeitet, hat mathematische Berechnungen für ihn angestellt, hat Ordnung in seine Zettelwirtschaft und sein unstetes Leben gebracht. Sie ist sein »liebes Weiberl«, sein »Schatzerl«, aber auch, wie er ihr schreibt, eine ihm »ebenbürtige Kreatur ... die gleich kräftig und selbständig ist wie ich selbst.« Mileva liebt ihn in ihrer zurückhaltend verläßlichen Art, er erwidert ihre Liebe offener, heiterer, unbekümmerter um Konventionen.

Milevas Tragik beginnt erst in dem Augenblick, als er sich um einer anderen Frau willen von ihr trennt. Da steht sie betroffen vor den Scherben ihres gemeinsamen Lebens, nichts läßt sich mehr zusammenfügen, sie war immer nur Hälfte, immer auf ihn ausgerichtet, sah ihr Forschen und Wirken stets als Einheit, ohne jemals nach der Größe ihres Anteils zu fragen. Nun hält sie, mit 44 Jahren, kein eigenes Werk, keinen akademischen Titel, keinen Berufsabschluß in Händen. Nichts.

Albert Einstein aber nimmt in Stockholm den Nobelpreis entgegen für seine »Verdienste auf dem Gebiet der theoretischen Physik, besonders für die Entdeckung des Gesetzes der photoelektrischen Wirkung«. Dieses Gesetz, das die Entstehung des Lichtes durch Lichtquanten erklärt, wurde von ihm schon 1905 formuliert, in der Zeit, als er mit Mileva eng zusammenarbeitete. Sie hatte damals neben dem Haushalt noch ihren knapp einjährigen Sohn Hans Albert zu versorgen und konnte sich deshalb der wissenschaftlichen Arbeit nie so ungestört zuwenden wie ihr Mann. Trotzdem nutzte sie jede freie Minute, um die gemeinsamen Untersuchungen voranzutreiben. Sie sah sich dabei als seine ihm zuarbeitende Partnerin, die ihn anregt und seine Ergebnisse kontrolliert, die ihn auch wegen seiner intuitiv genialen Erfassung und Bewältigung physikalischer Probleme bewundert. Sicher würde sie es ablehnen, als »verhinderte Nobelpreisträgerin« unter die weiblichen Opfer einer machtorientierten Männergesellschaft eingeordnet zu werden. Auch den Titel »Mutter der Relativitätstheorie«, den ihr Norgard Kohlhagen in der Zeitschrift *Emma* (10/83) verleiht, würde sie mit Gewißheit zurückweisen. Selbst die Frage im *New Scientist* vom 3.3.1990 »Was the first Mrs. Einstein a Genius, too?« würde sie wohl, soweit wir sie aus ihren Briefen und der Schilderung ihrer Freunde kennen, verneinen. Sie hat sich nie als Genie gefühlt, empfand es als »unschön«, berühmt zu sein, auch wenn in ihrer Jugend einige Weichen in dieser Richtung gestellt worden sind.

Ihr Vater und später auch ihre Lehrer haben ihre außergewöhnliche mathematische Begabung früh erkannt und gefördert. In Titel, einer Kleinstadt im Randgebiet der österreichisch-ungarischen Donaumonarchie, in der Mileva am 19. Dezember 1875 geboren wurde, gilt sie, wenn nicht als Wunderkind, so doch als überragend intelligent und wissensdurstig, vor allem auf Gebieten, die Mädchen ihres Alters sonst wenig interessieren. Ein angeborenes Hüftleiden macht sie zur Außenseiterin, sie kann nicht mit den anderen Kindern herumtollen und wird gehänselt; so zieht sie sich auf den großen Dachboden des elterlichen Gutshauses und in ihre eigene Phantasiewelt zurück. Sie liest deutsche Märchen und serbische Volksdichtungen – beide Sprachen sind ihr von klein auf geläufig. Mit acht Jahren bekommt sie Klavierunterricht. Am meisten aber faszinieren sie Zahlenspiele, Rechenoperationen und Naturbeobachtungen am Ufer der träge dahinfließenden Theiß. Die Großmutter behandelt ihre mißgestaltete Hüfte mit Hausmitteln und Zaubersprüchen, früh bringt man ihr bei, daß hinkende Mädchen keine Heiratschancen hätten.

Um so stärker setzt sich der umsichtige Vater für die Ausbildung ihrer geistigen Fähigkeiten ein. Der wohlhabende Grundbesitzer und Kanzlist im Bezirksgericht Ruma kann es sich leisten, seine Tochter auf gute Schulen zu schicken. In der Höheren Mädchenschule in Novi Sad gilt Mileva als beste Schülerin, wegen ihrer Zurückgezogenheit wird sie Svetac, Heilige, genannt. Da in Österreich-Ungarn Mädchen der Zugang zum Gymnasium noch verwehrt ist, bringt der Vater sie am Königlich-Serbischen Gymnasium in Šabac unter, wo sie durch Begabung, Willenskraft und Ehrgeiz auffällt und von den Lehrern mit besonderer mathematischer Lektüre versorgt wird.

Als der Vater 1891 in die kroatische Hauptstadt Zagreb versetzt wird – von der Mutter ist nie die Rede –, wechselt auch Mileva ans dortige Königliche Obergymnasium über. Sie legt die Griechischprüfung mit der Note »vorzüglich« ab, die Schlußprüfung – als einziges Mädchen in der Klasse – mit den besten Noten in Mathematik und Physik. Das hebt ihr durch die Körperbehinderung angeschlagenes Selbstbewußtsein. Sie will studieren. In Zürich. Der Vater ist einverstanden, obwohl das für ihn eine ziemliche Belastung bedeutet. Er hat noch zwei weitere Kinder zu versorgen, Zorka, die jüngere, ebenfalls mit einem Hüftleiden geborene Tochter und Miloš, den hochbegabten Sohn, der Medizin studieren möchte.

Mileva reist 1894 – mit neunzehn – allein nach Zürich, dessen Universität in ihrer Heimat einen guten Ruf hat und Frauen einen Studienabschluß ermöglicht. Sie fühlt sich hier vom ersten Augenblick an heimisch, die zurückhaltend nüchterne Art der Menschen sagt ihr zu. Unter den Studenten entdeckt sie eine Reihe vertrauter Gesichter aus Zagreb. Sie stürzt sich in die Arbeit und wird im November nach einer Aufnahmeprüfung in die dritte Klasse der Höheren Töchterschule aufgenommen. Ihre Lehrerin in allgemeiner Geschichte ist die Historikerin und Schriftstellerin Dr. Ricarda Huch, ihr Gesanglehrer der »Sängervater« Carl Attenhofer – Persönlichkeiten, die sie beeindrucken und prägen.

Die Maturitätsprüfung legt Mileva im Frühjahr 1896 an der Eidgenössischen Medizinschule in Bern ab, da sie anschließend Medizin studieren möchte. Sie beginnt auch ein Medizinstudium an der Universität Zürich, wechselt aber schon nach einem Semester ans Polytechnikum über und belegt die Fächer, die sie schon immer am meisten interessierten: Mathematik und Physik. In der Abteilung VI A, in der angehende Mathematik- und Physiklehrer ausgebildet werden, ist sie die einzige Frau ihres Jahrgangs, vor ihr haben erst vier Frauen an dieser Abteilung studiert. Sie nimmt die Herausforderung an, es ist nicht die erste ihres Lebens, sie traut sich zu, mithalten zu können.

Einer ihrer Kommilitonen ist der um gut drei Jahre jüngere Albert Einstein, der die Aufnahme ins Polytechnikum erst im zweiten Anlauf geschafft hat. Daß dies nichts mit seiner Intelligenz und mathematischen Begabung zu tun hat, höchstens mit seiner Unbekümmertheit und seinem unkonventionellen Denken, wird ihr bald klar. Die beiden teilen sich einen Laborplatz im Physikalischen Institut, und Einstein verblüfft Mileva gleich am ersten Tag mit der Frage: »Haben Sie je daran gedacht, daß Newton in einigen seiner Schlüsse nicht Recht hat?« – Sie ist in der Ehrfurcht vor großen Namen erzogen worden, er hinterfragt ohne Scheu eherne Gesetze. Dabei tut er dies nie – und das imponiert ihr – aus Besserwisserei, vielmehr aus einer kindlich-spielerischen Neugier heraus.

Über die Arbeit im Labor, über physikalische und philosophische Fragestellungen kommen sich die beiden näher und ergänzen sich: er in seiner sprunghaft intuitiven, sie in ihrer solide systematischen Art. Immer häufiger verbringen sie auch die Freizeit zusammen. Mileva führt Albert in den Kreis serbischer Studenten ein, man wandert, diskutiert und musiziert gemeinsam. Albert ist beliebt als geistreicher und witziger Gesprächspartner, auch als Violinspieler und Musikkenner, während man sein vagabundenhaftes Aussehen bespöttelt. Mileva kümmert sich nicht darum, so wie es ihn nicht stört, daß sie hinkt.

Die Kommilitonen gewöhnen sich an das seltsame Paar, die Eltern von Mileva und auch die von Albert nicht. Alberts Mutter setzt ihm mit drastischen Warnungen zu: »Du vermöbelst Dir Deine Zukunft und versperrst Dir Deinen Lebensweg... Wenn sie ein Kind bekommt, dann hast Du die Bescherung.« Und auf Milevas Intellektualität anspielend: »Sie ist ein Buch wie Du – Du solltest aber eine Frau haben.« Schließlich führt sie noch den Altersunterschied ins Feld: »Bis Du 30 bist, ist sie eine alte Hex.« Sie befürchtet zu Unrecht, Mileva klammere sich an ihn und halte ihn von seiner Karriere ab. Dabei ist es Albert, der von Heirat spricht, während Mileva sich sträubt und ihre wissenschaftliche Laufbahn gefährdet sieht durch Küche und Kinder. Um ihre Gefühle zu prüfen, hat sie in eigener Entscheidung und ohne Absprache mit Albert ein Semester in Heidelberg eingelegt, er nennt sie in seinem ersten Brief »kleine Ausreißerin« und wirbt erfolgreich um ihre Rückkehr nach Zürich.

Gemeinsam bereiten sie sich auf die Diplomprüfung vor,

nachdem Mileva die Zwischenprüfungen im Oktober 1899 nicht so glänzend bestanden hat, wie sie das von sich selbst erwartete. Das Thema der Diplomarbeit, Wärmeleitung, interessiert Albert nicht besonders, Mileva hingegen arbeitet sich mit Energie in die Materie hinein und bereitet sich auch auf die anderen Fächer gewissenhaft vor. Trotzdem fällt sie bei der Diplomprüfung, die im Sommer 1900 stattfindet, durch. Vor allem ihre Leistungen in Funktionentheorie und Astronomie genügen den Anforderungen nicht. Sie wird die Prüfung ein Jahr später wiederholen müssen. Albert, dem Noten und Prüfungen unwichtig sind und der selber nur knapp bestanden hat, versucht sie zu trösten und zu ermuntern: »Du mußt jetzt Deine Untersuchungen fortsetzen – wie stolz werd ich sein, wenn ich gar vielleicht ein kleines Doktorlin zum Schatz habe und selbst noch ein ganz gewöhnlicher Mensch bin!«

Aber aus dem Doktorlin wird nichts, die Dissertation bleibt unvollendet, auch der zweite Prüfungsversuch scheitert. Mileva gibt ihr Physikstudium auf. Was das für die arbeitsbesessene und ehrgeizige Gefährtin bedeutet, kann Albert am besten ermessen. Wenn er sie nun noch stärker als vorher in seine Arbeit einbezieht, hat das weniger mit Ausbeutung als mit Verständnis für ihre bedrückende Lage zu tun. Im März 1901, nachdem seine erste wissenschaftliche Publikation in den Leipziger *Annalen der Physik* erschienen ist, schreibt er ihr: »Wie glücklich und stolz werde ich sein, wenn wir beide zusammen unsere Arbeit über die Relativbewegung siegreich zu Ende geführt haben! Wenn ich so andere Leute sehe, da kommt mir's so recht, was an Dir ist!«

Ihr Versagen auch in der zweiten Prüfung hängt ohne Zweifel mit den psychischen Belastungen in diesem Jahr zusammen. Daß ihre Familie, ihr Vater vor allem, ihren Mißerfolg nicht verstehen kann, bedrückt sie. Auch Alberts vergebliche Bemühungen um eine Assistentenstelle in Zürich, in Wien und an deutschen Universitäten setzen ihr mehr zu als ihm. Es beschämt sie, wenn er ihr in einem Brief versichert: »Meine wissenschaftlichen Ziele und meine persönliche Eitelkeit werden mich nicht davon abhalten, die untergeordnetste Rolle zu übernehmen.« Die eilige Suche nach irgendeiner Verdienstmöglichkeit hat einen Grund: Mileva ist schwanger.

In den Semesterferien fährt sie wie jedes Jahr nach Hause. Was dort in Novi Sad und im Familienkreis abläuft, läßt sich nur vermuten, es sind keine Briefe Milevas aus dieser Zeit erhalten. Aus Alberts Briefen kann geschlossen werden, daß er zwar den Zeitpunkt der Schwangerschaft ungünstig findet, aber das erwartete Kind – »Lieserl« nennen sie es – nicht ablehnt. »Pfleg Dich nur gut und sei munter und freu Dich auf unser liebes Lieserl...«, schreibt er der Hochschwangeren im Dezember 1901 und gibt zu bedenken: »Das einzige, was noch zu lösen übrig wäre, das wär die Frage, wie wir unser Lieserl zu uns nehmen könnten; ich möchte nicht, daß wir es aus der Hand geben müssen. Frag einmal Deinen Papa, er ist ein erfahrener Mann und kennt die Welt besser als Dein verstrebter, unpraktischer Johonzel.« Den Kosenamen Johonzel hat sich Mileva ausgedacht.

Zwei Tage später folgt die erfreuliche Nachricht, daß der zukünftige Kindsvater – nach einem kurzen Intermezzo an einer Privatschule in Schaffhausen – nun eine gut bezahlte Stelle am Patentamt in Bern antreten wird. »Und Du wirst bald mein glückliches Weiberl, paß nur auf. Jetzt haben unsere Leiden ein Ende.« Wie Mileva in ihrem Zustand seinen drängenden Heiratswunsch aufnimmt, ist nicht bekannt, auch nicht, wie sie sich die gemeinsame Zukunft mit dem Kind vorstellt. Denkbar, daß die Schwangerschaft, die ihre Berufspläne vereitelt und in der sittenstrengen heimatlichen Umgebung ein Stigma bedeutet, sie ganz aus der Bahn geworfen hat. Albert, der inzwischen in Zürich seine Dissertation fertiggestellt hat, versucht sie in seinen Briefen aufzumuntern: »Bis Du mein liebes Weiberl bist, wollen wir recht eifrig zusammen wissenschaftlich arbeiten, daß wir keine alten Philistersleut werden, gellst.«

Mileva hat die geheimgehaltene Geburt sehr zugesetzt, aber das »Lieserl« scheint gesund zu sein. Albert erkundigt sich eingehend nach ihm: »Was hat es denn für Augerl? Wem von uns sieht es mehr ähnlich? Wer gibt ihm denn das Milcherl?« Er wünscht sich eine Photographie oder eine Zeichnung: »Ich hab es so lieb und kenn's doch noch gar nicht!« – Er wird es nie kennenlernen. Das weitere Schicksal Lieserls bleibt im Dunkeln, weder Geburt noch Tod lassen sich in amtlichen Registern nachweisen. Auch der erst vor einigen Jahren in Princeton veröffentlichte Briefwechsel zwischen Albert und Mileva gibt keine näheren Aufschlüsse über das Kind, das vermutlich von einer Jugendfreundin Milevas aufgenommen und zur Adoption freigegeben wird. Lieserl bleibt ein Familientabu.

Albert ist inzwischen nach Bern gezogen und hat seine Stelle als technischer Sachverständiger am Eidgenössischen Amt für geistiges Eigentum angetreten. Mileva, die in Zürich immer zur Untermiete oder in Pensionen gewohnt hat, richtet zum ersten Mal eine eigene kleine Wohnung ein, bohèmehaft gemütlich für lange Nachtgespräche mit Freunden. Am 6. Januar 1903 werden die beiden im Berner Zivilstandsamt getraut – ein glückliches, sich in der Arbeit geradezu ideal ergänzendes Paar.

Für Albert sind die nun folgenden Jahre die wissenschaftlich produktivsten seines Lebens. Er arbeitet an der *Elektrodynamik bewegter Körper*, einem nicht umfangreichen, aber fundamentalen Werk, das seine Spezielle Relativitätstheorie enthält. Wie weit Mileva daran mitgearbeitet hat, läßt sich nicht genau feststellen, da das Manuskript als verschollen oder vernichtet gilt. Fest steht, daß sie ihre Zeit nicht mehr ungeteilt der Forschung widmen kann, seit sie den im Mai 1904 geborenen Sohn Hans Albert zu versorgen hat; ein zufriedenes, pflegeleichtes Kind, das aber doch an ihren geschwächten Körperkräften und Nerven zehrt.

Die Linguistin Senta Trömel-Plötz sieht in der Tatsache, daß in dieser Ehe Albert allein alle wissenschaftlichen Arbeiten zeichnete, allein für geistige Leistung und Broterwerb zuständig war, allein sich um Lehrstühle bewarb, ein Geflecht patriarchaler Machtstrukturen (*Basler Zeitung*, Magazin 16/90). Daß Mileva gar keinen Studienabschluß besaß, wird dabei außer acht gelassen, auch, daß Einstein die Lehrstühle keineswegs in den Schoß gefallen sind. Als er sich 1909 an der Universität Zürich um eine außerordentliche Professur für theoretische Physik bewirbt, bekommt er die Stelle nur, weil der von der Fakultät favorisierte Gegenkandidat zu seinen Gunsten verzichtet. Man kennt zwar seine Relativitätstheorie, ahnt aber noch nicht deren epochale Bedeutung.

Mileva wechselt gern wieder nach Zürich über, in die ihr so vertraute Stadt, die ein internationaleres Flair besitzt als das gemütliche Bern. Ihr Heim an der Moussonstraße wird rasch zum Treffpunkt schweizerischer und serbischer Freunde, die meisten von ihnen sind Musiker oder Musikliebhaber. Mileva ist eine gewandte Gastgeberin, das nicht gerade üppige Gehalt ihres Mannes bessert sie durch Zimmervermietung an Studenten auf. Eine Hausgehilfin können sich die Einsteins nicht leisten, so kocht und putzt und näht Mileva selbst.

Im Juli 1910 wird ihr zweiter Sohn Eduard geboren. Nun hat Mileva noch weniger Zeit, sich in neue Forschungen zu vertiefen und ihrem Mann mit Berechnungen zur Hand zu gehen. Er trifft sich mit Freunden und Studenten häufig im *Café Terrasse* und führt mit ihnen die Gespräche, die er früher mit Mileva geführt hat. Mehr und mehr vergräbt er sich in die Arbeit, nur fürs Musizieren im Freundeskreis, fürs Theater und für die Tonhalle-Konzerte nimmt er sich noch Zeit, wobei ihm der äußere Rahmen völlig gleichgültig ist. Mit zerknittertem, kreidebeschmiertem Anzug eilt er direkt aus der Vorlesung in den Konzertsaal, Mileva steckt ihm in den Zwischenpausen heimlich Butterbrote aus ihrer Handtasche zu. Die Konzertbesucher belächeln das unbekümmert unbürgerliche Paar.

Als Einstein 1910 an der deutschen Universität in Prag der Lehrstuhl für theoretische Physik angeboten wird, nimmt er diesen Ruf trotz Milevas Bedenken an, da er mit größerer Unabhängigkeit und besserer Bezahlung verbunden ist. Das bedeutet für Mileva Umzug mit zwei kleinen Kindern und Abschied vom geliebten Zürich. Sie wird nicht heimisch in Prag, der gespaltenen Stadt mit den Rivalitäten zwischen der tschechischen und der deutschen Universität. Im Gegensatz zu ihrem Mann findet sie keinen gesellschaftlichen Anschluß und wird immer verschlossener und schweigsamer, auch die beiden Kinder vermögen sie nicht aufzuheitern. Sie sehnt sich nach Zürich zurück, obgleich sie sich in Prag zum ersten Mal in ihrer Ehe ein von Geldsorgen freies Leben und eine Hausgehilfin leisten kann.

Die Unstimmigkeiten zwischen Mileva und Albert vertiefen sich immer mehr, Einsteins Familie läßt keine Gelegenheit aus, ihm Milevas unvorteilhaftes Erscheinungsbild vor Augen zu führen: klein, hinkend, schüchtern und introvertiert. Die nachlässige Garderobe der beiden wird allein ihr angekreidet. Er, auf äußere und innere Harmonie bedacht, erträgt diese Spannung zwischen seiner Frau und seiner Familie nur schwer. Mileva fühlt sich durch die Einmischung der Verwandten verletzt; auch daß ihr Mann sie nicht mehr in seine Arbeit einbezieht, kränkt sie.

Auf einem wissenschaftlichen Weltkongreß in Brüssel nutzt sie die Gelegenheit, berühmte Kollegen zu bitten, sich für Einsteins Rückkehr nach Zürich einzusetzen. Marie Curie und Henri Poincaré wenden sich daraufhin mit Empfehlungsschreiben an die Eidgenössische Technische Hochschule, das frühere Polytechnikum, an dem Albert und Mileva studiert haben. Auch Einsteins Doktorvater, der Physiker Alfred Kleiner, und der ehemalige Kommilitone Marcel Großmann bemühen sich um seine Berufung an die ETH. Im Februar 1912 ist es soweit: Einstein wird ordentlicher Professor für theoretische Physik.

Mileva versucht den Umzug nach Zürich so schnell wie möglich zu bewerkstelligen, bevor ihr etwas zögerlicher Mann wieder rückfällig werden könnte. Sie erhofft sich von der Rückkehr an die Stätte ihres gemeinsamen Aufbruchs eine Wiederbelebung ihrer Zusammenarbeit und ihrer menschlichen Beziehung. Aber Glück und Nähe lassen sich nicht so einfach zurückholen, auch wenn Mileva bewußt an alte Gewohnheiten anknüpft: Man musiziert gemeinsam im Hause von Professor Hurwitz, man wandert mit Freunden und Kindern in den Bergen, die Wohnung auf dem Zürichberg soll wieder zum Treffpunkt des großen Bekanntenkreises werden, Marie Curie wird samt Töchtern und Gouvernante eingeladen.

Doch mehr und mehr fühlt sich Mileva im Abseits, wenn ihr Mann mit Kollegen und Studenten über seine Theorien diskutiert, ohne sie in die Gespräche einzubeziehen. Im März 1913 schreibt sie ihrer Freundin in Belgrad stolz, aber mit verbittertem Unterton: »Mein großer Albert ist unterdessen ein berühmter Physiker geworden, der in der physikalischen Welt sehr geehrt und bewundert ist. Er arbeitet unermüdlich an seinen Problemen, man kann ruhig sagen, daß er nur für sie lebt.« Von Zusammenarbeit ist nicht mehr die Rede, Einstein entzieht sich zunehmend auch der Familie, spinnt sich in seine Arbeit und seine Musik ein. Bei einem Besuch des deutschen Physikers Max Born in Zürich erkundigt er sich vorsichtig nach den Forschungsbedingungen in Berlin.

Im Sommer 1913 reisen Max Planck und Walther Nerst an, um Einstein für die Preußische Akademie der Wissenschaften in Berlin zu gewinnen. Gleichzeitig soll er Direktor des Kaiser-Wilhelm-Instituts für Physik werden – ein verlockendes Angebot, dem er sich nicht entziehen mag, obwohl Mileva sich gegen einen erneuten Umzug sträubt und immer noch hofft, in Zürich könnte ihr Familienleben wieder in Ordnung kommen. Sie hofft vergebens. Einstein trifft die endgültige Entscheidung für Berlin ohne Rücksicht auf ihre Bedenken. Doch auch sie handelt eigenmächtig: Bei einem Besuch in ihrer Heimatstadt Novi Sad läßt sie die beiden Kinder unter dem Einfluß ihrer Familie nach orthodoxem Ritus taufen. Ihr Mann nimmt die Provokation gelassen, auch wenn die Söhne ihm dadurch noch stärker entfremdet werden, er ist ein freischwebender, toleranter Geist, kein strenggläubiger Jude.

Der Umzug nach Berlin bedeutet für den älteren Sohn Hans Albert die Eingewöhnung in ein Schulsystem mit preußischem Drill, dem sich der begabte, aber eigenwillige Junge nur schwer einfügen kann. Der dreijährige Eduard, genannt Tete, bleibt in der Obhut der Mutter. Ein zartes, kränkelndes Kind mit einem auffallend entwickelten Gedächtnis. Alles, was ihn interessiert, behält er, Lesen bringt er sich ohne Mühe selbst bei, musikalisch ist er – wie der Vater – hochbegabt. Seine nachdenklich altklugen Fragen und Überlegungen beunruhigen Mileva, aber sie hat niemanden, mit dem sie darüber sprechen kann. Sie liest viel, hauptsächlich wissenschaftliche Literatur, um Anschluß an die Umwälzungen in der neueren Physik zu finden. Dabei macht sie sich auch Gedanken über die Grenzen der Naturerkenntnis, doch ihr fehlen die philosophischen Grundlagen, um ihr Fachwissen in einen größeren Zusammenhang einordnen zu können. Vor allem jedoch fehlen ihr die Gespräche mit ihrem Mann, der sich ihr mehr und mehr – und dies nicht nur wegen der Arbeitsüberlastung – entzieht.

Von der politischen Unruhe nach dem Attentat von Sarajevo und der Kriegserklärung Österreich-Ungarns an Serbien bekommt Einstein in der Abgeschirmtheit seiner Akademie nur wenig mit. Immerhin bringt er im Juli 1914, zu Beginn der Sommerferien, seine Familie nach Zürich, wohl auf Milevas Drängen hin, aber auch, weil ihm hier eine ruhige, geregelte Entwicklung der Kinder am ehesten gewährleistet scheint. Er selbst kehrt umgehend in das turbulente Berlin zurück – aus Pflichtbewußtsein seinem Institut gegenüber, wie Mileva hofft, doch insgeheim ahnt sie, daß die ständigen Sticheleien der Einsteinschen Familie gegen sie doch ihre Wirkung getan haben und ihrem Mann die Trennung nicht ungelegen kommt. Seine Cousine Elsa sorgt in Berlin bestens für sein Wohl.

Mileva hat sich in Zürich in einer Pension an der Bahnhofstraße eingemietet, noch hat sie ja vor, um ihre Ehe zu retten, in das verhaßte Berlin zurückzukehren. Der Ausbruch des Ersten Weltkriegs nimmt ihr die Entscheidung ab: Um der Kinder willen beschließt sie, die sichere Schweiz nicht mehr zu verlassen. Sie beschwört auch ihren Mann – vergeblich –, wieder nach Zürich zu kommen. Zu ihrer elterlichen Familie in Österreich-Ungarn ist durch den Krieg jede Verbindung abgebrochen. Sie steht allein da. Bald kann sie die Pension nicht mehr bezahlen, da die Geldüberweisungen aus Berlin sehr unregelmäßig eintreffen und durch die Entwertung der Mark immer geringer ausfallen. Die Freunde erfahren nichts von ihrer Not, auch die Kinder sollen nicht merken, wieviel sie sich ihretwegen vom Mund abspart.

Als Einstein eine größere Geldsumme schickt und ihr Klavier aus Berlin eintrifft, mietet sie sofort eine Wohnung und beginnt, Klavier- und Mathematikstunden zu geben. Um dem begabten Tete einen besseren Klavierunterricht als ihren eigenen zu ermöglichen, nimmt sie zahlende Pensionsgäste auf und macht Schulden, den Kindern soll es an nichts fehlen. Ihr Mann, der inzwischen zu seiner Cousine Elsa gezogen ist, besucht die Familie in Zürich ab und zu, wandert und musiziert mit den Söhnen und versucht, ihr Interesse für die Wissenschaft zu wecken. Eine Aussprache mit Mileva, die von ihm eine klare Entscheidung fordert, vermeidet er. Erst von Berlin aus und wahrscheinlich unter dem Einfluß seiner neuen Lebensgefährtin verlangt er in einem Brief von ihr die Scheidung. Mileva bäumt sich dagegen auf. Ihre ganze Verbitterung, ja ihr Haß, entlädt sich aber nicht gegen ihn, sondern gegen Elsa. Tröstlich ist ihr einzig, daß sie die Kinder und auch viele Freunde auf ihrer Seite weiß.

Der endgültige Bruch mit ihrem Mann und die Existenzsorgen setzen Milevas nie ganz stabiler Gesundheit zu, ihre immer häufiger auftretenden lebensbedrohenden Herzanfälle bedingen eine Einweisung ins Theodosianum, ein von katholischen Schwestern geführtes Spital. Wohlmeinende und besorgte Kollegen verwenden sich für eine Rückkehr Einsteins nach Zürich, aber er kann sich trotz innerer Kämpfe aus seiner Berliner Umgebung nicht lösen. Im Septemer 1916 schreibt er an Milevas Freundin Helene, die seine beiden Söhne aufgenommen hat: »Die Trennung von Mica war für mich eine Sache des Überlebens. Unser gemeinsames Leben ist unmöglich, ja depressiv geworden. Weshalb, vermag ich nicht auszudrücken. So habe ich meine Buben, welche ich trotz allem zärtlich liebe, aufgegeben... zu meinem tiefsten Bedauern habe ich bemerkt, daß meine Kinder meine Wege nicht verstehen und eine Art Groll gegen mich hegen. Ich finde, obwohl es schmerzlich ist, daß es für ihren Vater besser ist, sie nicht mehr zu sehen.«

Mileva ist verstört. Die Sorge um ihre Kinder veranlaßt sie, das Spital zu früh und auf eigene Verantwortung zu verlassen, doch Rückfälle machen eine erneute Einweisung erforderlich. Diesmal kommt sie in das von Diakonissen geführte Bethanienheim, wo sie Tete bei sich behalten kann, während Hans Albert bei einer befreundeten Familie vorübergehend Aufnahme findet.

Nach zwei Monaten wird Mileva nach Hause entlassen, geheilt ist sie nicht, aber aus ihrer Heimat ist die jüngere Schwester Zorka angereist, um ihr beizustehen. Dieses gutgemeinte

Hilfsangebot ist der Beginn einer Kette tragischer Verstrikkungen, denen sie schließlich nicht mehr zu entrinnen vermag. Zorkas immer merkwürdigeres und unberechenbareres Verhalten veranlaßt Mileva, einen Arzt zu Rate zu ziehen, der ihre Befürchtung von Zorkas geistiger Verwirrtheit bestätigt, sie aber nicht zu heilen vermag. So läßt die Schwester sie schweren Herzens nach Novi Sad zurückreisen.

Noch stärker aber belastet Mileva der nun auch gesetzlich vollzogene Bruch mit ihrem Mann. In Abwesenheit beider Partner wird die Ehe am 14. Februar 1919 wegen »natürlicher Unverträglichkeit« geschieden. Einstein hält zu jener Zeit in Zürich eine Vorlesungsreihe über die Relativitätstheorie, er wohnt in einer Pension und besucht Mileva und die Kinder regelmäßig, die von ihrer Mutter nie ein schlechtes Wort über ihn hören. Er wünscht, daß seine Söhne in ihrer Obhut bleiben, nur in den Ferien will er mit ihnen wandern und musizieren. Auf einer Wanderung im Engadin hat er seinen ersten schweren Herzanfall, dem später weitere folgen.

Seine Heirat mit Elsa nimmt Mileva wortlos und niedergeschlagen, der ältere Sohn Hans Albert mit Feindseligkeit zur Kenntnis, während Tete nach wie vor nichts auf den Vater kommen läßt. Später allerdings ändert sich diese Haltung, da entwickelt sich eine Art Haßliebe des hochintelligenten Sohnes zum Vater, dessen Genialität er nie erreichen wird. Hans Albert hingegen hat die Fronten von Anfang an klar gezogen: Er will nicht Wissenschaftler, sondern handfester Ingenieur und Statiker werden.

Einstein besucht nach seiner Heirat in Berlin die Familie in Zürich häufiger, nimmt auch seine Manuskripte zur Durchsicht für Mileva mit – sei es aus schlechtem Gewissen, sei es aus dem Bedürfnis nach neuen, freigewählten Arbeitszusammenhängen. Mileva jedenfalls blüht wieder auf, obgleich Tete ihr immer größere Sorgen macht. Einstein schreibt im April 1920 an einen Freund: »Mileva geht es gut; ich bin von ihr geschieden, die Kinder sind bei ihr in Zürich, Gloriastraße 59. Albert hat sich prächtig entwickelt, der Kleine ist leider etwas kränklich.« – Mit »etwas kränklich« ist der Zustand Tetes verharmlosend beschrieben. Seine Kopf- und Ohrenschmerzen werden immer stärker, Mileva fürchtet – das Schicksal ihrer Schwester vor Augen –, in seinem Gehirn könnte etwas nicht in Ordnung sein. Sie verwöhnt ihn, er bekommt das schönste Zimmer der Wohnung, alle Bücher, die er haben möchte. Er liest und schreibt und musiziert – ein frühreifer Einzelgänger. Die Matura besteht er ohne Schwierigkeiten, aber seine Aggressivität, auch gegen Mileva, nimmt zu. Nur mit Mühe kann sie ihn davon abhalten, in einem Anfall von Raserei aus dem Fenster des dritten Stockwerks zu springen. Der herbeigerufene Arzt weist ihn in die Nervenheilanstalt Burghölzli ein. Von den Würgemalen an ihrem Hals sagt Mileva nichts, aber sie fährt unverzüglich nach Berlin, um Einsteins Beistand einzuholen – offenbar vergebens. Allein und verzweifelt kehrt sie nach Zürich in die verwüstete Wohnung zurück. Ihrer Freundin in Belgrad schreibt sie: »Mitte Dezember wurde Tete sehr krank; ich kann Dir gar nicht sagen, wieviel Sorge und Angst ich ausstand... Bei Tete gibt es nichts Organisches, sondern nur nervöse Störungen, und das ist fast noch ärger, denn man weiß nicht, wie man helfen soll.«

Tete wird auch nach der Entlassung weiter von den Ärzten im Burghölzli betreut. Er hat ein Medizinstudium begonnen und beschäftigt sich intensiv mit seiner eigenen Krankheit. Zu den Vorlesungen wird er von einem Wärter begleitet. Mileva lebt in dauernder innerer Spannung, äußerlich läßt sie sich nichts anmerken. Sie unterrichtet Physik an einem Lyceum, vertieft ihre Kenntnisse in Biologie und pflegt ihre Blumen und Kakteen. Das Nobelpreisgeld, das ihr Einstein aus Stockholm überbringt, legt sie, klug berechnend, in drei Häusern an. Zwei davon muß sie allerdings bald wieder verkaufen, um ihre durch Tetes Krankheit verursachten Schulden bezahlen zu können. In dem ihr noch verbleibenden Haus, einer Jugendstilvilla in der Huttenstraße mit herrlicher Alpensicht, richtet sie für sich, Tete und den Wärter eine Wohnung ein. Doch das häusliche Leben wird für sie mehr und mehr zur Hölle. Wenn Tete seine Anfälle bekommt, versucht er mit fürchterlichem Lärm seine Stimmen im Ohr zu übertönen, er hämmert auf das Klavier ein und zerschlägt alles, was ihm in die Hände fällt. Die Nachbarn beschweren sich ständig, und Mileva muß mit all diesen Belastungen alleine fertig werden.

Ihr früherer Mann, dem sie sich nach wie vor wie keinem andern Menschen sonst verbunden fühlt, kann ihr nicht helfen, macht ihr nur zusätzliche Sorgen: In Deutschland haben sich die Judenverfolgungen verschärft, sein Haus in Caputh bei Berlin wird demoliert, sein Vermögen beschlagnahmt, auf seinen Kopf ist eine Prämie ausgesetzt. Über England flüchtet er im September 1933 mit seiner Frau Elsa und deren Tochter nach Amerika.

Mileva bleibt allein mit dem unberechenbaren Tete. 1935 reist sie zur Beerdigung ihrer Mutter nach Novi Sad, drei Jahre später löst sie, nach dem Tod der trunksüchtigen und nicht mehr zurechnungsfähigen Schwester Zorka, den elterlichen Haushalt auf – ihr letzter und trauriger Besuch in der Heimat.

Nach Zürich zurückgekehrt, igelt sie sich immer stärker ein, wird zunehmend mißtrauischer und verdächtigt ihre Umgebung, sie zu bestehlen. Das hängt sicher auch mit dem Zwangsverkauf ihres Hauses zusammen und mit dem Verlust ihres vermeintlich lebenslangen Wohnrechts. Einstein, der im fernen Princeton lehrt, erhebt Anspruch auf den Erlös aus dem Hausverkauf, der Sohn Hans Albert, ebenfalls in Amerika lebend, kann der Mutter nicht beistehen, und Tetes Zustand verschlimmert sich so, daß eine endgültige Einweisung in die Anstalt Burghölzli notwendig wird.

Als Mileva ihn an einem frostigen Wintertag dort besuchen

will, rutscht sie – von Sklerose geplagt und durch leichte Hirnschläge verunsichert – auf der eisglatten Straße aus und bricht sich ein Bein. Dies beschleunigt ihren körperlichen Verfall, den sie so lange mit fast übermenschlicher Willenskraft aus Verantwortungsgefühl für Tete verdrängt hat. Im Mai 1948 wird sie mit einer halbseitigen Lähmung in die Privatklinik Eos eingeliefert. Sie ist eine ungeduldige, schwierige Patientin, will sich zu ihrem Sohn ins Burghölzli verlegen lassen, resigniert schließlich und stirbt am 4. August 1948 einsam und ohne die Beruhigung, Tete gut versorgt zu wissen. Beerdigt wird sie nach orthodoxem Ritus auf dem Friedhof Nordheim in Zürich. Einstein wird später einem Studienkollegen schreiben: »Mir geht es soweit gut, indem ich die Nazizeit sowie zwei Frauen siegreich überlebt habe.«

Sein Sarkasmus befremdet angesichts des heroischen Lebenskampfes dieser Frau, die ihm immerhin während zweier Jahrzehnte eine treue Lebensgefährtin war, die seine Söhne großgezogen, seine Arbeit unterstützt hat und die ihn vor allem bis zum Schluß liebte. Ihr Anteil am Nobelpreis läßt sich nicht durch die Geldsumme aufrechnen, die ihr Einstein überlassen hat. Wieweit ihm die Formulierung des photoelektrischen Gesetzes, das ihm den Nobelpreis eingebracht hat, ohne Milevas Grundlagenberechnungen und ohne ihre ordnende Hand gelungen wäre, sei dahingestellt. Mileva selbst hat sich nie an seiner Genialität gemessen, nie Ansprüche auf Erwähnung ihres Namens gestellt. Um so angemessener wäre ein öffentlicher Dank an die treue Mitarbeiterin gewesen.

In der Neuen Zürcher Zeitung vom 26. Oktober 1965 lesen wir die Todesanzeige für Tete: »Eduard Einstein, Sohn des verstorbenen Prof. Albert Einstein…« – Kein Wort von Mileva, die diesem Sohn Jahre ihres Lebens und ihrer eigenen Entfaltung geopfert hat. Ihre Leistung geht nicht in die Geschichte ein. Ein Nobelpreis für Dienst am Nächsten wird nicht verliehen.

Morgens Schule, abends Bohème

Die Dada-Künstlerin *Sophie Taeuber-Arp* 1889–1943

1917 – 23 mars
Eröffnung der GALERIE DADA
Zürich, Bahnhofstr. 19

Plakate, Handzettel, Zeitungsanzeigen machen auf das spektakuläre Ereignis aufmerksam. Aber die Zürcher wissen schon Bescheid, die Dadaisten rühren ihre Trommel (im wörtlichen Sinne) seit Monaten, seit der Eröffnung des *Cabaret Voltaire* in der *Holländischen Meierei* an der Spiegelgasse. Wer hätte gedacht, daß diese biedere Niederdorf-Kneipe je zur Wiege einer internationalen Kunst- und Protestbewegung werden könnte?

Es fing ja alles klein und eher zufällig an: im Februar 1916, als der aus Deutschland emigrierte Dichter Hugo Ball und seine Gefährtin, die Chansonniere Emmy Hennings, nach einer Überlebensmöglichkeit suchten und gleichzeitig nach einer Möglichkeit, mit Gleichgesinnten gegen den so selbstverständlich hingenommenen Wahnsinn des Krieges mit seinen Giftgaseinsätzen und Materialschlachten zu protestieren. Dada – französisch Steckenpferdchen – als Nonsens-Antwort auf einen grandiosen Nonsens, als Verneinung und Verspottung einer abendländischen Worthülsen-Kultur.

Die Gleichgesinnten finden sich rasch: die Rumänen Tzara und Janco, der Deutsche Huelsenbeck, der Elsässer Arp und seine Schweizer Freundin Sophie Taeuber. Dazu ein internationales Publikum, das auf die dargebotenen Bürgerschreck-Provokationen mit Begeisterung oder Empörung reagiert: Auf

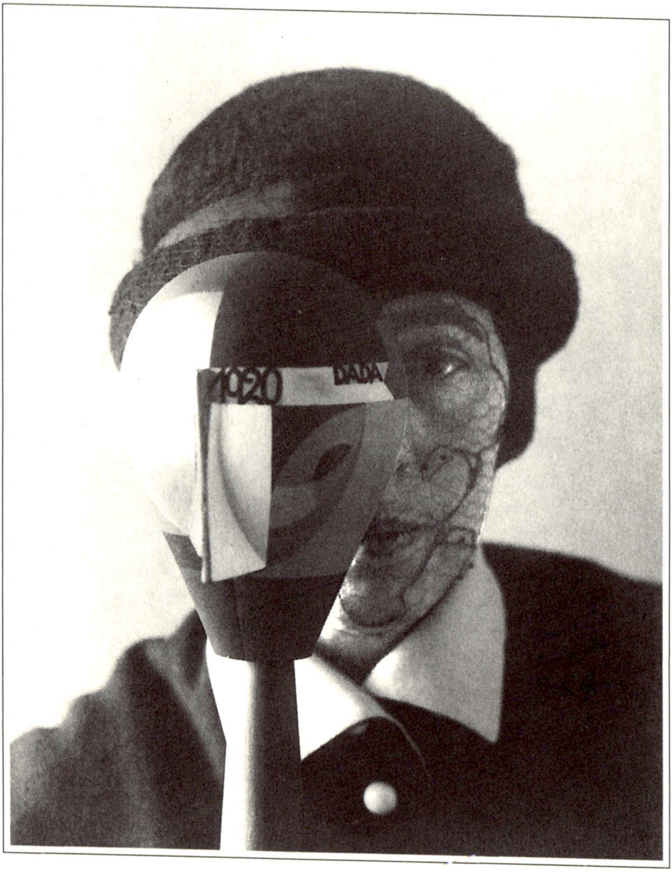
1920
DADA

Ball, für den Dada ein »Narrenspiel aus dem Nichts« ist und der in einer Ritterrüstung aus blauem Glanzpapier seine *Schizophrenen Sonette* deklamiert. Auf Emmy Hennings, die ein Totentanzlied singt, das später auf Postkarten gedruckt über deutschen Schützengräben abgeworfen wird. Richard Huelsenbeck, der zu Buschtrommeln romantische Verse verfremdet. Tristan Tzara mit seinen sonoren Lautgedichten, Sophie Taeuber mit bizarren Tänzen, »in unheimlich wirkenden Larven und Panzern, die an Tanks und Gasmasken erinnerten«. Dazu Hans Arps schwarzblaue Bühne, auf der Klabund aus dem Stegreif reimt:

Ein deutscher Dichter seufzt französisch.
Rumänisch klingt an siamesisch.
Es blüht die Kunst Hallelujah.
's war auch schon mal ein Schweizer da.

Mit dem Schweizer ist der Romancier Heer gemeint, der sich als Stammgast wirkungsvolle Auftritte verschafft, indem er mit seinem Radmantel schwungvoll die Gläser vom Tisch fegt.

Nichts, was die Dadaisten sich nicht einfallen ließen – nur ein politisch-agitatorisches Programm nicht. Dafür ist Wladimir Uljanow Lenin zuständig, der in der Spiegelgasse gleich schräg gegenüber wohnt und seine Fäden weit diskreter zieht als Dada: Statt mit »bruitistischen Konzerten« bringen sich seine Leute mit einem Balalaika-Orchester im Cabaret Voltaire ein. Nur keine Provokation, Extravaganz bekommt der Weltrevolution nicht. Der Maler Marcel Janco erinnert sich an den auffällig Unauffälligen: »Im dichten Rauch inmitten von Rezitationen oder Volksliedern erschien plötzlich das eindrucksvolle mongolische Gesicht Lenins umgeben von seiner Gruppe...« Eine Figur der Weltgeschichte im Dada-Spektakel – Hugo Ball hat recht: Die Wirklichkeit ist dadaistischer als die Kunst.

Dada gibt sich bewußt demokratisch, jeder kann mitmachen, nach Arps Motto: »Man soll seinen Viktor nicht unter den Scheffel stellen.« Der Tänzer Rudolf von Laban tritt mit seinen Schülerinnen, zu denen auch Sophie Taeuber gehört, auf. Verse von Morgenstern und Else Lasker-Schüler werden rezitiert – allerdings ließe sich die Dichterin, die in Zürich ein recht unbürgerliches Leben führt, niemals in ein Programm einbinden, sie ist Einzelgängerin und scheut Szenen, wie sie Huelsenbeck beschreibt: »Das Publikum rief nach der Polizei, nach dem Irrenarzt und nach dem Verbandkasten. Man drohte, zischte und weinte, Frauen fielen in Ohnmacht und Männer bliesen auf Schlüsseln und Holzpfeifen.« Schweizer Bürger, die »rasten wie die Löwen«.

Dada in aller Munde. So ist es auch beabsichtigt. Hugo Ball schreibt selbstbewußt: »Dada ist eine neue Kunstrichtung. Das kann man daran erkennen, daß bisher niemand etwas davon wußte und morgen ganz Zürich davon reden wird.« Protest durch Provokation. Der Grat zwischen echtem Entsetzen vor dem Krieg und unverbindlichem Spiel mit dem Horror ist schmal, Ball spürt als erster das Unbehagen. Kann man »Menschen, die nicht unmittelbar an der ungeheuerlichen Raserei des Weltkrieges beteiligt waren«, diesen Wahnsinn jemals vermitteln? Ist nicht jeder Bühnenschock nur ein blasser Abklatsch der Wirklichkeit Krieg? Kann Kunst oder Antikunst überhaupt etwas bewirken? – Fragen, die sich auch der jungen Textilgestalterin Taeuber und dem Maler und Bildhauer Arp stellen. Beide teilen sie die Aufbruchstimmung der Dada-Bewegung, aber beide lassen sie sich nicht restlos davon vereinnahmen. Die Emphase fehlt, mit der Raoul Hausmann, der Berliner Dadakopf, schreibt: »Daß Dada in der Spiegelgasse seine Vorstöße gegen überlebte Kunstgesetze unternahm, war mir, der Ähnliches in der ›Freien Straße‹ in Berlin suchte, von der allergrößten Bedeutung... Zürich, die Hauptstadt Dadas, Zürich, das Eldorado einer neuen Geisteshaltung, Zürich, das solch eine Umwälzung ermöglichte, dieses Zürich ist für die Ewigkeit in die Ruhmesannalen der Neuzeit eingeschrieben.«

Erfolge haben ihren Selbstlauf: Größere Räume müssen gemietet werden, Soiréen finden nun im *Zunfthaus zur Waag* statt und werden durchaus nicht nur von Anarchisten und intellektuellen Ausländern, sondern auch von Studenten und honorigen Zürcher Bürgern besucht. Dada ist salonfähig geworden, also sieht man sich nach einem Salon um und findet ihn ohne Schwierigkeiten an bester Lage. Emmy Hennings schreibt später: »Mich wundert noch heute, daß der Besitzer des Sprünglihauses seine schöne Acht-Zimmer-Etage an der Bahnhofstraße ohne jegliche Garantie uns vermietete. Freilich, er konnte nicht wissen, was ihm bevorstand. Die Dadaisten hatten meistens mehr Ideen als Franken in der Tasche.«

Immerhin besitzen sie eine wertvolle »Negerplastik«, die notfalls im Pfandhaus versetzt werden kann. Und sie haben Beziehungen zur internationalen Kunstavantgarde, so daß sie die Wände ihrer neuen Dada-Galerie nicht nur mit eigenen Gemälden, sondern auch mit Picassos und Modiglianis und mit Werken aus der Berliner Sturmkollektion behängen können: Kandinsky, Feininger, Klee, Kokoschka. Dazu geliehene Antiquitäten feinster Art – Konzession an den bürgerlichen Geschmack oder Verfremdungseffekt? Die Verunsicherung des Publikums und der Presse ist kalkuliert, die Neue Zürcher Zeitung berichtet vorsichtig vom »eminenten Geschmack für das farbig Dekorative«.

Vor der Eröffnungssoirée an jenem groß angekündigten 17. März 1917 haben die Dada-Frauen sich praktisch betätigt und einen Stapel Küchenhocker für die vornehme Kundschaft in Ostereierfarben gebeizt – leider nicht farbecht, so daß, wie Emmy Hennings schreibt, »die zarten Kleider der Damen sich an ihnen abfärbten. So sahen sie auch ziemlich abstrakt aus: Kompositionen in Blau, Grün, Gelb, Rot.« Unfreiwillige Farbensymphonien, wie die Künstlerin versichert, aber kann man den Dada-Leuten trauen? Irgendwann in den ersten Ausstellungstagen tauchen zwei Kriminalbeamte auf, heben Kandinskys von der Wand, um dahinter nach geheimen Likörschränken zu suchen. Die Galerie hat keine Schanklizenz, allerdings auch keine alkoholischen Schätze. Das Mißtrauen der Bürger bleibt – und hält das Interesse an den Soiréen wach.

Auf dem Programm der ersten Aufführungen steht: »Danses: Mlle Taeuber / costumes de Arp«. Sophie Taeuber tanzt, wie ein vorweggenommener Marsmensch, in Arps surrealistischem Pappröhren-Kostüm. Was ungelenk laienhaft aussieht, ist professionelle Perfektion, ausgefeilt von Meister Laban. Sie tanzt auch Poetisches von Seepferdchen und Flugfischen zu Gedichten von Hugo Ball und regt damit Arp zu Versen an:

sie tanzte und träumte
ein dreieck, ein viereck...
ein stilles viereck mit vielen
kleinen lauten kreisen,
sie träumte tag und nacht
von lebenden kreisen.

Im Tanz fühlt sich Sophie Taeuber in ihrem eigensten Element. Alles, was der eher schüchternen und zurückhaltenden Schweizerin sonst schwerfällt, kann sie hier ausdrücken: Temperament, Sinnlichkeit, Phantasie. In Labans Tanzschule hat sie sich mit dessen Assistentin Mary Wigman angefreundet, ein überraschender Gleichklang ohne Worte. Die Ausdruckstänzerin Wigman erinnert sich in einem Brief an Walter Sorell später an gemeinsame Abende: »What divine feasts we have had in my Zürcher apartment! My friend Sophie Täuber – who later married Hans Arp – and I sewed ourselves so tightly into our extravagant costumes one day that, for the whole night we could not get out of them.« Man trifft sich in Labans Atelier an der Seehofstraße, im Sommer auf dem Monte Verità bei Ascona.

Sophie Taeubers Dada-Leben. Daneben gibt es das bürgerliche, das Tag-Leben. Als einzige in der Dada-Gruppe übt sie einen »soliden« Beruf aus und verdient regelmäßig Geld. Die ausgebildete Textilgestalterin unterrichtet an der Kunstgewerbeschule eine Textilklasse in Komposition, Sticken und Weben. Diese Lehrtätigkeit ist ihr nicht ungeliebter Brotberuf, sondern macht ihr Spaß. Sie ist gern mit jungen Menschen zusammen, erarbeitet mit ihnen gemeinsam Entwürfe und Modelle, versucht ihr Verständnis für Kunst, für die Moderne vor allem, zu wecken. Die Schüler, einer von ihnen ist der spätere Avantgardist Max Bill, mögen ihre unkonventionelle Art, ihre ruhige Sicherheit im Umgang mit dem Ungesicherten: der Kunst und den Menschen.

Sie besucht mit der Klasse Museen, Ausstellungen und Aufführungen, auch in der Dada-Galerie. Das mißfällt der Schulleitung. Ihre Auftritte als Tänzerin hält man für unvereinbar mit dem Erziehungsauftrag einer Lehrerin, aber entlassen wird sie nicht. Allerdings taucht ihr Name auch nicht mehr in Dada-Programmen auf, doch sie tanzt weiter, in furchterregenden Schamanenmasken, die ihr Anonymität geben. Wie könnte sie einer Schulbehörde den Unterschied zwischen Tingeltangel und Dada-Kunst klarmachen, wo sie selbst nicht genau weiß, was Dada-Kunst eigentlich ist?

Ihr Problem: den Schülern die Kunst aufzuschließen und abends auf der Bühne diese Kunst nicht nur in Frage zu stellen, sondern ad absurdum zu führen. Wie läßt sich Kunst im zwanzigsten Jahrhundert überhaupt definieren? In langen Nachtgesprächen mit ihrem Gefährten Hans Arp, den sie im November 1915 bei einer Ausstellung seiner Bilder in der Galerie Tanner kennengelernt hat, versucht sie ihr Verhältnis zu Dada und den modernen Kunstströmungen zu klären.

Ihr eigenes Schaffen bleibt davon unberührt. Sie ruht in sich, läßt sich von rasch wechselnden Moden nicht vereinnahmen. Dada bedeutet für sie Bewegung, Umsetzen von Lebensgefühl in Tanz, Farbe, Form. Die Freisetzung von Kreativität fasziniert sie, nicht die Zerstörung überkommener Formen, auch nicht das schrille Herausschreien von Ängsten. Sie hat den Krieg nicht erlebt wie all ihre Emigrantenfreunde, sie ist im Appenzellerland in behüteter Umgebung aufgewachsen und wird darob von den Heimatlosen beneidet: keine Familienkonflikte, keine Vaterlandsneurosen, keine Arbeits- und Geldsorgen.

Die gute und für ein Mädchen vom Land damals durchaus ungewöhnliche Ausbildung verdankt sie ihrer Mutter, einer tatkräftigen und aufgeschlossenen Frau, die nach dem frühen Tod ihres Mannes, eines aus Deutschland eingewanderten Apothekers, die Kinder alleine durchbringen mußte. Die Appenzellerin führte in Davos ein Weißwarengeschäft und unterrichtete daneben ihre Kinder selbst. Um ihnen den Anschluß an höhere Schulen zu ermöglichen, zog sie nach Trogen, baute dort nach eigenen Plänen ein Pensionshaus, nahm Gäste auf und ließ diese teilhaben an dem intensiven Familienleben. Die vielseitig Begabte machte Textilentwürfe, malte, entwickelte ihre Photos selbst, interessierte sich für Politik und Frauenfragen – ausgerechnet im Kanton Appenzell, der sich später mit dem Frauenstimmrecht so schwer tat –, musizierte mit den Kindern und brachte den Mädchen Sticken und Klöppeln bei, für die Ostschweiz typische Handarbeiten.

Die achtzehnjährige Sophie besucht nach der Sekundarschule für drei Jahre die *Zeichnungsschule für Industrie und Gewerbe* in St. Gallen und geht dann nach München, um sich an den *Lehr- und Versuchsstätten für angewandte und freie Kunst* weiterzubilden. Hier herrscht internationales Flair, hier lernt sie den Jugendstil kennen, Henry van de Velde und die Wiener Schule, daneben laufen die praktischen Fächer, Weben, Holzbearbeitung, Darstellungstechnik, kunstgewerbliches Entwerfen. Um den Klöppel- und Kreuzstichtraditionen in Schleswig-Holstein und Jütland nachzugehen, schiebt sie ein Jahr an der Hamburger Kunstgewerbeschule ein. Nach einem weiteren Jahr in München schließt sie ihre Ausbildung mit sehr guten Zeugnissen ab und geht noch vor Ausbruch des Ersten Weltkrieges zurück in die Schweiz, nach Zürich. Sie wohnt bei ihrer Schwester und entwirft für die Filiale der *Wiener Werkstätten* kunsthandwerkliche Gebrauchsgegenstände. Erste eigene Arbeiten entstehen. Fast alle diese noch an Vorbildern orientierten Zeichnungen und Klebearbeiten vernichtet sie, als sie 1915 gemeinsam mit Arp zu neuen Ufern aufbricht.

Der Schritt von der angewandten zur freien Kunst. Wobei die freie Kunst für sie nicht die höherwertige, aber die anerkanntere ist. Im *Schweizerischen Werkbund* setzt sie sich dafür ein, kunsthandwerklichen Arbeiten, denen leicht das Etikett der Höheren-Töchter-Beschäftigung, der »ouvrage de dame«, oder des kommerziellen Kunstgewerbes anhaftet, mehr künstlerisches Eigengewicht zu geben. Ihren eigenen stark geometrischen Kompositionen ist die Praxis als Weberin anzumerken: Kette und Schuß, einfache, klare Formen, die sich nicht mit philosophisch-symbolischen Inhalten verknüpfen. Sie abstrahiert nicht von der Realität, sie benutzt Quadrate, Kreise und Dreiecke als konkretes Bildmaterial: nicht abstrakte, sondern konkrete Kunst. Arp ist von ihren ganz eigenständigen, nach festen Baugesetzen, aber ohne Theorielastigkeit entstandenen Textil- und Collagearbeiten beeindruckt, und sie versucht, sich seinen »nach dem Gesetz des Zufalls« komponierten Werken zu nähern – eine künstlerisch für beide Seiten fruchtbare Symbiose. »Immer herrschte eine Stimmung wie am ersten Schöpfungstag. Arp und Sophie erfanden die Welt neu, mitsamt neuen Gesetzen, neuen Verständigungsmöglichkeiten«, schreibt die sonst eher spitzzüngige Autorin Claire Goll.

An den schriftlichen Manifestationen der Dada-Kunst, der »totalen Negation des ästhetischen Wertsystems«, wie Huelsenbeck, der radikalste der Gruppe, es formuliert, ist Sophie Taeuber nicht beteiligt. Nicht am Almanach *Cabaret Voltaire* und nicht an der Schriftenreihe *Collection Dada,* wohl aber an den endlosen Diskussionen in den Zürcher Cafés, im Odeon, im Astoria oder im Café de la Terrasse, wo sie auf Gleichgesinnte und Gegner, Sektierer und Anarchisten, Philosophen und Scharlatane trifft. »In Zürich ist jetzt die ganze Literatur«, schreibt Emmy Hennings, und die bildenden Künstler, die sich fast alle auch als Literaten betätigen, sind mitgemeint, starre Abgrenzungen aufgelöst, wie später in den Performance-Darbietungen der Achtzigerjahre, die auf Dada zurückgeführt werden könnten.

In Sophie Taeubers künstlerischem Werk schlagen sich diese Zeitströmungen kaum nieder, auch ihre pädagogische Arbeit hat andere Schwerpunkte. Sie möchte zwar, wie Dada, Kunst und Leben verbinden, aber auf weniger spektakuläre Weise. Durch Einbeziehung der angewandten Kunst soll der Kunstbegriff demokratisiert werden. Mit ihren Schülern sucht sie nach neuen Lösungen, nach funktionsbedingter Formschönheit. Sticken, Weben und Klöppeln nicht in der herkömmlich imitierenden Art, sondern als Experiment, als Spiel mit Farben und Formen und Materialien, auch mit Ornamenten, wenn diese nicht bloßer »Zierat« sind. Im Unterricht war sie bestrebt, wie Max Bill später schreibt, »ihren Schülerinnen einen Begriff von den Problemen der Zeit zu vermitteln, so daß diese nicht ins Sinnlos-Kunstgewerbliche abglitten ...«

Ungewohnte Wege an der Kunstgewerbeschule, wo dekorative Blumenmotive nach Vorlagen gestickt werden. Arp, der Satiriker, sieht das so: »Scharen junger Mädchen eilten aus allen Kantonen der Schweiz nach Zürich mit dem brennenden Wunsch, unaufhörlich Blumenkränze auf Kissen zu sticken. Die grauenhaftesten Vorbilder spukten in diesen rosigen Jungfrauen, doch Sophie gelang es durch Sanftmut und Güte, die meisten zum Quadrat zu führen.« Das Quadrat ist Sophie Taeubers bevorzugtes Sujet, sie malt sich aneinanderreihende, großflächig strukturierte Vierecke in leuchtenden Farben, konstruktivistische Arbeiten, wie sie unabhängig voneinander auch von Mondrian, Malewitsch oder ihrem Landsmann Itten entwickelt werden.

Der Direktor der Kunstgewerbeschule, Alfred Altherr, scheint zu ahnen, was sich da an Umwälzendem an seiner Schule tut, aber er läßt die progressive Lehrerin ihren Weg gehen, ja, er überträgt ihr für die Schweizerische Werkbundausstellung 1918 die Inszenierung des Stücks *König Hirsch* von Carlo Gozzi für ein Marionettentheater. Auch hier setzt die Künstlerin ungewohnte, aus der Psychoanalyse entwickelte Ideen in die Praxis um: Nach ihren präzisen Zeichnungen werden die Marionetten gedrechselt. Die Figur Sigmund Freuds, *Freud Analyticus,* erhält den gewaltigsten Kopf mit blattförmigen Fortsätzen, während die übrigen Puppen mit ihren sichtbaren Gelenken, die das mechanisch Lenkbare betonen, Flachköpfe haben. Die Uraufführung des Stücks wird für die Schöpferin der stilisierten Marionetten ein großer Erfolg, die Zeitlosigkeit dieser *König-Hirsch*-Inszenierung beweist eine Rekonstruktion durch das Zürcher Puppentheater im Jahre 1993. In die Kunstbücher gehen jedoch nicht ihre originellen Figurinen ein, sondern die von Oskar Schlemmer zwei Jahre später für sein *Triadisches Ballett* entworfenen. Im Gegensatz zu den meisten Dadaisten ist Sophie Taeuber keine geschickte Propagandistin ihrer Kunst.

Der Zugang zur Psychoanalyse ergab sich durch die Tätigkeit ihrer Schwester als Bibliothekarin des Psychologischen Clubs von C. G. Jung in Zürich. Der Psychoanalytiker C. G. Jung übt auf Sophie Taeuber eine seltsame Anziehungskraft aus, wie überhaupt außergewöhnliche Menschen sie faszinieren: die Tänzerin Mary Wigman, der rumänische Dada-Wortkünstler Tristan Tzara oder das exzentrische Dichterpaar Ivan und Claire Goll (damals noch Claire Studer), dessen schwierige und doch produktive Zusammenarbeit sie bewundert. Das beruht auf Gegenseitigkeit. Claire Goll berichtet in ihrer *Chronique scandaleuse* über Sophie Taeuber: »Sie machte keinen Unterschied zwischen Geschirrspülen und Dichten, Sticken und Schuheputzen. Jede Tätigkeit verdiente gleich viel Aufmerksamkeit und Hingabe. Diese vollendete Anpassung an den Augenblick befähigte sie, nachts exzentrische Tänze vorzuführen und am Tage sehr ernsthaft ihr Lehramt zu versehen. Ihr machte es nicht die geringste Mühe, die Rolle der Hausfrau mit der einer avantgardistischen Künstlerin in Einklang zu bringen. Sie und Hans Arp waren ein Paar von erlesener und heiterer Harmonie.«

Ganz so heiter war die Harmonie nicht immer. Arp hatte sich, kurz bevor er Sophie kennenlernte, in die Comtesse Hilla von Rebay verliebt und konnte sich lange nicht entschließen, sie aufzugeben, auf Sophie wollte er aber ebensowenig verzichten. Diese ertrug sein Hin-und-Hergerissensein mit erstaunlicher Langmut, kam ganz selbstverständlich für seinen Lebensunterhalt auf und brachte Ordnung in sein chaotisches Leben. Erst 1917 endete die für Sophie demütigende Romanze mit einem Verzicht Arps auf die Comtesse.

Sophie ist nicht nachtragend und alles andere als eine Exzentrikerin, das erleichtert die Zusammenarbeit mit dem eigenwilligen Gefährten. Es entstehen in der winzigen Zürcher Wohnung, die gleichzeitig Atelier ist, gemeinsame Klebearbeiten, Arp nennt sie *Duo-Collagen;* sie sollen die »Kunst des Schweigens« symbolisieren, den Weg von der Außenwelt zur Stille weisen – eine deutliche Abwendung von der dadaistischen Lautstärke. Die strenge Feierlichkeit der aus Rechtecken in immer neuen Variationen zusammengestellten Collagen erinnert an asiatische Meditationsbilder. Die bewußte Einbeziehung mystischer Bildinhalte, die Beschäftigung mit dem Buddhismus, mit Lao-Tse, ist für die mehr dem Konkreten verhaftete Künstlerin eine neue Erfahrung, die sie, die Undogmatische, als Bereicherung empfindet.

Es entstehen in dieser Zeit auch gemeinsame *Duo-Plastiken,* inspiriert von rituellen Gefäßen afrikanischer Eingeborener.

Sophie Taeuber entdeckt den Mythos und versucht, ihm eine Form zu geben. Religiös-sakrale Bezüge weist eines ihrer wichtigsten Werke auf, das 1918 gemalte Ölbild *Triptyque,* eine Komposition wie ein Fugenmotiv, gold- und silberdurchwirkt. »Une mésure d'orgue« sieht Arp in dieser Kreation.

Was Sophie Taeuber im Dadaismus gesucht hat, die Überwindung des Dualismus von Kunst und Leben, glaubt sie in der Künstlervereinigung *Das neue Leben,* zu deren Gründungsmitgliedern sie gehört, besser verwirklicht: Kunst auch als pädagogischer Auftrag und soziales Engagement. Der Glaube an die Erziehbarkeit des Menschen. Dimensionen, die den Dadaisten fehlen, »hinter deren verblüffendem und aggressivem Auftreten nicht bloß Jugend und Neuerungslust steckte«, wie Hermann Hesse schreibt, »sondern auch viel Verzweiflung über die Not der Zeit«.

Mit dem Ende des Ersten Weltkriegs und mit der Öffnung der Grenzen verschwindet auch der den Zürchern nie ganz geheure »Dadaspuk« aus der Stadt. Proteste gegen den Krieg erübrigen sich – vorläufig wenigstens. Die totale Negation aller Werte hat sich verbraucht. Arp fordert mit einigen in Zürich verbliebenen Dadaisten in einem Rückzugs-Manifest »die Teilhabe der Künstler an der idealen Entwicklung des Staates«. Als Abgesang auf den Zürcher Dada kann Sophie Taeubers letzter Auftritt in einer Dada-Soirée im Saal *Zur Kaufleuten* am 9. April 1919 gesehen werden. Sie tanzt als *Noir Kakadu* ihre eigene exotische Choreographie vor Arpschem Bühnenbild. Dada lebt mit Tzara in Paris, mit Huelsenbeck in Berlin weiter, programmatischer, politischer.

Arp nimmt im Herbst 1919 an Dada-Aktionen in Köln und Berlin teil, während für seine Gefährtin das gewohnte Schulleben weitergeht, unterbrochen von einem längeren Kuraufenthalt in Arosa nach einer Lungendrüsenentzündung. 1922 läßt sie sich für ein Jahr vom Schuldienst beurlauben und holt längst geplante Reisen und Besuche bei Freunden nach: Wien, St. Moritz, München, Italien, Tirol.

Im Oktober heiratet das seit sieben Jahren zusammenlebende Künstlerpaar in Pura, einem kleinen Tessiner Dorf. Aus der geplanten Einbürgerung Arps als Schweizer wird aber nichts. Während ausländischen Frauen, die einen Schweizer heiraten, das Bürgerrecht automatisch gewährt wird, gilt dies umgekehrt für den Mann einer Schweizerin nicht. Auch Hermann Hesse als vermittelnder Bittsteller bei den Behörden kann für den stellenlosen Künstler keine Ausnahme erwirken.

Während Arp als freier Künstler und *animateur culturel* viel unterwegs ist, verdient seine Frau im heimatlichen Zürich seinen Lebensunterhalt. Die Schule fordert sie stärker als früher, sie hat neue Fächer und mehr Stunden übernommen. Nebenher führt sie Arps Entwürfe als Web- und Stickarbeiten aus, macht Konstruktionszeichnungen für seine Skulpturen und schnitzt Druckstöcke. Sie fühlt sich als seine Zuarbeiterin trotzdem nicht ausgebeutet, sieht ihre Arbeit als eine gemeinsame an, weiß, wie viele auch für sie wertvolle Verbindungen Arp geschaffen hat: zu Schwitters, zu Hannah Höch, zu französischen Künstlern. Die Kontakte zu Frankreich werden in den nächsten Jahren besonders wichtig.

Bei der *Exposition Internationale des Arts Décoratifs et Industriels Modernes* in Paris wird Sophie Taeuber-Arp mit drei anderen Schweizern ausgezeichnet. Sie nimmt an weiteren Ausstellungen teil und macht sich einen Namen als phantasievolle Ausgestalterin von Räumen und Häusern. Einen großen Auftrag zur Innengestaltung des historischen Gebäudes *Aubette* im Zentrum von Straßburg kann sie allein nicht bewältigen, da sie noch immer an die Schule gebunden ist. Sie macht zwar die Entwürfe – die Konzeption eines Gesamtkunstwerks – und übernimmt mit Arp die Ausgestaltung einiger Räume, überläßt aber die weitere Bauaufsicht dem holländischen Architekten Theo van Doesburg. Das mit Beton und

Chromstahl ausgebaute Tanzlokal wird von der Bevölkerung als kalt und unangenehm abgelehnt, bringt der Planerin aber ein gutes Honorar ein. Es wird für den Bau eines eigenen Atelierhauses in Clamart/Meudon, nahe Paris, ausgegeben, ein Unternehmen, das bald die ganze planerische Kraft und auch das praktische Geschick Sophie Taeuber-Arps fordert, da die Handwerker den ungewohnten Bau nicht ernst nehmen und entsprechend nachlässige Arbeit leisten. Der dreigeschossige Kubus aus Naturstein und Beton ist wieder als Gesamtkunstwerk gedacht und entsprechend bis ins Detail durchgeplant, von den Lichtschächten bis zu den Gemüsebeeten, nach den modularen Gestaltungsprinzipien Le Corbusiers.

Die Künstlerin, Architektin und Handwerkerin hat die Schwierigkeiten dieses Projektes unterschätzt, sie verausgabt sich zu sehr, kann das ständige Pendeln zwischen Zürich, Paris und Straßburg gesundheitlich nicht durchhalten. Sie gibt 1929 die Schule, ihr anderes Leben und damit ihr Standbein in Zürich, nur zögernd und mit Bedauern auf. Mit einer Kollegin hat sie vor ihrem Ausscheiden noch eine *Anleitung zum Unterricht im Zeichnen für Textile Berufe* verfaßt, die Schüler werden ihren zurückhaltenden und doch engagierten Einsatz vermissen. Die neugewonnene Zeit nutzt sie nun für das eigene künstlerische Schaffen, sie beteiligt sich an den großen Ausstellungen der Konstruktivisten, aber auch der Surrealisten und wird in den Ausschuß der international bedeutsamen Gruppe *Abstraction Création* berufen.

Hitlers Rede gegen die moderne Kunst bewirkt in Frankreich 1935 einen engeren Zusammenschluß früher rivalisierender Künstler und Gruppen. Kontakte zur neutralen Schweiz bekommen einen neuen Stellenwert. Sophie Taeuber-Arp beteiligt sich 1935 in Luzern, 1936 in Zürich und 1937 in Basel an wichtigen Ausstellungen und tritt der in Zürich gegründeten Künstlergruppe *Allianz* bei.

Die Schweizer Erfolge ermutigen sie zu einem weiteren Schritt an die Öffentlichkeit, zur Herausgabe einer eigenen Zeitschrift für konkrete Kunst, *Plastique,* die in Paris und New York erscheint. Sie ist in einer äußerst fruchtbaren Schaffensphase, in drei Jahren sind 117 Werke entstanden, dazu Illustrationen zu einem Arpschen Gedichtband und gemeinsam mit ihrem Mann neue *Duo-Bilder.* Die Einladungen zu Ausstellungen häufen sich, an der wichtigen Londoner *Exhibition of Contemporary Sculpture* stellt sie als einzige Frau aus.

Mit dem Kriegsbeginn 1939 nimmt der internationale Aufbruch ein jähes Ende, die politische Situation spitzt sich für die Künstler zu, Hans und Sophie Arps Werke zählen in Deutschland zur entarteten Kunst. 1940, beim Anmarsch der deutschen Wehrmacht auf Paris, gibt das Künstlerpaar das Haus in Meudon auf und taucht bei Freunden unter, immer an wechselnden Fluchtorten, unter anderem bei Peggy Guggenheim am Lac d'Annecy. Der sonst sehr zurückhaltenden und anpassungsfähigen Sophie Taeuber-Arp widerstrebt es, wie Peggy Guggenheim von den wehrlosen und mittellosen Künstlern Bilder zu Schleuderpreisen aufkauft. Sie drängt weiter, findet ein Refugium in Grasse, »ce coin de France encore protégé contre l'inquisition de la gestapo«.

Das Leben geht hier, unter erschwerten Bedingungen zwar, fast wie in Friedenszeiten weiter. Malen unter Olivenbäumen, Arbeit an einer Litho-Serie mit Sonja Delaunay, die nach dem Tod ihres Mannes von den Arps aufgenommen wird, Zusammenstellen einer Mappe für die große *Allianz*-Ausstellung im Mai 1942 in Zürich. Schwester Erika schickt Pakete, von den Kunstmäzeninnen Marguerite Hagenbach und Maja Sacher kommt Unterstützung, Max Bill besorgt Leinwand und Ölfarben. Gemeinsam mit Schweizer Freunden organisiert Sophie Taeuber für Kinder aus besetzten Gebieten Erholungsaufenthalte in der Schweiz und hilft Verfolgten bei der Flucht aus Frankreich. Auch die Arps wollen fliehen, möglichst nach

Amerika, dem Malerfreund Max Ernst ist der Sprung geglückt, das gibt Hoffnung.

Doch dann marschieren über Nacht deutsche Truppen in Grasse ein, die Arps entkommen im letzten Augenblick in die Schweiz. November 1942. Die Schweizerin mit dem französischen Paß und dem französischen Ehemann als Emigrantin im eigenen Land. Abgebrochen eine verheißungsvolle Karriere. Bittstellerin mit leeren Händen.

Sie wird von ihrer Schwester Erika Schlegel in Zürich aufgenommen, Hans Arp findet bei Binia und Max Bill in Höngg Unterschlupf. Wieder Arbeiten unter erschwerten Bedingungen. Hoffen auf die Verlängerung der Aufenthaltsgenehmigung. Sophies labile Gesundheit. Der strenge Winter. Wie soll es weitergehen? An der Silvesterfeier im Billschen Hause wirft Sophie bei einer spielerischen Séance zweimal ihr Todeszeichen. Sie ist empfänglich für »kosmische Botschaften«, wirkt verstört.

Zwei Wochen später ist sie tot. Keiner kann es fassen. Eine tragische Verkettung von Zufällen. Niemanden trifft eine Schuld, aber alle fühlen sich schuldig. Was hätte man tun können? Sie hat ihren Tod vorausgeahnt. Sie ist ihm entgegengegangen, wenn auch ohne Absicht.

An einem kalten Januarabend arbeitet sie in Bills Atelier, überanstrengt, müde. Sie will aber die angefangenen Abzugs- und Signierarbeiten unbedingt noch vollenden, »man weiß nie«, sagt sie. Es wird spät, zu spät für eine Rückkehr in die Wohnung der Schwester, zu spät für die letzte Straßenbahn. Sie übernachtet im Garten-Gästezimmer, das mit einem Kanonenofen beheizt wird und rasch auskühlt. In der Nacht macht sie Feuer, ohne die Luftklappe zu öffnen und erstickt im Schlaf an einer Kohlendioxidvergiftung. Arp findet sie am nächsten Morgen, wie friedlich schlafend. Neben dem Bett liegt eine französische Grammatik aufgeschlagen.

Er ist erschüttert, macht sich Vorwürfe. Hätte er dieses Unglück verhindern können? Warum hat er sie alleingelassen? So oft alleingelassen? Im Schmerz über ihren Tod ist sie ihm näher, als sie es zu Lebzeiten war. Er holt die letzte Lebensphase in die Erinnerung zurück: »Wer ihr in dieser Zeit begegnete, wurde von ihrem inneren Glanz berührt. Sie strahlte und entfaltete sich wie eine Blume vor dem Vergehen.«

Nach der traurigen Beerdigung am 18. Januar 1943 auf dem Friedhof von Zürich-Höngg macht sich Hans Arp daran, Sophies Werk und ihr gemeinsames Leben aufzuarbeiten. Er stellt eine Monographie zusammen, organisiert 1945 eine Ausstellung in der Zürcher *Galerie des Eaux-Vives.* Im Jahr darauf erscheinen in Paris seine Gedichte, Sophie gewidmet, mit acht Duo-Zeichnungen illustriert:

ich könnte ohne die flammenden berge leben
ohne die olivenbäume und das meer
ich könnte ohne den himmel sein
dich aber kann ich nicht vergessen
ich kann ohne dich nicht sein

Das so plötzlich unterbrochene künstlerische Zwiegespräch führt er nach dem Tod der Partnerin anhand ihrer Entwürfe weiter. Diese *Variationen* auf Sophies Werk sind ein einmaliges und gewagtes Dokument einer Symbiose, »von zwei Händen, aber einer Seele geschaffen«. In seiner Trauerarbeit verklärt er die Verstorbene immer stärker, macht sie zum Idealbild, zu seinem »Stern«, seiner Göttin, mit der er sich in einem neuen Leben wieder vereint sehen möchte. Er überlebt sie um ein Vierteljahrhundert.

Die Unterstützung in der Öffentlichkeit, die er ihr zu Lebzeiten nicht immer hat zukommen lassen, holt er nach ihrem Tod nach, er organisiert zwei bedeutende Retrospektiven ihres Werkes und weist in Publikationen auf ihre Bedeutung hin – trotzdem steht sie nach wie vor in seinem Schatten. In der Ausstellung, die das Kunsthaus Aarau zu ihrem 100. Geburtstag 1989 ausrichtete, wird sie mit Meret Oppenheim als bedeutendste Schweizer Künstlerin unseres Jahrhunderts eingestuft. Undogmatischer und unbefangener als die meisten männlichen Pioniere der Moderne hat sie sich mit den Strömungen zeitgenössischer Kunst auseinandergesetzt. Ihr Werk verdiente größere Beachtung.

Zwei Stiftungen tragen dazu bei, ihr den angemessenen Platz neben ihrem Partner zu sichern: die *Stiftung Hans Arp und Sophie Taeuber-Arp* im alten Bahnhof Rolandseck bei Bonn und die *Stiftung Arp* in dem von Sophie Taeuber-Arp gebauten Haus in Meudon/Clamart bei Paris.

Das Essentielle der Verbindung dieses Künstlerpaares und die Basis ihres gemeinsamen schöpferischen Weges, auf dem die Zücher Dada-Explosionen nur ein Teilstück sind, faßte Hans Arp in die Worte: »Wir suchten eine elementare Kunst, die den Menschen vom Wahnsinn der Zeit heilen und eine neue Ordnung, die das Gleichgewicht zwischen Himmel und Hölle herstellen sollte.« – Liegt es an den Künstlern, wenn diese neue Ordnung Utopie bleibt?

Vom besonderen Flair der Kronenhalle

Hulda Zumsteg

1890–1984

Wirtin und Kunstsammlerin

Es war einmal eine Schusterstochter, die wäre gern Lehrerin geworden, aber der Vater war zu arm, ihr den Wunsch zu erfüllen, und die Stiefmutter ließ sie von früh bis spät im Hause arbeiten, damit ihr die Flausen vergingen. Doch die Flausen vergingen ihr nicht, und eines Tages machte sie sich mit fünf Groschen in der Tasche auf in die große Stadt. Sie verdingte sich als Magd, war fleißig und strebsam und träumte von einem Prinzen, der statt einer Krone eine weiße Kochmütze trug. Weil sie immer guter Dinge war und sich nicht vor der Arbeit fürchtete, holte ein Schankwirt sie in seine Dienste. Ihr freundliches Wesen und ihre Häuslichkeit gefielen ihm wohl, er hielt um ihre Hand an, und übers Jahr fand die Hochzeit statt. Die Schusterstochter, die nun Frau Wirtin war, legte die Hände aber nicht in den Schoß. Sie arbeitete bis in die Nächte hinein und steckte Taler um Taler in ihren Sparstrumpf. Bald konnten die fleißigen Wirtsleute einen stattlichen Gasthof mit einer Krone im Wappen ihr eigen nennen. Die Gäste kamen von weit her, um in ihrer Schankstube zu speisen und die berühmten Meister, die die Wände zierten, zu sehen. Die Schusterstochter ging nun in seidenem Gewand, trug kostbares Geschmeide und ließ sich in einer vornehmen Karosse fahren. Aber noch immer kümmerte sie sich tagaus, tagein um das Wohl ihrer Gäste. Und als sie in hohem Alter starb, war die Trauer groß, und jederman sprach lobend von ihrem Fleiß und ihrer Großmut.

Ein Grimmsches Märchen? Nein, eine wahre Geschichte, die im Zürich der Jahrhundertwende ihren Anfang nahm. Die

Geschichte der Hulda Zumsteg, Wirtin der legendären Kronenhalle.

An einem kalten Novembertag des Jahres 1890 wird die kleine Hulda in Winterthur geboren, und kalt bleiben auch ihre ersten Kindheitsjahre. Die Stiefmutter nützt sie aus, und der Vater, ein orthopädischer Schuhmacher namens Durst aus dem Württembergischen, hat wenig Zeit für sie. Nach der Sekundarschule, mit 14, nimmt sie eine Stelle bei einer Lehrersfamilie an, die auch einen Kinderhort betreut. Hier fühlt sie sich wohl. Es macht ihr Spaß, den Mädchen Stricken und Stopfen und Ordnung beizubringen – Lehrerin, das wäre der richtige Beruf für sie. Aber der Vater kann die Seminarkosten nicht aufbringen, und ein Stipendium der Stadt anzunehmen, dazu ist er zu stolz. Ohnehin wird Hulda jetzt im eigenen Haus gebraucht. Sie muß, mit 16, für die jüngere Schwester und den Stiefbruder sorgen, nachdem die Stiefmutter die Familie im Stich gelassen hat.

Mit 18 geht sie in einen Haushalt nach Zürich, wechselt aber bald ins Gastgewerbe über, wo sie sich ein besseres Fortkommen verspricht. In der *Rose* im Zürcher Niederdorf steht sie – es gibt noch keine Polizeistunde – oft bis morgens um vier hinter der Theke, und um acht muß, nach weniger als vier Stunden Schlaf, schon wieder die Gaststube gefegt und geschrubbt werden. Aber die Arbeit schreckt sie nicht, und mit der warmherzigen Wirtin versteht sie sich gut.

Nach deren Tod bewirbt sich Hulda in der nahgelegenen *Schöchlischmiede*, einer traditionsreichen, aber im Laufe eines Jahrhunderts heruntergekommenen Passantenherberge, die nun das Publikum mit Sensationen anlockt: ein Knabe mit sechs Fingern und sechs Zehen ist aufgetreten, eine schöne Holländerin mit Vollbart... Das kann Hulda nicht bieten, und das Trinkgeld zum kargen Lohn, nur selten mehr als fünf Rappen, reicht nicht, auch noch die kleine Tochter, für die sie sorgen muß, mit durchzubringen. So ist sie froh, als der Pächter des angesehenen Gasthofs *Mühle* – der heutigen *Haifischbar* – sie in seine Dienste nimmt, nicht mehr als Mädchen für alles, sondern als Saaltochter. Es geht langsam aufwärts, auch wenn Arbeit und Kind ihre Kräfte beinahe übersteigen. Sie serviert den Handwerkern des Quartiers Gesottenes, Wädli oder Kutteln und freut sich, wenn abends die Musik aufspielt.

Ihr Patron, Gottlieb Zumsteg, ist Musikliebhaber und hat sich ein kleines Streichensemble samt einem Pianisten eigens aus Wien geholt. Es gefällt ihm, wie Hulda mit den Gästen umgeht und den Betrieb in Ordnung hält. Das Geschäft floriert, die Ansprüche steigen, der Asti auf der Getränkekarte wird gegen Champagner ausgetauscht, die Saaltochter steigt zur Buffetdame auf. Als der Patron ihr einen Heiratsantrag macht, willigt sie ohne Zögern ein. Gottlieb Zumsteg ist zwar kein Märchenprinz, aber gemeinsam wird es ihnen schon gelingen, sich nach oben zu arbeiten. Jeden Franken legen sie auf die hohe Kante, kein Ausspannen, keinen Luxus gönnen sie sich, im Kopf nur den einen Traum vom eigenen Gasthof.

Sie horchen sich um in Zürich, prüfen die Angebote in den Zeitungen. Weder eine Kaschemme soll es sein noch ein Grandhotel, ein gutbürgerliches Lokal schwebt ihnen vor, ihren Finanzen angemessen. Als zu Beginn der Zwanzigerjahre die *Kronenhalle* an der unteren Rämistraße, damals noch am Rande des Zentrums gelegen, zum Verkauf steht, greifen sie zu. Das im Biedermeier gebaute ehemalige *Hotel Couronne* ist zwar sehr verwahrlost, aber aus den Räumlichkeiten läßt sich etwas machen, das sehen die beiden sofort. Ein Haus mit Tradition, die nur neu belebt werden muß. Hier haben schon Conrad Ferdinand Meyer und der Maler Arnold Böcklin gebechert, und hier hat der trinkfreudige Staatsschreiber Gottfried Keller sich sein Leibgericht – Kalbsschnitzel, Spinat und Ei mit Speck – auftragen lassen, wenn er mit den Professoren der Hochschule und des Polytechnikums disputierte.

Später veränderte sich der Charakter der Gaststube, internationalere Luft wehte herein. In der Zeit des Ersten Weltkriegs kamen die Emigranten und die, die ihnen auf den Fersen waren. Die Schauspielerin Tilla Durieux erinnert sich: »Die Schweiz beherbergte, besonders in Bern und Zürich, ein Heer von Spionen. Sie saßen in den Hotels, verborgen in großen Fauteuils, sie hielten sich Zeitungen vor die Nase und belauschten, dahinter verborgen, jedes Gespräch. Sie saßen in Cafés, Restaurants, sie staken hinter jeder Ecke... Die Schweizer hatten sich schauernd verkrochen und waren nur an stillen, versteckten Plätzen zu finden...«

Die Kronenhalle gehörte nicht zu den Treffpunkten der Anarchisten und auch nicht der umtriebigen Pazifisten, hier wagten sich Schweizer noch hin. Lenin und Trotzki spielten lieber im benachbarten *Odeon* Schach, und der Plan eines »versiegelten Zuges«, der die Weltrevolutionäre ungehindert nach Rußland bringen sollte, wurde im Hinterzimmer des *Schwänli* am Predigerplatz ausgeheckt.

In der Kronenhalle verkehrten harmlosere Leute. Professor Sauerbruch zum Beispiel, mit dem man in der deutschen Armee nichts anzufangen wußte, nachdem er seinem Burschen eigenmächtig das Eiserne Kreuz verliehen und die Generalität durch seine phantasievoll angereicherte Uniform geschockt hatte. Er traf hier auf Zürcher Honoratioren, Fabrikanten und Gelehrte. Die Verbindung von Geist und Kommerz, andernorts oft mißtrauisch beargwöhnt, war in der Geschäftsstadt Zürich nichts Anstößiges, und Hulda Zumsteg, die junge Wirtin mit dem Gespür für das in der Luft Liegende, fügte dem noch eine weitere Komponente hinzu: die Kunst.

Doch erst einmal ist der ganze Einsatz des Wirtepaares nötig, um aus dem »Schutthaufen« wieder ein renommiertes Haus zu machen. Eine ganz persönliche Prägung soll es haben, eine Mischung aus Gemütlichkeit und Weltläufigkeit. Die ehemalige Saaltochter hat lange genug in »Beizen« gearbeitet, um das Bedürfnis der Gäste nach Behaglichkeit zu kennen; neu für sie ist der Versuch, dem Lokal eine kosmopolitische Note zu geben, mit internationalen Zeitungen und einer Speisekarte, die Gaumen zwischen Seldwyla und Paris befriedigt.

Trotz ständiger Geldknappheit – die Sanierung des Gebäudes verschlingt weit mehr als geplant – besteht Hulda Zumsteg in allem auf Qualität: in der Küche und im Weinkeller, bei der Einrichtung und beim Personal. Die holzgetäfelten Wände mit den alten Zunftwappen bleiben, auch die Messinglämpchen, die Kronleuchter und die grünen Lederbänke. Englisches Porzellan wird angeschafft für die mit Raffinesse zubereitete Hausmannskost. Der bayerische Chefkoch glänzt mit panierten Schweinshaxen, die württembergische Köchin mit Spätzle und Rotkraut, der elsässische Koch mit einer Truite meunière und der Patissier mit der Hausspezialität Mousse au chocolat. Die Speisekarte bleibt übersichtlich, von modischem Schnickschnack unberührt, und schmalbrüstige Poeten, die sich ein Menü nicht leisten können, sind auch bei einem Dreier Roten wohlgelitten.

Daß allerdings mittellose Maler ihre Zeche mit den Gemälden, die an den Wänden hängen, bezahlt hätten, ist eine Fama, die sich hartnäckig hält, aber nicht stimmt. So weltfremd sind Künstler nicht, daß sie für eine Portion Zürcher Geschnetzeltes ihre Werke einer Wirtin überlassen, mag diese auch noch so sympathisch sein. Nein, die Kandinskys und Braques, die Mirós und Chagalls und all die anderen Originale in den Speiseräumen und in der Bar, sie alle sind für gutes Geld erworben, allerdings zu einer Zeit, als die klassische Moderne für Sammler noch erschwinglich war. »Wir haben gespart und gespart, und wenn wir Geld hatten, kauften wir Bilder«, erinnert sich Hulda Zumsteg. Sohn Gustav, ein passionierter Kunstliebhaber, hat seine Mutter schon früh beraten. Mit 17 kannte er sich in den neuen Strömungen und unter den noch unbekannten Künstlern aus, die Kunst lag ihm näher als die

Gastronomie, zum Leidwesen der Eltern war er nicht bereit, in deren Fußstapfen zu treten.

Mit den meisten Künstlern, deren Werke in der Kronenhalle hängen, hatte Hulda Zumsteg persönlichen Kontakt. Sie kehrten immer wieder bei ihr ein, ließen sich von ihr betreuen und bemuttern. Eine Kunstexpertin ist sie nie geworden, aber sie besaß etwas, was wichtiger ist: Sie war neugierig, wagnisfreudig und setzte mit selbstverständlicher Zuversicht auf die Zukunft, auch da, wo sie nicht genau wußte, wo diese Zukunft hinführen sollte. Mit ihrem nüchtern unsentimentalen Optimismus und ihrer Unbefangenheit nahm sie die Künstler für sich ein, viele haben ihr Blätter und Zeichnungen gewidmet; lustig und farbenfroh Miró und Tinguely, in heiterer Strenge Hans Hartung, mit roten Herzchen eingefaßt Marc Chagall: der Maler, an der Staffelei stehend, wie er einen Blumenstrauß für die Neunzigjährige auf die Leinwand zaubert – Hommage à Madame Zumsteg.

Die Kronenhallenwirtin hat den Rat des damals jungen Kunstprofessors Jedlicka beherzigt: »Frau Zumsteg, vergessen Sie nie, daß Künstler zu diesem Lokal gehören.« Nein, sie hat es nie vergessen und sich auch nie von Neuem, Ungewohntem schrecken lassen, ob Bill oder Arp, Bazaine oder Rauschenberg. In der Küche, wo sie auf Bewährtes setzte, war sie konservativer. Sie hat mit Augusto, Alberto und Diego Giacometti in der Kronenhalle Geburtstag gefeiert mit Champagner, *Cuvé selectionné par Madame Zumsteg.* Sie hat sich zu Henry van de Velde an den Tisch gesetzt, wenn er in alter Treue aus Oberägeri nach Zürich herüberkam. Der Bauhausarchitekt hat sich im Speisesaal mit den Spitzengardinen und den Messinglämpchen erstaunlich wohlgefühlt, vielleicht, weil er das Kulinarische samt Ambiente und Wirtin als Gesamtkunstwerk sah.

Das Interieur der Kronenhalle – ein Bühnenbild zu einem bürgerlich-revolutionären Stück, besonders dann, wenn sich nach Premieren im nahen Schauspielhaus das Theatervolk zur Nachfeier hier einfand, Schauspieler, Regisseure, Techniker, ausgelassen und buntgewandet, mit Soloauftritten und Chorszenen, Dürrenmatt oder Frisch mitten unter ihnen, ein Jahrzehnt davor Brecht oder Zuckmayer. Hulda Zumsteg hatte all die Stücke, die im Schauspielhaus ihre Uraufführung erlebten, nicht im Kopf, wohl aber die dazugehörigen Autoren und natürlich den Verleger Emil Oprecht, die »Seele« des Theaters, und seine Frau Emmie, ihre engsten und liebsten Nachbarn.

In den Dreißigerjahren und im Zweiten Weltkrieg haben viele Schauspieler im benachbarten Hotel Urban am Bellevue gewohnt und oft den Tag in der Kronenhalle beschlossen: Wolfgang Langhoff, Ernst Ginsberg, Kurt Horwitz – Hulda Zumsteg könnte noch viele Namen aufzählen. Der Dichter Alfred Polgar, der als »ewiger Emigrant« im Urban wohnte und dort auch später gestorben ist, kam ab und zu auf ein Glas Burgunder herüber. Die behäbige Urbanität des Raumes mag ihn zum Schreiben angeregt haben, wie später den Dramatiker Dürrenmatt, dem die Kronenhalle zu einem vertrauten und anregenden Ort geworden ist:

Ich bin an wenigen Orten daheim

Im Haus über dem See
Auf der anderen Seite des Monds

Auf der Bühne des Schauspielhauses
Umstellt von Kulissen

Und in der Kronenhalle
In Mutter Zumstegs Reich

Die Leberknödelsuppe dampft
Aldo kommt mit dem Wagen angerollt
Und ich denke über einen Auftritt der Giehse nach

Daß Dürrenmatt gerade ein Auftritt der Giehse einfällt, kommt nicht von ungefähr. Wenn Hulda Zumsteg zu später Stunde ihre Runde durchs Lokal macht, von Tisch zu Tisch geht, alle Gäste persönlich begrüßt – ein helvetisches Ritual, das bei ihr mehr ist als ein Ritual –, im Schwarzseidenen mit Perlencollier, leicht gebückt, auf den Krückstock gestützt, so glaubt man, Dürrenmatts *Besuch der alten Dame* in Güllen mitzuerleben – Claire Zachanassian, die es in den Staaten zu sagenhaftem Reichtum gebracht hat, und die nun in ihr Dorf zurückkehrt, um sich an dem, der ihr Leben verpfuscht hat, zu rächen.

Aber Hulda Zumsteg ist nicht die Millionärin Zachanassian. Sie hat zwar, wie diese, eine schwere Jugend hinter sich, und sie hat es ebenfalls zu beachtlichem Wohlstand gebracht, doch sie setzt ihr Vermögen nicht ein, um Macht auszuüben, Menschen zu ködern und zu korrumpieren, sie nutzt ihr Geld, um Bilder zu kaufen, Bilder, die sie nicht im Safe verschwinden läßt, sondern der Öffentlichkeit zugänglich macht. Wenn sie dem Zürcher Kunsthaus einen wertvollen frühen Chagall schenkt oder junge Künstler unterstützt, so knüpft sie daran keine Bedingungen wie Dürrenmatts kaltblütige alte Dame, die auch vor einem Mord nicht zurückschreckt.

Hulda Zumsteg, das Gegenbild der Zachanassian, ist über Zürich nie hinausgekommen, von einigen Ferienaufenthalten an der Côte d'Azur oder ein paar Besuchen bei ihrem Sohn in Paris abgesehen. Sie hatte auch nie das Bedürfnis nach der weiten Welt – die Welt kam zu ihr.

Die ersten, die, neben den Theaterleuten, kosmopolitische Buntheit in die Kronenhalle brachten, waren die Modeschöpfer. Ein Hauch Pariser Luft über den Wappen der bodenständigen Zünfte. Dior. Chanel. Der Sohn, der während Jahren ein Zweigunternehmen des Zürcher Seidenhauses Abraham in Paris leitete, hatte die Verbindungen geknüpft. Hulda Zumsteg erinnert sich nicht ohne Ironie an ihre Besuche in der Pariser Glitzerwelt. An ein traumhaftes Käsesoufflé im Hause Dior, das ihren Ehrgeiz anstachelte, dessen Nachahmung ihr aber nie gelang. Oder an Coco Chanel inmitten ihrer Sammlung goldener Löwen.

Die nüchterne Zürcherin hat sich von all der Extravaganz nie anstecken lassen, aber sie hat sie genossen wie ihren Schmuck, ihr Parfum, ihren Zobel und ihre Haute-Couture-Kleider, die sie auch im Alter noch mit kokettem Charme getragen hat. Hubert de Givenchy, Yves Saint-Laurent und Christobal Balenciaga haben sie eingekleidet und sich bei ihren Besuchen in Zürich gefreut, wie selbstverständlich Madame Zumsteg Pariser Eleganz mit praktischer Schlichtheit verband. Yves Saint-Laurent sieht sie in einem blumig kolorierten Geburtstagsbrief als Nachtfalter, der leichtflüglig durch die Kronenhalle flattert und doch alles im Blick hat: »Attentive, vous ne laissez rien passer. Mais tout cela, en douceur, en humeur, en coquetterie de jeune fille, l'air de rien.« Balenciaga hat, welche Exklusivität, eine Arbeitsschürze für sie entworfen, dafür durfte er mit eigener Bratpfanne anrücken und seine Spezialpaella in der Küche selbst zubereiten.

Die Eigenheiten ihrer Gäste nahm Hulda Zumsteg stets mit Gelassenheit, ob Gerhart Hauptmann mit großem Gefolge einfiel oder Busoni mit Bernhardiner. Uri Geller hat sich mit einer verbogenen Gabel im Gästebuch verewigt. Allein aus den Gästebüchern ließe sich ein Roman schreiben, aber die acht umfangreichen Bände liegen, der Neugier der Besucher entzogen, in der Bibliothek unter Verschluß. Schade, besonders interessante Eintragungen, als Blickfang der Speisekarte beigefügt, könnten die Phantasie der Gäste auf amüsante Weise anregen. Das Rätselraten, an welchem Tisch wohl der Schah von Persien und Kaiserin Farah Diba oder Aga Khan gegessen haben, Curd Jürgens, Sophia Loren oder die Nobelpreisträger Einstein und Niels Bohr. Musikenthusiasten möchten wissen, wann Strawinsky hier gewesen ist, Richard Strauß,

Furtwängler oder Nathan Milstein. Von der Neugier der Literaturliebhaber ganz zu schweigen. Wo pflegte Thomas Mann zu sitzen? Robert Musil? In welcher Ecke kam, nach dem Auszug aus dem Odeon, die berühmte Freitagsrunde der Zürcher Literaten zusammen? – Keine weltbewegenden Fragen, gewiß, aber die Vorstellung, daß schon Wedekind den Gänsebraten des Hauses schätzte, Joyce die Rognons flambées, erhöht den kulinarischen Genuß.

James Joyce war Stammgast in der Kronenhalle. Er hat in Zürich, in der Zeit des Ersten Weltkriegs, große Teile des *Ulysses* geschrieben. Bis 1928 erreichte das Jahrhundertwerk zehn Auflagen – schwer vorstellbar, daß Hulda Zumsteg jemals darin gelesen hätte. Sie wird auch nicht zu Thomas Mann oder Musil gegriffen haben, wenn sie nachts um eins – immer als letzte – todmüde ins Bett sank. Sie hatte nicht die Werke, sie hatte die Menschen vor Augen. Die Dichter, die sich bei einem Dreier Veltliner Notizen machten, die vor sich hin schwiegen oder das Gespräch mit ihr suchten. Mit einer Frau, die nie Gelegenheit hatte, sich höhere Schulbildung anzueignen, die sich mit Thornton Wilder nicht englisch, mit Cocteau nicht französisch unterhalten konnte, und die doch das Selbstbewußtsein hatte, den Großen der Zeit unbefangen gegenüberzutreten.

Sie besaß nicht nur ein ausgezeichnetes Namensgedächtnis, sondern auch eine scharfe Beobachtungsgabe, ihr konnte kein Gast etwas vormachen, sie durchschaute die Rollenspieler – und Rollenspieler waren sie fast alle. Die Autodidaktin in Psychologie hätte viel erzählen können über ihre Gäste, aber sie ließ sich nichts entlocken. Nie, das gehörte zu ihren Spielregeln, Tratsch über andere, denn nichts macht so schnell die Runde wie das im Vertrauen Weitergesagte.

Ihre Menschenkenntnis gab ihr auch den sicheren Blick bei der Auswahl des Personals. Von zwanzig auf siebzig erhöhte sich die Zahl der Mitarbeiter im Laufe der Zeit, nur wenige davon mußten wieder entlassen werden, die meisten blieben dem Haus über Jahrzehnte treu. Die Gouvernante Emma stand weit über fünfzig Jahre in Hulda Zumstegs Diensten, obwohl diese eine anspruchsvolle und manchmal auch unbequeme Chefin war, die viel verlangte – aber nie mehr, als sie selbst leistete. Mit faulen Lehrlingen hatte sie keine Nachsicht, pädagogische Erkenntnisse hin oder her: Eine Ohrfeige zur rechten Zeit habe noch keinem geschadet, aus allen seien tüchtige Hotelfachleute geworden...

Ihre Devise: Nicht nur kritisieren, selber zupacken. Und eine andere: Immer präsent sein. Sie kannte kein Privatleben, keinen Feierabend, kein freies Wochenende. Die Kronenhalle war ihr Wohnzimmer, die Mitarbeiter gehörten zu ihrer Großfamilie. – Ob die Kinder nicht hie und da ein engeres Familienleben vermißt haben? Im Gegensatz zum Sohn Gustav ist die Tochter Hedy in dic Gastronomie eingestiegen. Sie übernahm mit ihrem Mann, einem Koch aus der Kronenhalle, einen Gasthof im Schwarzwald. Doch auch der Sohn blieb dem elterlichen Betrieb verbunden, seit dem Tod des Vaters im Jahre 1957 kümmerte er sich um die kaufmännischen Belange der Kronenhalle, während die Führung des Hauses nun ganz in den Händen Hulda Zumstegs lag. Sie erledigte Büroarbeiten, besprach mit dem Küchenchef den Menüplan, überwachte den Einkauf, immer auf Qualität der Produkte bedacht: »Man kann nicht gute Bilder an die Wand hängen und schlechtes Essen servieren.«

Ihr Tagesablauf spielte sich über sechzig Jahre in einem festen Rhythmus ab, den sie erst im Laufe der Zeit etwas ihrem Alter anpaßte. Der Morgen begann mit Gymnastik – eisern, auch wenn das Knie schmerzte oder eine Erkältung sie plagte. Richtig krank war sie kaum, die wenigen Klinikaufenthalte spielte sie möglichst herunter. Die eigenen Gebrechen nicht so wichtig nehmen. Keine Schwäche zeigen. Haltung bewahren – Grundsätze aus ihrer harten Jugend, die ihr halfen, sich einen Platz auf der milderen Seite des Lebens zu erkämpfen. Sie hat diese Grundsätze beibehalten, auch als sie sich bequemere und genußreichere Tage hätte erlauben können. Luxus konnte sie durchaus genießen, aber nur, wenn er nicht mit Zeitverschwendung gekoppelt war. Gefragt, was ihr geholfen habe, im Leben weiterzukommen, antwortete sie: arbeiten, arbeiten und nochmals arbeiten...

Tagaus, tagein, über Jahrzehnte. Nur nach dem Mittagessen gönnt sich die Unermüdliche eine Ruhepause. Das ist die Zeit, wo in der Kronenhalle für ein paar Stunden Ruhe einkehrt, wo die weißen Tischdecken durch gemütliche grüne ersetzt werden, die Stammgäste sich Zeitungen aus aller Welt in ihre Nische holen, Kunstliebhaber leise von Bild zu Bild gehen und staunend fragen: Sind das alles Originale? Diese stillen Stunden gehören zur Kronenhalle wie die fröhlich turbulenten. Der frühe Nachmittag im Speisesaal, »l'heure bleue«, hat für manche Besucher einen besonderen Reiz. »Ich könnte mir vorstellen«, schreibt Erika Billeter an Hulda Zumsteg, »daß ein Schriftsteller dann bei Ihnen seine besten Inspirationen findet. Ein Einsamer sich geborgen fühlt. Ein Gehetzter besinnlich wird. Ein Heimwehkranker sein Heimweh vergißt.«

Auch Dürrenmatt liebte diese »heure bleue« der Kronenhalle, die den Dramatiker zum Poeten werden ließ:

An den Nachmittagen zwischen drei und vier
  Am Tisch
Zwischen den Glasscheiben

Wie hinter Silberstaub schläft die Katze
  Auf der Bank in der Ecke
Kein Gast wagt sie zu stören

Vor blauen Tramwagen manchmal
  Bewegen sich die Vorhänge

Geisterhaft auf die gleiche Scheibe gespiegelt
Erscheint aber auch
Mein Gesicht und die fernere Theke

Schiebt sich
Der Hintergrund vor den Vordergrund

Die Katze schläft nicht mehr auf der Bank in der Ecke, aber sonst hat sich wenig verändert in der Kronenhalle – außer, daß Hulda Zumsteg fehlt, *the Queen of Kronenhalle,* wie der Tänzer Nurejew sie voller Hochachtung nannte. Erst nach ihrem Tod – sie stirbt im Juli 1984 mit fast 94 Jahren – wird den Stammgästen richtig bewußt, wie sehr die *Padrona* dieses Lokal geprägt hat und wie vielen sie mehr war als eine Wirtin. Zu ihrer Beerdigung strömen sie aus ganz Zürich und von weither zusammen, der Bellevueplatz schwarz von Menschen, ein Blumenmeer die Grabstätte, niemand entsinnt sich, so etwas auf dem Zentralfriedhof jemals erlebt zu haben. Das Märchen von der Schusterstochter findet sein würdiges Ende.

Was viele Menschen empfinden, hat Clown Dimitri vom Zirkus Knie in einem Brief zum 90. Geburtstag Hulda Zumstegs in schlichten Worten ausgedrückt: »Bei Ihnen in der Kronenhalle bin ich am liebsten, da ist es mir wohl, da spüre ich Kunst rund herum und Sie sind wie eine Mutter für mich.« *Mutter Zumsteg* nannten sie auch die Mitarbeiter.

Mehr als sechs Jahrzehnte war sie Wirtin der Kronenhalle. Noch vier Tage vor ihrem Tod saß sie an ihrem gewohnten Platz im Speisesaal, ein beschaulich zurückgezogenes Leben hätte sie sich nicht vorstellen können. Sie hat die Kronenhalle zu einer Institution gemacht – und ganz nebenbei einige Vorurteile entkräftet. Zum Beispiel, die Leitung eines gastronomischen Betriebs müsse in Männerhand liegen. Nicht nur Hulda Zumsteg, auch Susanna Orelli-Rinderknecht hat bewiesen, daß Frauen diese Aufgabe durchaus bewältigen und dabei über 90 Jahre alt werden können.

Die Stammgäste der Kronenhalle, die mit Bedacht und kulinarischer Kennerschaft die Speisekarte studieren, widerlegen auch das Vorurteil, die Zürcher nähmen sich vor lauter Arbeitseifer keine Zeit zum Essen, sie könnten nicht abschalten und genießen. Bei Hulda Zumsteg haben sie stets gespürt, daß Essen mehr ist als Nahrungsaufnahme, daß Eßkultur nicht eine Sache von Snobs ist, sondern auf langer bürgerlicher Tradition beruht, die zu den Zünften des Mittelalters zurückreicht. In der Manessischen Liederhandschrift, die um 1300 in Zürich entstanden ist, werden Speis und Trank als höchste Stufe leiblicher Genüsse gerühmt. Und der französische Philosoph Michel de Montaigne schreibt 1578 über die Zürcher und ihre Eßgewohnheiten: »Drei bis vier Stunden, wenn es auch nur ganz mittelmäßig zugeht, sitzen sie am Tisch; sie essen lange nicht so geschwind wir wir, dafür schmeckt ihnen aber auch das Essen desto besser.«

Wenn Zürich gelegentlich etwas hochtrabend »Limmat-Athen« genannt wird, so müßte der Kronenhalle in dieser Polis ein angemessener Platz zukommen. Damit sie den Zürchern erhalten bleibt, hat Gustav Zumsteg im Gedenken an seine Mutter eine Stiftung errichtet. Familienkontinuität wird auch durch Hulda Zumstegs Enkelin gewahrt, die sich für das Werk der Großmutter weiter mitverantwortlich fühlt.

Daß Hulda Zumsteg auch den Gästen in Erinnerung bleibt, dafür sorgt ein eindrucksvolles Gemälde von Varlin, das an zentraler Stelle des Speisesaals hängt: Die Kronenhallenwirtin, auf ihren Stock gestützt, ihr Reich überblickend. Die eine Hand an der Schläfe, eine Augenbraue hochgezogen. Ihr entgeht nichts. Sie hat die Kellner im Blick, aber auch die Gäste, an deren Tisch sie gleich treten wird, in straffer Haltung, liebenswürdig lächelnd, mit der vertrauten Frage: Isch's rächt gsi?

Pfeffer über Zürich

Die Schauspielerin
Therese Giehse
1898–1975
Erika Mann
1905–1969
und die »Pfeffermühle«

Der 30. September 1933 – ein denkwürdiger Tag für die Zürcher Kulturszene. Ein literarisches Kabarett, dem ein legendärer Ruf vorausgeht, etabliert sich in der Stadt: die »Pfeffermühle«. Nach stürmischen, aber kurzen Erfolgen in München mußten die Kabarettisten dort über Nacht abtauchen, weil die im Programm fein verpackten, doch unmißverständlichen Pointen den neuen Machthabern mißfielen.

Nun also Premiere in Zürich. Fiebrige Erwartungen knüpfen sich an diesen Abend. Erika Mann, der Initiatorin des Unternehmens, geht der Ruf einer scharfzüngigen, streitbaren Unruhestifterin voraus. »Pazifistische Friedenshyäne« wird sie nach ihrem Auftritt beim Internationalen Frauenkongreß für Frieden und Freiheit in München genannt. Ihr zur Seite Therese Giehse, die den Zürchern schon aus Gastspielrollen am Schauspielhaus als markante Charakterdarstellerin bekannt ist. Wer hätte die Kupplerin in Shakespeares *Maß für Maß* eindrücklicher gespielt?

Zwei Frauen. Politisches Kabarett, das auf Provokation abzielt. Dazu ein ziemlich gewöhnliches Etablissement, mehr Bierlokal als Musentempel, im Niederdorf – keine Renommieradresse. Kann das gutgehen?

Nicht nur Kabarettbegeisterte drängen durch die schmale Tür in den angemieteten Vereins- und Theatersaal des Hotels Hirschen. Viel Neugierige auch, die einen Eklat erwarten; die Zürcher Bohème, Intellektuelle, Studenten, Kollegen vom Schauspielhaus, politisch Fanatisierte von rechts und links, Presse, Ordnungshüter und natürlich die Familie. Thomas Mann, der noch spätabends, stolz auf den Erfolg seiner Tochter, ins Tagebuch schreiben wird: »es gab viele Hervorrufe und Blumen, Erikas geistige und organisatorische Leistung bewundernswert. Die Giehse hervorragend und schon Liebling des Publikums.«

Auch Mutter Katia und Bruder Golo sitzen auf den harten Wirtshausstühlen und warten, bis sich der Provinztheatervorhang öffnet. Die Holztische, streng in Reih und Glied, wurden eng zusammengerückt, um möglichst viel zahlendes Publikum im Saal unterzubringen. Die beiden Flügel – der einzige Luxus – stehen in der zugigsten Ecke, so daß der Komponist Magnus Henning und die Pianistin Valeska Hirsch die Gäste unter erschwerten Bedingungen in Stimmung bringen müssen: »das Publikum saß so nah, daß es öfters mit mir hätte vierhändig spielen können«, erinnert sich Valeska Hirsch, die spätere Frau des Regisseurs Leopold Lindtberg.

Für knisternde Stimmung sorgen auch die Texte, alle von Erika Mann geschrieben, Songs von Zauber- und Hungerkünstlern, von einem Wunderkind, hintergründige Märchengeschichten. Vor allem aber reißt Therese Giehses *Frau X,* biedere Geschäftsfrau um die Ecke, die Zuschauer zu Beifallsstürmen hin. Noch werden die makabren Verse der Giehse vom spießig-feigen und selbstgenügsamen Kleinbürger nicht als Vorahnung genommen, noch löst das Wort *Krieg* keine Beklemmung aus, noch ist das Kabarett vor allem kulinarischer Genuß:

Und gibt es Krieg, dann muß es ihn halt geben, –
Wozu denn sonst das Militär im Land?
Die Industrie will schließlich weiter leben.
Ich und mein Mann, wir haben's längst erkannt.
....
Am Ende liegt die Welt in Schutt und Trümmern,
Die wir so listig-tüchtig aufgebaut.
Das Giftgas schwelt in unsern guten Zimmern –
Ich und mein Mann, wir geben keinen Laut.

Und nach jeder Strophe der Refrain: »Es kräht kein Hahn danach...« – Leider kräht kein Hahn danach. Applaus für die perfekte Darbietung erstickt die Nachdenklichkeit. Zwei Tage später steht in der Neuen Zürcher Zeitung, das Hirschen-Lokal sei durch die Pfeffermühle geadelt worden: »Die Mann hat ein männlich-stählern Gedämpftes... Da ist neuer Bänkelsängerstil.« Mehr Gespür für das Bedrohliche der Szene bringt der Tagesanzeiger auf: »Giftgaskrieg und Massensterben. Das spielt die Therese Giehse, schon nach knapp vier Wochen Zürich ›unsere Therese‹, daß einem der Angstschweiß aus den Poren bricht.«

Trotz der provokativen Texte bleibt der vom Publikum erwartete Protest der Frontisten, der Schweizer Nationalsozialisten, die in Zürich besonders aktiv sind, aus. Sie brauchen wohl etwas mehr Zeit, um sich auf die neuen Feinde, besser Feindinnen, einzuschießen. Die Kritik kommt – überraschend – von links: zu wenig Pfeffer. – Das sagt sich leicht. Ahnen die Kritiker, gegen welche Widerstände Erika Mann angehen mußte, bis dieses Programm stand? Ausländische Kabaretts haben, um überhaupt eine Spielerlaubnis zu erhalten, zermürbende Rahmenbedingungen zu erfüllen: Aufnahme von Schweizern ins Ensemble, genaue Überprüfung der Pässe und Aufenthaltsbewilligungen, Vorzensur der Texte. Nichts darf geschrieben werden, was »gegen die Existenz und Rechtssicherheit anderer Staaten« gerichtet ist – ein Maulkorberlaß, weniger vornehm ausgedrückt. Wer unangenehm auffällt, kann jederzeit ausgewiesen werden.

Mit dem Arbeitsamt und querschießenden Schweizer Kollegen hat Erika Mann schon ihre Erfahrungen gemacht. Um ihren mittellosen Pfeffermühle-Akteuren ein Zubrot zu verschaffen (einzig Therese Giehse spielte mit einem Zeitvertrag auch beim Schauspielhaus), hatte sie die Organisation und Moderation einer großen Modeschau des Warenhauses *Globus* übernommen – und damit die in Aussicht gestellte Arbeitsbewilligung für ihr Kabarett gefährdet. Nicht politischer Druck, sondern Existenzangst und Futterneid der einheimischen Bühnenleute zwangen sie zur Aufgabe des lukrativen Nebengeschäfts.

Um Kabarettarbeit überhaupt zu ermöglichen, gibt sie, ganz gegen ihre sonst sehr direkte Art, die Devise aus: »immer indirekt«. Keine Namen fallen auf der Bühne, aktuelle Kritik wird in Märchen oder Parabeln verpackt. Aber die eifrig mitschreibenden Zuträger der Nationalsozialisten sind nicht begriffsstutzig, die Proteste diplomatischer Vertreter des Deutschen Reiches waren vorauszusehen. – Aufhören oder taktisch vorsichtig weitermachen?

Die Publikums- und Presseerfolge ermutigen das Ensemble, die Gratwanderung weiter zu versuchen. Nach Gastspielreisen in andere Schweizer Städte treten sie mit neuem Programm unter dem Motto *Kaltes Grauen* im Januar 1934 wieder im Zürcher Hirschen auf, nicht gezähmter durch die Denunziationen und Einschüchterungsversuche, sondern mit zunehmender Wut gegen die braunen Machthaber jenseits der Grenze eher schärfer und unverblümter.

Die Vorstellungen sind während sechs Wochen Abend für Abend ausverkauft. Erika Mann hält die Regiefäden routiniert in der Hand, läßt die temperamentvolle Palucca-Schülerin Lotte Goslar als Vamp tanzen, die rührend naive Sybille Schloß makaber verfremdete Kinderlieder singen und Therese Giehse – die Glanznummer des Abends – in wallendem Heroinengewand und gebieterischer Pose als »die Dummheit« auftreten:

> Besonders bin ich eingestellt,
> auf Herren, die regier'n.
> Und die auf dieser ganzen Welt
> mich freudig akzeptier'n...

Der aus dem Pariser Exil angereiste Philosoph Ludwig Marcuse über den Auftritt der Giehse: »Ein Riesenweib mit einem Gelock, das halb von der Loreley und halb von der Mänade stammt. Man nehme die Berolina und die Bavaria und noch einige Dutzend anderer monumentaler Weiber, man gebe ihrem Typus den Zug der Intransigenz, der eisernen Enghorizontigkeit, des unüberwindbaren Widerstands der Dumpfheit – und man hat die ›Dummheit‹ der Therese Giehse.« – Und den stürmischen Beifall des Publikums.

Erika Mann selbst tritt verhaltener auf, als trauriger Pierrot im winterweißen Kostüm mit den eindringlichen Versen *Kälte* und dem Appell ans Publikum:

> Beteiligt Euch, es geht um Eure Erde!
> Und Ihr allein, Ihr habt die ganze Macht!
> Seht zu, daß es ein wenig wärmer werde,
> In unserer schlimmen, kalten Winternacht!

Ist *Beteiligt Euch*... schon Aufruf zum Widerstand, politische Agitation in einem Land, das aus Furcht vor dem mächtigen Nachbarn Exilanten jede politische Äußerung verboten hat? Vom Januar 1933 an wird in Deutschland allen, die im Ausland, wie es gesetzestrocken heißt, »deutsche Belange schädigen«, die Staatsbürgerschaft aberkannt. Damit verlieren sie den lebenswichtigen Paß und werden staaten- und rechtlos. Die Pfeffermühle ist sich dieser Konsequenzen bewußt. Darf sie sich, um der Sache willen, um Kopf und Kragen spielen?

Noch regen sich auf den Tourneen durch die Schweiz und nach Holland nur vereinzelt laute Proteste. In Straßburg allerdings erhält die Pfeffermühle aus politischen Gründen keine Aufenthaltserlaubnis, »das Pflaster dort ist verflucht heiß«, schreibt Erika Mann an Klaus, den ihr innig verbundenen Bruder, der am Schicksal des Kabaretts besorgt Anteil nimmt und gelegentlich Programmtexte beisteuert.

Allmählich schlägt die Stimmung auch in Teilen der Schweizer Öffentlichkeit um. Was sich draußen im Reich tut, nimmt man mit Bewunderung oder zumindest mit Staunen zur Kenntnis: Die Arbeitslosen – ein Problem auch in der Schweiz – verschwinden von der Straße. Autobahnen werden gebaut. Es herrscht wieder Ordnung nach den wirren Zeiten der Weimarer Republik mit ständig wechselnden Regierungen, mit Inflation und Börsenkrach. Womit die Ordnung erkauft ist und zu wessen Schaden, wird vielen erst später deutlich, zu spät. Die warnenden Stimmen der Emigranten werden als übertriebene Kassandrarufe, als lästig empfunden. Dazu kommt, aus einer andern Ecke, die sich gerade von Großdeutschland absetzt, die Betonung des Eigenen, des Schweizerischen, der Mundart. Da wird die »ausländische« Pfeffermühle mit ihrer Wortgewandtheit und ihren geschliffenen Dialogen als Fremdkörper empfunden, auch wenn einige Schweizer zum Ensemble gehören.

So spitzt sich die Lage mehr und mehr zu. Bomben- und Gewaltdrohungen gehen ein, Erika Mann fühlt sich verantwortlich für ihre Leute: Kann man den Spielern, dem Publikum diese Gefahr zumuten? Oder ist alles nur blinder Alarm?

Nach erfolgreichen Aufführungen mit einem neuen Programm, dem dritten im Exil, in Basel und einigen anderen Städten, gastiert die Pfeffermühle im Oktober 1934 wieder in Zürich. Nicht mehr im Hirschen, hier hat sich inzwischen ein schweizerisches Kabarett, das »Cornichon«, etabliert, sondern im viel nobleren, aber stimmungstötenden Kursaal. Natürlich ist das Cornichon für die Pfeffermühle eine ärgerliche Konkurrenz. »Schweizerisch bleibt schweizerisch und wenn es zehnmal ein so freches wie schwaches Plagiat von Ausländischem darstellt«, schreibt die Pfeffermühlengründerin spitz – und tut damit dem Cornichon, das durchaus Eigengewicht hat, Unrecht.

Zu den längst erwarteten Krawallen und Saalschlachten kommt es erst am 16. November 1934, von da an geht keine Aufführung der Pfeffermühle mehr ohne Störung über die Bühne. Die dem Kabarett anfänglich wohlgesonnenen bürgerlichen Zeitungen äußern sich nun besorgt über Gefährdung der Neutralität und Mißbrauch des Gastrechts. Die Nummern des neuen Programms fordern bewußt die schweizerische Taktik der Zurückhaltung und Nichteinmischung in fremde Angelegenheiten heraus: der *Prinz von Lügenland* beispielsweise, von Erika Mann mit Peitsche, in Uniformhosen und Armeestiefeln großprotzig dargestellt. Oder *Das Megaphon,* ein Text, diesmal nicht aus der eigenen Werkstatt, sondern vom Exilschriftsteller Hans Sahl, vorgetragen von Therese Giehse:

Jüngst sah' ich einen neuen Staat,
Den man ›legal‹ gegründet hat.
Die Männer standen auf vom Skat
Und riefen ›Heil dem neuen Staat!‹
Doch viele, die einst mitgemacht,
In gleichem Schritt und Tritte,
Es hat der Staat sie umgebracht,
Weil das bei ihm so Sitte.

Doch nicht an dieser atemraubend visionären Nummer, sondern an der von Therese Giehse im schwarzen Abendkleid dramatisch vorgetragenen Persiflage *Weil ich will* entzündet sich die Wut der Frontisten im Saal. Der Titel, eigentlich auf die Expansionsgelüste Hitlers bezogen, kann auch als Wortspiel auf den Namen »Wille« ausgelegt werden, mit dem es eine besondere Bewandtnis hat. Eine enge Freundin Klaus und Erika Manns, die Schriftstellerin und Photographin Annemarie Schwarzenbach, Enkelin des Schweizer Generals Wille, hat sich von ihrem stark national gesinnten Elternhaus losgesagt. Die Mutter, die später die Briefe der Mann-Geschwister an Annemarie vernichtet, mißbilligt den Umgang mit den Manns, nicht nur deren politische Gesinnung ist ihr suspekt, auch die Enttabuisierung homosexueller Beziehungen.

Ob die Familie Schwarzenbach-Wille, wie die Manns vermuten, tatsächlich Drahtzieher der Skandale um die Pfeffermühle ist, läßt sich nicht mit Sicherheit sagen. Das Zürcher Stadtratsprotokoll vermerkt dazu: »Im Theater gab der Zuschauer James Schwarzenbach [ein Cousin Annemarie Schwarzenbachs] ... mit einer Militärordonnanzpfeife das Signal zu Lärmszenen; es wurde gepfiffen, Rufe ›Pfui‹ und ›Use mit de Jude‹ ertönten; Tränengasampullen wurden zu Boden geworfen. Es entwickelte sich eine Keilerei...«

Die ständigen Ausschreitungen und die Saalschlachten mit den bewaffneten Anhängern der Nationalen Front können von der Polizei offenbar nicht verhindert werden, obwohl sie Abend für Abend »Schutzwälle« um den Ort der Krawalle zieht. Nach den Vorstellungen werden Erika Mann und Therese Giehse von steinewerfenden Randalierern verfolgt und finden keine Aufnahme mehr in Zürcher Hotels, da die Wirte um ihr Mobiliar und ihren guten Ruf fürchten. Ein Schutzmann übernimmt die nächtliche Begleitung zum Haus der Manns in Küsnacht. »Der Fall hat schaurigen Zeitstil und kennzeichnet auch die Verhältnisse in der Schweiz«, vermerkt Thomas Mann im Tagebuch, nachdem ihm Erika von einer verleumderischen Flugblattaktion der Frontisten berichtet hat.

Ziel der Nationalen Front ist ein Verbot der Pfeffermühle. Das Flugblatt, das zu einer öffentlichen Kundgebung am

21. November in der Stadthalle aufruft, macht dies überdeutlich: »Gegen das jüdische Emigrantenkabarett ›Pfeffermühle‹, in der alles Nationale und Vaterländische in den Schmutz gezogen wird... Für die radikale Säuberung der Schweiz vom ganzen Geschmeiß ausländischer Emigranten, das sich schon allzulange in unserem Lande breit macht. – Kartenvorverkauf auf der Gauleitung, Zähringerstr. 25.«

Die Kundgebung wird nicht verboten – aber auch die Pfeffermühle nicht. Ob dieser Liberalität kommt es im Stadtrat zu emotionsgeladenen Auseinandersetzungen, die neuen Recherchen Susanne Gisel-Pfankuchs geben aber keinen Hinweis auf eine »Lex Pfeffermühle«. Ein geordneter Spielbetrieb ist nach Waffenbeschlagnahmungen und an die hundert Verhaftungen im Verlauf der Pfeffermühlen-Randale ohnehin nicht mehr möglich, obwohl Erika Mann das Chanson *Weil ich will* abgesetzt hat. Aber es bleibt noch genug Anstößiges in diesem dritten und schärfsten Exilprogramm. Im *Mann der Stunde* wird die Willkürjustiz des in Deutschland neu eingesetzten Volksgerichtshofs angeprangert, die Nummer von den *Fünf Freunden* zielt sarkastisch auf die Untätigkeit der umliegenden Staaten, die mit dem politischen Ritual des Bedauerns und der eigenen Ohnmacht Feigheit, Furcht und Egoismus übertünchen – ein Thema, das bis heute beklemmend aktuell geblieben ist.

Erika Mann bemüht sich, beinahe rührend, in einer Presseerklärung Vorwürfe gegen die Pfeffermühle zu entkräften. Sie sei weder Hetzbühne noch Emigrantentheater, sondern »eine Vereinigung von jungen Leuten der verschiedensten Nationalität (Schweizer, Deutsche, Russen, Österreicher), die sich Mühe gibt, auf anständigem Niveau unterhaltend zu sein und auf unterhaltende Art nachdenklich«. Diese bewußte Verharmlosung nehmen ihr die Zürcher nicht ab.

In der übrigen deutschsprachigen Schweiz verfolgt man die skandalösen Vorgänge um die Pfeffermühle sehr genau. Die meisten Kantone verbieten Auftritte der Unruhestifter mit dem Hinweis auf die Konkurrenz für einheimische Künstler. Der Kleine Landrat von Davos drückt sich deutlicher aus: »Schließlich darf gesagt werden, daß Davos der Familie des Herrn Thomas Mann keine besondere Dankespflicht schuldet, da dessen ›Zauberberg‹ durch die darin enthaltene tendenziöse Schilderung des Kurlebens zweifellos eine Schädigung des Kurortes zur Folge gehabt hat.« – Kennen die Manns solche Töne nicht aus der Buddenbrooks-Stadt Lübeck? Dabei hat Erika Mann nun auch einen original Schweizer Text im Programm, *Die öffentlichen Verleumder* von Gottfried Keller:

Gehüllt in Niedertracht,
Gleich wie in einer Wolke,
Ein Lügner vor dem Volke,
Ragt bald er groß an Macht,
Mit seiner Helfer Zahl,
Die, hoch und niedrig stehend,
Gelegenheit erspähend,
Sich bieten seiner Wahl...

Der Text wird in Prag wegen zu großer Aktualität verboten: kein gutes Omen für den Auftakt einer Europatournee. Doch das Publikum, darunter viele deutsche Emigranten, zeigt sich fast überall begeistert. 85 meist ausverkaufte Gastspiele in 15 Monaten – eine organisatorische Glanzleistung der Prinzipalin, die neben der immer schwieriger werdenden Quartier- und Visumsbeschaffung Programme neu zusammenstellt oder Chansons über Nacht umschreibt, wenn die Zensur es verlangt. Konzessionen an engstirnige Bürokraten sind sonst nicht Erika Manns Sache, aber es geht ums Überleben. Abends, wenn sie als charmante und geistsprühende Conférencière auf der Bühne steht, merkt ihr niemand mehr die Strapazen des mühseligen Alltags an.

Seine 1000. Vorstellung erlebt das Kabarett im April 1936 in Amsterdam, mit Therese Giehse in der Paraderolle der herrschsüchtigen Hausmeisterin Motzknödel. In Zürich tritt die Pfeffermühle nicht mehr auf. Im Sommer 1935 war Erika Mann wegen ihres subversiven, »im Ausland umherziehenden Kabaretts« die deutsche Staatsbürgerschaft aberkannt worden; das erschwert Verhandlungen mit ängstlichen Behörden, die sich mit den überall mächtiger werdenden Nationalsozialisten nicht anlegen wollen, obwohl die Kabarettistin inzwischen wieder einen gültigen Paß vorlegen kann. Klaus, der liebend besorgte Bruder, hat eine Heirat mit dem englischen Schriftsteller Wysten H. Auden vermittelt, so ist sie, ohne große Formalitäten und eheliche Pflichten, britische Staatsbürgerin geworden. Auch Therese Giehse kam auf diese Weise an einen englischen Ehemann und Paß.

Einer Amerikatournee, wie sie Erika Mann längst geplant hat, steht nun nichts mehr im Wege – höchstens die Lustlosigkeit des Ensembles, das nur aus alter Verbundenheit und aus Pflichtgefühl mitmacht. Therese Giehse hat am Schauspielhaus verlockende Rollen in Aussicht, außerdem spricht sie kaum Englisch. Daß die wohlhabenden Mann-Geschwister Erika und Klaus auf einem Luxusdampfer in die neue Welt übersetzen, während die übrige Truppe die Reise wesentlich weniger komfortabel auf dem überfüllten Passagierdeck eines Zementfrachters antreten muß, trägt nicht zur Hebung der Stimmung bei.

Amerika wird zum Fiasko, dem ersten und letzten in der Geschichte der Pfeffermühle. Alles, was in Zürich das Einmalige und Fanalhafte dieses Kabaretts ausmachte, kommt hier nicht an: der geschliffene Sprachwitz, die Verkleidung politischer Ketzereien in verfremdende Gewänder, das Prickelnde des Balancierens am Rande der Illegalität. Den Amerikanern ist diese Art Kabarett fremd, sie erwarten Tanzgirls und ein Unterhaltungsprogramm, nicht Auseinandersetzungen mit fremden Problemen und Warnungen vor dem fernen Mister Hitler. »Dieser H. war eine innerdeutsche Affäre«, stellt Erika Mann sarkastisch fest.

Nur eine Woche kann sich die »Peppermill« in New York halten, aus der großen Tournee durch die USA wird nichts, obwohl sich einflußreiche Sponsoren für das Unternehmen einsetzen. Einer davon ist der Bankier Wertheim, ein Verehrer Erika Manns, der die ganzen Schulden der Amerikatournee übernimmt, den sie sich sonst aber möglichst vom Leibe hält. Sie schreibt Anfang Februar 1937 an Katia Mann: »Alles wurde bereinigt und aufs beste applanieret, nur daß, natürlich, dann wieder meine Freundschaft mit ihm darunter ein wenig zu leiden hatte, von der freilich ohnedies niemand sagen könnte, wie weit sie zu treiben gewesen wäre, – ist doch der unermeßlich Reiche einfach eine Schattierung zu reich, – man kann es irgendwie nicht aushalten...« Die Umworbene verzichtet – obwohl sie bei anderer Gelegenheit einen luxuriösen Lebensstil durchaus zu schätzen weiß.

Das Kabarett löst sich im Januar 1937, nach knapp vier alles in allem sehr erfolgreichen Spieljahren, sang- und klanglos auf. – Man hätte ihm einen angemesseneren Abgang gewünscht.

Die Tänzerin Lotte Goslar findet sofort ein Engagement in den Staaten, die Schauspielerin Sybille Schloß einen amerikanischen Ehemann. Erika und Klaus Mann reisen mit Vorträgen über Hitler-Deutschland durch mehrere amerikanische Staaten und führen so das Anliegen der Pfeffermühle mit anderen Mitteln und in anderem Rahmen fort. Therese Giehse und der Komponist Magnus Henning kehren enttäuscht und ernüchtert nach Europa zurück.

Bei der Ankunft in Cherbourg erwartet die Giehse ein Telegramm: Schauspielhaus Zürich. Direktor Rieser, der die Gunst der Stunde nutzt und hervorragende Schauspieler an sein Haus holt, die aus politischen oder rassischen Gründen im Reich ihre Anstellung verloren haben, bietet ihr – wenn auch zu miserablen Bedingungen – ein festes Engagement. »Das nennt man Anschluß«, kommentiert sie das Geschäft mit dem ihr eigenen trockenen Humor. Die Chance, zu diesem hochkarätigen, meist aus deutschen Emigranten bestehenden Ensemble zu gehören, wiegt schlechte Arbeitsbedingungen auf.

Und die Giehse nutzt ihre Chance. Unter Regisseuren wie Leopold Lindtberg, Wolfgang Heinz, Leonard Steckel oder Wolfgang Langhoff spielt sich die vielseitige und doch unverwechselbare Darstellerin durch das Repertoire der gängigen Bühnenstücke: Ibsens Lona Hessel, die Marthe im *Faust,* die Emmy in Shaws *Arzt am Scheideweg.* Wie eigens für sie geschrieben die Mutter Wolffen in Gerhart Hauptmanns *Biberpelz.*

Das Schauspielhaus, die ehemalige Pfauenbühne, ist ein Privattheater, das nicht mit hohen Subventionen unterstützt wird, sondern sich mit Premieren in rascher Folge die Gunst des Publikums erhalten muß. Das heißt für die Giehse, fast jede Woche ein neues Stück einstudieren, in den Aufführungspausen schon die nächste Rolle lernen, statt auszuruhen. Tagsüber konzentrierte Proben, abends Aufführung, dieser Rhythmus läßt keine Erholung, kein Familienleben, kein Krankfeiern zu. Und das bei Gagen von 180, später 230 Franken monatlich.

Das Arbeitspensum der Schauspieler grenzt an Ausbeutung, aber alle sind froh, in diesen unsicheren Zeiten überhaupt eine Anstellung zu haben. Die meisten besitzen nur eine befristete Arbeitsbewilligung für eine Saison oder ein Transitvisum, das ständig erneuert werden muß. Und die Fremdenpolizei fragt immer wieder nach, wie es denn mit der Ausreise stehe. Ausreisen wohin? Welches Land nimmt mittellose Schauspieler, potentielle Ruhestörer auf? Der Arm der Nationalsozialisten reicht weit, und ein amerikanisches Visum zu bekommen, gelingt nur wenigen.

Die Zürcher Behörden halten sich, ständig in der Angst vor Überfremdung und Benachteiligung einheimischer Künstler, immer strenger an die von Jahr zu Jahr schärfer werdenden

Bestimmungen der Fremdenpolizei. Wenn da nicht Elisabeth Birsinger wäre, der »Zürcher Engel der Emigranten«, wie Ernst Ginsberg die mutige Frau bei der Kantonalen Fremdenpolizei nennt. Wie vielen von »Ausschaffung« Bedrohten mag sie durch großzügige Auslegung der Paßbestimmungen das Leben gerettet haben?

Die Hilfsbereitschaft der Bevölkerung macht den Emigranten die Schwerfälligkeit und Sturheit der Bürokratie erträglicher. Der Verleger Emil Oprecht und seine Frau Emmie gehören zu den Menschen, die sich der rechtlosen Emigranten und Flüchtlinge besonders annehmen, ihr Haus steht Hilfesuchenden jederzeit offen, nicht nur der Prominenz, auch wenn Thomas Manns Tagebuchnotiz vom 26.5.1937 von einem Abendessen bei Oprechts mit Ignazio Silone und den Schauspielern Giehse, Kalser und Hirschfeld berichtet.

Bei Schauspielern beliebt sind die sonntäglichen Mittagstische bei Wladimir und Aline Rosenbaum und bei Lilly Reiff. Der in Geschäften harte Schauspieldirektor Rieser, ein Schwager Franz Werfels, zeigt privat ebenfalls ein Herz für seine Schauspieler, sie dürfen sich, meist nach Premieren, bei seinen üppigen Gelagen durchfuttern: »Die Kommunisten fressen mir alle aus der Hand«, pflegt er zu scherzen. Wenn's ums Essen geht, sind die Schauspieler nicht wählerisch, um eines guten Bratens willen nehmen sie auch Koloraturgesang und Frühlingslyrik dichtender Industriellengattinnen in Kauf.

Durch die Mäzenin Lilly Reiff, die eine Kaution von 10000 Franken an die Zürcher Behörden zahlt, wird es Therese Giehse möglich, noch im Juli 1939 ihre Schwester Irma und ihren legendären Bühnenhund Daisy aus München nach Zürich zu holen – in letzter Minute, denn Irma trägt den jüdischen Familiennamen Gift, den Therese wohlweislich zu Beginn ihrer Bühnenlaufbahn abgelegt hat. Bitter mußte sie schon früh, in der gut katholischen Schwabinger Volksschule erfahren, was für Vorurteile mit einem Namen, einer Herkunft verbunden sind: »Ich war dick und rothaarig und hatt' den Herrn Jesus umgebracht«, schreibt sie in ihren Erinnerungen.

Später, als sie bei den Münchner Kammerspielen Karriere machte, war sie nicht mehr dick und rothaarig, keiner sah ihr die Jüdin an, und der *Völkische Beobachter* konnte triumphierend schreiben: »Endlich ein deutsches Weib in diesem verjudeten Haus!« Daß Hitler sie begeistert eine »völkische Künstlerin« nannte und die nationalsozialistische Hautevolée sie feierte, auch als ihre jüdische Herkunft schon bekannt war, hinderte sie nicht daran, die völkischen Gefilde klammheimlich zu verlassen – Richtung Zürich.

Sie ging nicht in die Fremde, sie wechselte nur die Kulisse: von der Isar an die Limmat. Zürich war ihr vertraut, sie kannte das Publikum, traf am Schauspielhaus auf alte Kollegen von den Kammerspielen und knüpfte in der Pfeffermühle an Münchner Tradition an. Sie wäre nicht die Giehse, wenn sie sich von den Störaktionen der Frontisten hätte einschüchtern lassen. Widerstände fordern sie heraus, auf der Bühne wie im Leben.

Sie ist die Darstellerin kantiger Frauengestalten, furchtlos, zäh, schlagfertig. Im Grunde – so kommt es beim Publikum an – spielt sie immer sich selbst, und diese glaubwürdige Einheit von Gesinnung und Gestaltung bringt ihr ungeteilte Sympathien ein. Mit ihrem schnoddrigen Mutterwitz meistert sie Schwierigkeiten, an denen andere zerbrechen; in nüchtern zupackender Art hilft sie resignierenden oder kleinmütigen Kollegen und macht ihnen Mut – die Mutter Courage des Schauspielhauses.

Mutter Courage: eine Rolle, mit der sie in die Theatergeschichte eingehen wird. Wer vergäße je das eindrückliche Bild, wie die Marketenderin Courage ihren Karren über die Schlachtfelder des Dreißigjährigen Krieges zieht? Wie sie, eines nach dem andern, ihre Kinder verliert, all ihre Habe, und doch, unbelehrbar und schicksalsergeben, weiter ihre Geschäfte mit dem Soldatentroß macht? Ein Proteststück gegen den Krieg. Brechtsche Dialektik, dem Premierenpublikum, das der Uraufführung am 19. April 1941 im Schauspielhaus beiwohnt, fremd. Man möchte nicht auch noch auf der Bühne mit dem Krieg konfrontiert werden, wo der Rundfunk täglich vom unaufhaltsamen Vormarsch der deutschen Truppen berichtet: Jugoslawien, Griechenland, Kreta... was dann?

Das von Leopold Lindtberg inszenierte Stück, das Brecht aus dem schwedischen Exil nach Zürich geschickt hat, wird kein Kassenerfolg, obwohl die Presse der Giehse »wahrhaft Shakespearsche Größe« bescheinigt. Daß auch von anrührender Menschlichkeit die Rede ist, macht den auf Verfremdung bedachten Autor mißtrauisch, er hat den Text in späteren Aufführungen verändert.

Für Therese Giehse bleibt die Brechtsche Sprache, bleiben seine holzschnittartigen und doch subtil agierenden Bühnenfiguren eine Offenbarung. Aus der Arbeitsbeziehung zum Autor, zum Regisseur, zum politischen Kopf Brecht entwickelt sich eine schwierige Freundschaft, die lebenslang hält. Die Giehse wird mit ihm später an den Münchner Kammerspielen eine weitere Modellaufführung der Courage erarbeiten und in Zürich unter seiner Regie als Schmuggleremma in der Uraufführung von *Herr Puntila und sein Knecht Matti* auf der Bühne stehen. Für Brecht ist die Giehse »die größte Schauspielerin in Europa« – Brechts Ehefrau Helene Weigel, die beim Berliner Ensemble die Mutter Courage spielt, wird's mit gemischten Gefühlen vernommen haben.

Die Giehse und die Mutterrollen: Nicht nur die Courage verkörpert sie überzeugend, auch Gorkis *Wassa Schelesnowa* oder die Mutter Wolffen im *Biberpelz* – Frauen aus dem Volk, derb, mit rauher Herzlichkeit, listig, lebenstüchtig. In ihrem Repertoire gibt es Bordellmütter und Schieberinnen, Toilettenfrauen und Kupplerinnen, aber auch Herzoginnen, Gräfinnen, Königinnen, die sie aus der steifen Unnahbarkeit des Rollenklischees holt. Sie spielt die Jokaste in Sophokles' *König Ödipus* genauso souverän wie die »Welt« in Hofmannsthals *Großem Welttheater.* Da kommt ihr die solide Bühnenausbildung zugute, erst zwei Jahre Privatunterricht, dann, nach Provinzerfahrungen, der große Lehrmeister Otto Falckenberg, der sie entscheidend prägt – soweit sich dieses eigenwillige Naturtalent überhaupt prägen läßt.

Zum Theater wollte sie schon als Kind, und sie hat diesen Wunsch auch gegen massivste Widerstände durchgesetzt. Die Tochter des jüdischen Textilkaufmanns Salomon Gift war weder schön noch grazil, galt als faul und verstockt, niemand hätte ihr eine Bühnenkarriere vorausgesagt. Aber sie hat es geschafft, in München, in Zürich, später in Berlin.

Das Zürcher Schauspielhaus wird ihr zum Zuhause, ihr Leben spielt sich auf und hinter der Bühne ab. Durch die Bedrohung von außen sind die Ensemblemitglieder zu einer verschworenen Notgemeinschaft zusammengewachsen, geeint durch die Gegenerschaft zum Nationalsozialismus. Da spielt es keine Rolle, ob einer Kommunist ist wie Wolfgang Langhoff oder der Bühnenbildner Teo Otto, Katholik wie Ernst Ginsberg und Kurt Horwitz oder »freischwebend links« wie Kurt Hirschfeld und die Giehse. Was zählt, ist das gemeinsame Engagement. Die Zürcher Bühne bringe das Kunststück fertig, revolutionäres Theater in eine gesellschaftlich weitgehend unerschütterte Umwelt zu stellen, schreibt der Germanist Hans Mayer, auch er ein Emigrant in dieser Stadt.

Die große Theatertradition der Piscator-Bühne soll über die Zeiten gerettet, modernen Stücken, die sonst nirgends mehr aufgeführt werden können, eine Plattform geboten werden. So erlebt das Zürcher Theaterpublikum, oft begleitet von Störmanövern der Frontisten, Premieren und Uraufführungen von Zuckmayer und Werfel, Sartre und Giraudoux,

Eliot und Wilder, Lorca und Silone. Es feiert Friedrich Wolfs *Professor Mamlock* und läßt Else Lasker-Schülers hellsichtiges Drama *Arthur Aronymus und seine Väter* durchfallen, zum Bedauern der Schauspieler, vor allem Ernst Ginsbergs, der die im ordentlichen Zürich immer wieder Anstoß erregende Dichterin zu unterstützen versucht.

In den Inszenierungen Kurt Hirschfelds erhalten auch die Klassiker ungeahnte Aktualität, Schulbuchzitate werden zu konspirativen Durchhalteparolen. Wilhelm Tell. Nathan der Weise. Don Carlos. Wann erleben Schauspieler solchen Gleichklang mit dem Publikum wie im *Götz von Berlichingen,* wenn der Ausspruch »Es lebe die Freiheit« Beifallsstürme auslöst? Oder die *Faust II*-Premiere im Mai 1940: Die Schweizer befürchten täglich den Einmarsch Hitlers. Die Schauspieler haben ihre gepackten Rucksäcke in der Garderobe stehen, zur Flucht bereit, nur weiß niemand, wohin. Inmitten der kopflosen Theaterschar die Giehse als ruhender Pol. Sie ist mit ihrem britischen Paß und der Möglichkeit, jederzeit zu ihrem englischen Ehemann auszureisen, allerdings privilegiert. Aber sie läßt ihre Kollegen nicht im Stich, setzt sich nicht ab, auch wenn sich die Lage mehr und mehr zuspitzt.

Im September 1944 werden in Deutschland und Österreich alle Theater endgültig geschlossen. Es herrscht längst Ausnahmezustand, »totaler Krieg«. Wird sich die Schweiz aus dem Inferno heraushalten können? Am Zürcher Schauspielhaus, der nun einzigen deutschsprachigen Bühne von Bedeutung, geht die Arbeit unter erschwerten Bedingungen weiter. Für Flüchtlinge aus den Arbeitslagern gibt es verbilligte oder kostenlose Karten, nie wieder in späterer Zeit werden sie mit solchem Heißhunger alles Neue in sich aufsaugen: das Theater nicht nur als moralische Anstalt, sondern als Tor zur Welt. Da wird der äußere Aufwand plötzlich unwichtig. Man könne ohne Vorhang und Kulissen Theater spielen, postuliert Leopold Lindtberg, allerdings nicht ohne Ideen. Und an Ideen fehlt es am Schauspielhaus nicht, auch nicht am Einsatz der Schauspieler.

Für Therese Giehse bringt das letzte Kriegsjahr neben der Bühnenarbeit persönliche Belastungen. Ihre Schwester Irma, mit der sie von Kindheit an in enger Freundschaft zusammengelebt hat, stirbt im Januar 1945. Therese läßt sie in Zürich bestatten, in einem Familiengrab, das dreißig Jahre später auch ihre letzte Ruhestätte sein wird.

Den Schmerz über den Verlust der Schwester und Vertrauten überspielt sie auf der Bühne mit Silone und Shakespeare. Im Kino ist sie im Schweizer Flüchtlingsfilm *Die letzte Chance* zu sehen, der die menschliche Tragik der Asylpolitik ins Bewußtsein rufen will. Dieser international beachtete Film macht die Giehse über die Grenzen des deutschsprachigen Raums hinaus bekannt, aber sie ist keine Filmschauspielerin, sie braucht den unmittelbaren Kontakt zum Publikum. Ohne sonderliche Begeisterung, aber mit Erfolg spielt sie noch in einigen weiteren Filmen mit, auch in britischen Produktionen. Nach diesem Ausflug in die Welt des »schönen Scheins« kehrt sie um so lieber zur Bühnenarbeit zurück.

Sie bleibt auch nach Kriegsende dem Schauspielhaus treu, während die meisten ihrer Kollegen sich in alle Winde zerstreuen. Das Zürcher Publikum feiert sie in Rollen, die ihr auf den Leib geschrieben sind: Giraudoux' *Irre von Chaillot,* Gorkis *Wassa Schelesnova,* Brechts Schmuggleremma im *Puntila.* Mit dieser Rolle holt sie Brecht, der im Sommer 1947 wie die Manns aus der amerikanischen Emigration zurückkehrt, auch nach Berlin. Drei Jahre lang spielt sie in seinem Berliner Ensemble, aber Zürich gibt sie nicht auf, zuviel Erinnerung verbindet sie mit dem Schauspielhaus. So ist sie ständig auf Achse zwischen Zürich und Berlin, auch in München knüpft sie die alten Beziehungen zu den Kammerspielen neu. Das zeitraubende Pendeln kostet Kräfte. Sie gibt Berlin auf – aber nicht die Freundschaft mit Brecht.

Ein ähnlich kongeniales Arbeitsverhältnis entwickelt sich in Zürich mit Friedrich Dürrenmatt. In seinen Rollen findet sie sich, wie in den Brechtschen, sofort wieder. Das ist ihre Sprache, klar, hintergründig, mit vertracktem Humor. Im *Besuch der alten Dame* – Uraufführung im Januar 1956 in Zürich – spielt sie die millionenschwere Claire Zachanassian, die in ihrem Heimatdorf Güllen noch eine Rechnung zu begleichen hat. Die moderne Parabel von der Verführbarkeit des Menschen durch den Mammon. Eine makabre, aberwitzige Tragikomödie, ganz nach dem Geschmack der Giehse. Wenn Dürrenmatt sagt, der Welt sei nur noch mit der Komödie beizukommen, würde sie ihm sicher beipflichten.

Nicht alle Dürrenmatt-Stücke, deren Uraufführung Therese Giehse am Schauspielhaus miterlebt, werden ein Welterfolg wie *Der Besuch der alten Dame,* aber die Rollen liegen ihr: Ottilie in *Frank V.,* die Abortfrau Nomsen im *Meteor,* vor allem aber die bucklige Irrenärztin Mathilde von Zahnd in den *Physikern.* In dieser ursprünglich männlichen Rolle, die Dürrenmatt eigens für die Giehse umgeschrieben hat, gelingt es ihr, die Grenzen menschlicher »Normalität« und die Grenzen verantwortbarer Wissenschaft auszuloten.

Zürich hat »seinen« Dürrenmatt und »seine« Giehse. Zu Max Frisch, in dessen Stück *Don Juan oder Die Liebe zur Geometrie* sie die Kupplerin Celestina spielt, gestalten sich die Kontakte nie so eng. Die neue, die rebellische 68er Zeit sieht sie in jüngeren Autoren verkörpert, in Franz Xaver Kroetz vor allem, dem damaligen enfant terrible der Bühne. Von den Regisseuren arbeitet sie am liebsten mit Peter Stein zusammen, der sie in einer Gastrolle an die Berliner Schaubühne holt. Mit ihm und seinem Ensemble spielt sich die 72jährige wieder jung. In 68 Ensuite-Vorstellungen verkörpert sie die Revolutionärin Pelagea Wlassowa, aus Gorkis *Mutter,* in der Brechtschen Bearbeitung. Mit Brecht beschließt sie auch ihre Karriere. Mit einem Brecht-Abend, den sie allein gestaltet, gastiert sie in München, Berlin und Hamburg, in Zürich und Paris. Sie liest die Brechtschen Texte langsam und eindrücklich auf schwarzer, nackter Bühne. Nur das Wort soll wirken, über den Tod hinaus, den Brechts im Sommer 1956 und den ihren, fast zwei Jahrzehnte später, am 3. März 1975.

»Die Giehse besitzt die Uneitelkeit derer, die viele Erfolge gehabt haben und so weit gekommen sind, daß sie gelassen, unaufdringlich und bescheiden sein können«, sagt Franz Xaver Kroetz von seiner Mentorin. Ihre nur unter Widerstreben preisgegebenen »Memoiren«, aufgezeichnet von Monika Sperr, tragen den bezeichnenden Titel *Ich hab nichts zum Sagen.* Sie hat eine Abneigung gegen Schwätzer und Vielschreiber, sie haßt es, »wenn einer, der sich durch Tanzen, Singen, Spielen oder sonstwie auszudrücken vermag, nun glaubt, er müsse unbedingt auch schreiben, damit jeder erfahre, wie es bei Empfängnis und Geburt seines kleinen Stückchens Kunst zugegangen ist«.

Auch wenn sie sich gegen Nachruhm sträubt, für die Zürcher bleibt sie die »Mutter Courage« vom Schauspielhaus. Jenem Schauspielhaus, das in Kriegstagen durchaus nicht allen geheuer war. Max Frisch erinnert in einer Ansprache im Herbst 1969 daran, »daß ein Teil der Zürcher, die das alte Schauspielhaus nachträglich als ihr Schauspielhaus bezeichnen, sich täuschen: damals war es ein Emigranten-Juden-Marxisten-Theater...«

Ähnliches ließe sich von der Pfeffermühle sagen. War den Zürchern – jenseits aller Krawalle – bewußt, daß sich mit diesem Kabarett in ihrer Stadt ein Widerstand manifestierte, der Symbolwirkung hatte und vielen Emigranten Mut zum Weiterleben gab? »Sie machen zehnmal mehr gegen die Barbarei als wir alle Schriftsteller zusammen«, schrieb der Dichter Joseph Roth an Erika Mann.

Die Pfeffermühle – von der Zeitspanne her gesehen nur eine Episode im Leben der beiden Hauptakteurinnen, aber eine sehr bedeutungsvolle. Erika Mann schreibt rückblickend an die Gefährtin: »Ja. Theres, so steht's, seit – in Buchstaben – vierzig Jährchen sind wir nun freundschaftlich verbunden, auch wenn die Geographie uns jetzt nicht mehr so hold ist wie zu der Zeit, da wir überall lebten und nirgends, und unsere Pässe aus den Nähten platzten vor lauter Stempeln... Wir setzten alles auf die bedenklichste Karte (konnten nicht anders) und wurden damit zum einzigen international erfolgreichen theatralisch-politischen Unternehmen der deutschen Emigration.«

Erika hat später, 1956, noch einmal Kabarettpläne. *Der Rettungsring* soll als zeitkritisches Kabarett die Nachfolge der Pfeffermühle antreten, aber Therese Giehse winkt ab, sie glaubt nicht mehr an die Veränderbarkeit des Menschen durch Satire. Sie ist ohnehin die Beständige, Seßhafte, die sich nicht ohne Not in Abenteuer stürzt. Ihr Lebensweg verläuft, gemessen an dem ihrer Partnerin, bemerkenswert normal, sie hat all die Jahre das getan, was sie am besten kann: Theater gespielt.

Erika Mann dagegen hat sich in vielen Berufen versucht, ihr Leben ist von Aufregungen und Turbulenzen geprägt. Während die Giehse auf Herausforderungen reagiert, agiert Erika Mann, fordert Entscheidungen heraus, übernimmt den traditionell männlichen Part der Beziehung. Sie hat von allen Mann-Geschwistern wahrscheinlich das ausgeprägteste Selbstbewußtsein, fühlt sich nicht, wie es die langjährige Sekretärin Erika Manns von den übrigen Geschwistern berichtet, vom Vater unterdrückt. Dabei waren die Startbedingungen nicht die besten: »Nur« ein Mädchen, stellten Thomas und auch Katia Mann nach der Geburt enttäuscht und verärgert fest.

Aber das Mädchen hat mehr Energie als die später geborenen Brüder. Das Mädchen liebt Herausforderung und Bewegung. Läßt sich nach dem Abitur bei Max Reinhardt zur Schauspielerin ausbilden. Steht in Hamburg gemeinsam mit dem um ein Jahr jüngeren Bruder Klaus auf der Bühne. Heiratet den Regisseur Gustaf Gründgens. Trennt sich von ihm. Fährt Autorennen für Ford: 10000 Kilometer in 10 Tagen. Geht mit Klaus Mann auf Weltreise. Schreibt Reiseberichte, Theaterstücke, Kinderbücher. Zieht mit der Pfeffermühle durch Europa. Heiratet den englischen Dichter Wystan H. Auden. Siedelt nach Amerika über. Wird Presseberichterstatterin im Spanischen Bürgerkrieg. Veröffentlicht gemeinsam mit Klaus Mann *Escape to Life* und andere Bücher. Macht während des deutschen Blitzkriegs von London aus Deutschlandsendungen für die BBC. Wird »Coordinator of Information« in New York (was ihr später den nicht haltbaren Vorwurf der Agententätigkeit für das FBI einbrachte). Geht als Kriegsberichterstatterin mit der US-Army nach Ägypten, Persien, Palästina, Frankreich, Belgien und Deutschland. Berichtet nach dem Krieg von den Nürnberger Prozessen. Hat den Selbstmord des geliebten Bruders Klaus zu verkraften. Läßt sich 1952 mit Thomas und Katia Mann endgültig am Zürichsee nieder. Wirkt bei den Verfilmungen der Thomas-Mann-Romane *Königliche Hoheit, Felix Krull* und *Buddenbrooks* mit. Schreibt 1956, nach dem Tod Thomas Manns, *Das letzte Jahr. Bericht über meinen Vater.*

Aufregender und ereignisreicher kann ein Leben kaum verlaufen. In den letzten Jahren allerdings ist ihre Bewegungsfähigkeit durch Krankheit und mehrere, zum Teil mißglückte Hüftoperationen stark behindert. Sie geht an Krücken, kann das Haus in Kilchberg über dem Zürichsee kaum mehr verlassen. Im September 1964 schreibt sie aus dem Kantonsspital Zürich an ihren Bruder Michael, Germanistikprofessor in Kalifornien: »Cher frère et ami, – wenn Du wüßtest, wie krank ich bin – vier Monate nach jener Höllenoperation –, und wie grausig zerfetzt mein Tag ist, zur Hälfte durch all die sinnlosen Anwendungen (Fango, Gehbad, wieder Fango, Bindegewebsmassage, am Bettrand sitzen, auf dem Stuhl sitzen und nichts können, als liegen und schmerzerfüllt sitzen), zur anderen, knappen Hälfte durch mühselige Arbeit...«. Trotz ständiger Schmerzen hat sie die erzwungene Seßhaftigkeit in den letzten Jahren ihres Lebens in erstaunlicher Weise zur Arbeit genutzt. Aus über 4000 Briefen aus dem Nachlaß ihres Vaters stellt sie eine dreibändige Briefausgabe zusammen, die Bruder Golo, Historiker, vor Expertenhochmut in Schutz nimmt: »Zum Gelingen dieses Mosaiks gehörte mehr Liebe, mehr Geduld, mehr Takt und viel, viel mehr Arbeit, als die Kritiker sich das vorstellen.«

Sie bemüht sich auch um die Neuauflagen der Werke Klaus Manns, dem sie einen Gedächtnisband gewidmet hat. Und sie engagiert sich in der Friedensbewegung. Vietnam, der Israel-Konflikt, die Biafra-Tragödie brennen ihr auf den Nägeln. Sie verfaßt Aufrufe und schreibt Briefe an einflußreiche Politiker und Künstler. An Pablo Picasso richtet sie die Bitte, sein Bild *Guernica* doch in den Dienst der Vietnam-Aktionen zu stellen, und sie liefert auch gleich den Briefentwurf dazu, der in der *Times* veröffentlicht werden soll.

Woher sie die Energie nimmt, all diese Projekte mit ihren abnehmenden Kräften zu bewältigen, bleibt ein Rätsel. Von ihrer geistigen Beweglichkeit hat sie bis zum Schluß nichts eingebüßt – auch nicht von ihrer polemischen Schärfe. Ihr Briefwechsel mit dem tonangebenden Philosophen der Frankfurter Schule, Theodor W. Adorno, den sie für pathologisch eitel, für einen Bluffer, ein »flaches Universalgenie« hält, zeugt von ihrer selbstbewußten Aggressivität. Sie antwortet Adorno, der sich durch kritische Äußerungen Golo Manns angegriffen fühlt: »Für Ihre Reaktion gibt es eine (und wie mir scheint nur eine) Doppelerklärung: Sie sind ungemein verwöhnt und ungemein empfindlich. Wie werden wir doch ›heftig angegriffen‹, wir alle, außer Ihnen, – jeden zweiten Tag und auf die infamste Weise. Und wie kühl läßt uns dies... Golo, ein sehr konservativer Historiker, schreibt gar manches, was mir nicht in den Kram paßt, und ich, das Gegenteil einer sehr konservativen Historikerin, schreibe fast nur, was Golo nicht in den Kram paßt. Deshalb herrscht doch immer eitel Friede zwischen uns.« In einem Brief vom April 1963 zieht sie den Schlußstrich unter diese scharfe Debatte mit dem Philosophen: »Und wenn Sie denn nun die Menschheit einteilen in solche Kreaturen, die sich mit Ihnen solidarisch fühlen und ergo gut sind, und solche, die sich durch Sie verletzt fühlen und ergo miserabel sind, so gehöre ich – wie weiß Gott vorauszusehen – zu den miserablen.«

Das geschärfte Schwert – oder Florett – der Erika Mann. Als Kabarettistin war es ihr sehr nützlich, etwas »Pfeffer über Zürich« konnte auch den Zürchern nicht schaden. Thomas Mann war zeitlebens stolz gerade auf diese kämpferische Ader seiner ältesten Tochter.

Als sie, nach der Operation eines Gehirntumors, am 27. August 1969 im Kantonsspital Zürich stirbt – mit 64, sechs Jahre vor Therese Giehse –, fehlt sie Freunden und Feinden. Manfred Gregor-Dellin faßt bei der Trauerfeier in der Kilchberger Kirche ihr Leben mit den treffenden Worten zusammen: »Sie kannte die Labyrinthe, und sie liebte das Licht. Sie durfte sagen: J'ai vécu.«

Zwischen Bücherstapeln der Zürichsee

Die Literaturagentin
Ruth Liepman
⋆1909

Maienburgweg – ein schmales Sträßchen oben am Zürichberg, auf dem Stadtplan kaum zu finden. Aber der Taxifahrer weiß Bescheid, er fährt ab und zu in diese vornehme Gegend, holt Leute mit kleinen Aktenköfferchen vom Flughafen Kloten ab. In den Köfferchen sind keine Banknoten, sondern Buchmanuskripte, das kann er nicht wissen, er wundert sich nur, daß »die Firma« kein gut sichtbares Messingschild am Tor anbringt, das würde seinen Kollegen die Arbeit erleichtern.

Ein behäbiges, breit an der Berglehne hingelagertes Privathaus in traditioneller Zürcher Bauart, eingerahmt von alten Bäumen. Gleich im Entrée der Geruch von Büchern. Oder ist es Einbildung? Bücher riechen heutzutage nicht mehr, aber die überall lagernden Stapel rufen nostalgische Erinnerungen an alte Verlagskontore wach, an überquellende Antiquariate, wie das von Theo Pinkus unten im Niederdorf. Moderne Verlage sitzen in Glaskästen mit Klimaanlage, Sprechanlage. All das gibt es hier nicht, nur Bücher, Bücher bis unter die Decke, Bücher auf Tischen und Stühlen, die freigeräumt werden müssen für Besucher. Zwischen vollgepackten Fensterbänken blinkt der Zürichsee auf. Flirrendes Blau mit weißen Segeln durchsetzt, dahinter langgestreckt der Albis, die höheren Berge lassen sich im Nachmittagsdunst nur erahnen. Eine Urlaubskulisse.

Für Ruth Liepman und ihre Mitarbeiterinnen ist es Alltags- und Arbeitskulisse. Hier werden Manuskripte gelesen, Verlagskonditionen ausgehandelt, Verträge abgeschlossen, Übersetzungsrechte vergeben. Hartes, nüchternes Geschäft, auch wenn der lockere Umgangston, die offenen Räume mit dem Plüschsofa und das gemütliche holländische Teestövchen eher an eine Wohngemeinschaft der 68er Jahre erinnern. Ruth Liepman hätte gut in die 68er Zeit gepaßt, sie ist Rebellin von Natur aus. Eine zierliche Frau mit der Gestik einer Südländerin, energischen Gesichtszügen und sprühend wachen Augen, die alles sofort im Blick haben.

Augen, die schon auf dem Kinderbild aus der Zeit nach dem Ersten Weltkrieg auffallen. Ein Bild, bei dem nichts zusammenpaßt und das doch fröhlich stimmig wirkt: Ruth Lilienstein, Tochter eines jüdischen Arztes und Kriegsfreiwilligen aus der Eifel, Schülerin der Loewenberg-Mädchenschule in Hamburg, als Junge in bayerischer Seppltracht mit Federhut und Janker, die Hände in die Taschen der Lederhose gestemmt, selbstbewußt, mit Spaß am Leben und an der Verkleidung, die vielleicht gar keine Verkleidung ist. Ein »deutsches« Kind – Wunsch vieler jüdischer Eltern im Kaiserreich und Tragik der Geschichte: deutsche Juden, die im Ersten Weltkrieg für Kaiser, Gott und Vaterland freiwillig ins Feld zogen im Glauben an die deutsche Nation, aus der sie später grausam ausgeschlossen wurden.

Das lustige Kinderbild läßt von dieser Zukunft, der das »Jüdisch« wie ein Stempel aufgedrückt wird, noch nichts ahnen. Im Gegenteil – die hübsche, eigenwillige Tochter der Liliensteins wird in Breisach, der Garnisonsstadt des Vaters, in der Nonnenschule der Ursulinen gehätschelt und verwöhnt. Sie nimmt wie alle Kinder am katholischen Religionsunterricht teil, zu Hause allerdings versucht der Vater, ihr »die Welt ohne den lieben Gott zu erklären«. Auch wenn die Eltern ihre Religion nicht mehr praktizieren wie noch die Großeltern, bleiben sie sich doch der Verwurzelung im Judentum bewußt. Trotzdem sehen sie es nicht gern, daß ihr einziges Kind – zwei Brüder werden erst viel später geboren – sich in Hamburg dem jüdischen Jugendbund *Blau-Weiß* anschließt, aber sie tolerieren es, wie sie auch den Entschluß der Tochter, die Hamburger Lichtwarkschule statt eines traditionellen Mädchengymnasiums zu besuchen, tolerieren – tolerieren müssen. Ruth weiß von klein an genau, was sie will. Eigenschaften, die ihr im heutigen Beruf sehr hilfreich sind, Eigenwilligkeit, Durchsetzungsvermögen, Beharrlichkeit treten schon früh zutage.

Der Anspruch der Lichtwarkschule, die als Reformmodell in die Pädagogik eingegangen ist und die »hungrig machen will, aber nicht satt«, wird zum Lebensmotto Ruth Liepmans, die, bis heute nicht »satt«, ständig auf der Suche nach neuen literarischen Funden ist. Die Lichtwarkschule hat ihre angeborene Neugier noch verstärkt, wie auch ihr gesellschaftliches und politisches Engagement, ihren Sinn für Zusammenhänge und ihre kosmopolitische Weltsicht. Hier wurden Weichen gestellt, Solidarität und Hilfsbereitschaft praktiziert, Freunde fürs Leben gewonnen. Prägend für das weitere Leben auch die Lektüre: Marx, Freud und die Bibel. Noch heute hält Ruth Liepman diese drei Säulen für die wichtigsten unserer Kultur, eine Dreiheit, auf der sich eine humane Lebenskonzeption aufbauen ließe. Sie spricht im Konjunktiv, sie weiß, daß sie eine radikale Veränderung dieser Gesellschaft nicht mehr erleben wird.

Damals mit 19, zu Beginn ihres Jurastudiums, stand Karl Marx obenan: »Ich war einfach ganz fest der Meinung, daß die Kommunisten die einzigen waren, die die Welt verändern und für Gerechtigkeit eintreten würden«, schreibt sie in ihren Erinnerungen. Es gibt Schlüsselwörter in der Biographie Ruth Liepmans, »verändern« und »Gerechtigkeit« gehören dazu. Den Gerechtigkeitssinn hat ihr Vater geschärft, der in seiner Praxis nie einen Unterschied machte zwischen Privat- und Kassenpatienten. »Verändern« wollte die ungeduldig Vorwärtsdrängende ständig alles mögliche, in jungen Jahren die Welt, später dann, bescheidener und weiser, nur noch kleine Segmente dieser Welt. Aber immer mit vollem Einsatz.

Nach dem Abitur und eingehender Marx-Lektüre genügt es ihr nicht, in die Hochschulzelle der Kommunistischen Partei einzutreten, sie will ernstmachen mit der Klassensolidarität, geht zum Entsetzen der Familie als Arbeiterin in eine Harburger Textilfabrik: »Ich wollte so leben wie die Arbeiter, um genauer zu wissen, wovon ich in meiner Parteizelle und bei Schulungen rede, wenn es um die Arbeiterklasse geht.« Sie ist stolz darauf, ihren Lebensunterhalt selbst zu verdienen, dazuzugehören – aber von den Arbeitern, besonders den Arbeiterinnen, deren Witze und Zoten sie abstoßen, hat sich »die kleine Johanna der Schlachthöfe«, wie Freunde sie nennen, ein anderes, edleres Bild gemacht. Trotzdem gibt sie nicht auf, unterrichtet nebenher an der Marxistischen Arbeiterschule: »Es war mir sehr ernst damit, denn ich war hundertprozentig davon überzeugt, daß man die Menschen im marxistischen Sinne verändern könnte.«

Dogmatischen Theorien hängt sie längst nicht mehr nach, aber den Glauben an die Veränderbarkeit des Menschen hat sie bis heute bewahrt, er ist eine der Triebfedern ihres Schaffens. Eine menschlichere Welt, nicht im Jenseits, sondern auf diesem Planeten. Hinweise auf den Zusammenbruch des real existierenden Sozialismus in der DDR, auf den Bankrott der kommunistischen Staaten bringen sie nicht in Verlegenheit. Natürlich verfolgt sie die Weltpolitik, sie ist keine Illusionistin – eher eine Utopistin, die alles in langfristigen Zeiträumen sieht. Das Christentum hat es in zweitausend Jahren nicht geschafft, die Welt in Ordnung zu bringen, sagt sie, warum dem Kommunismus – dem *wirklichen* Kommunismus, nicht seinen korrupten Handlangern – nicht auch eine zeitlich angemessene Chance geben?

Der alte Jugendtraum. Die Sehnsucht nach einem Dasein, wo jeder im Marxschen Sinne nach seinen Bedürfnissen und ohne Ausbeutung des Menschen durch den Menschen lebt? Für sie selbst kann dies kein Problem sein, sie lebt nach ihren

Bedürfnissen, sie ist Geschäftsfrau und könnte sich keine interessantere Tätigkeit als die einer Literaturagentin vorstellen – ein Beruf, der nicht nahtlos ins sozialistische Menschenbild paßt. Aber sie kann mit Widersprüchen leben.

Jugendrichterin wollte sie einmal werden, das hätte ihrem frühen Sozialengagement entsprochen. Doch die Nationalsozialisten haben sie nach ihrem Jurastudium in Hamburg und Berlin und ihrem ersten Staatsexamen für das Referendariat und damit für eine juristische Karriere in Deutschland gesperrt. Der als Jüdin und Kommunistin doppelt Belasteten gelingt es aber 1934 noch zu promovieren, der Doktortitel wird ihr später im Ausland sehr hilfreich sein. Im Gegensatz zu den meisten ihrer Hamburger Freunde glaubt sie nicht daran, daß die Nationalsozialisten bald wieder von der Bildfläche verschwinden werden.

An ihrem 25. Geburtstag setzt sie sich nach Holland ab – mit zehn Mark elterlicher Monatsbeihilfe und einer großen Korbflasche unauslöschbarer Tinte, mit der sie ein Geschäft zu machen hofft. Aber die heute so selbstbewußt Auftretende ist zu schüchtern, um ihre Ware Banken aufzuschwatzen, erst mit zunehmender Routine im Berufsleben verliert sie ihre Hemmungen. Sie erinnert sich, wie sie am Anfang ihrer Laufbahn im Hamburg der Fünfzigerjahre ein Hörspielmanuskript ihres »Schützlings« Richard Wright beim NDR anbieten sollte und der amerikanische Autor sie, pädagogisch geschickt, allein in die Höhle des Löwen gehen ließ. Sie hatte Erfolg – entweder war das Stück gut oder ihre Überzeugungskraft. Langsam wuchs die Juristin, die mit Büchern früher nie etwas zu tun hatte, in ihren Beruf hinein. Die Agentur Liepman, die sie bis zum Tod ihres Mannes im Jahre 1966 mit diesem gemeinsam führte, gehört heute zu den bedeutendsten des deutschsprachigen Raumes.

Angefangen hat alles eher zufällig. Der nach Kriegsende aus dem amerikanischen Exil nach Hamburg zurückgekehrte

Schriftsteller und Journalist Heinz Liepman sollte sich für seinen amerikanischen Verleger nach wichtigen deutschen Autoren umsehen, umgekehrt waren deutsche Verleger an seinen Beziehungen zu englischen und amerikanischen Verlagen interessiert. Was lag näher, als dieses gegenseitige Interesse zum Geschäft auszubauen? Systematisch suchte Ruth Liepman – ihr Mann wollte sich mehr dem Bücherschreiben widmen – nach deutschen Verlegern für angelsächsische Autoren. Und sie hatte Glück – man könnte auch sagen, das nötige Gespür, die richtigen Bücher an die richtigen Verlage zu vermitteln. Gleich die ersten Abschlüsse wurden große Erfolge: Norman Mailers Antikriegsroman *Die Nackten und die Toten,* Salingers *Fänger im Roggen.* Später war Eric Malpass' Roman mit dem zugkräftigen Titel *Morgens um sieben ist die Welt noch in Ordnung,* den sie dem Verleger Ledig-Rowohlt ins Urlaubsgepäck gelegt hatte, besonders erfolgreich.

In Amerika arbeitet jeder Autor, der etwas auf sich hält, mit einer Agentur zusammen, im Nachkriegsdeutschland waren literarische Agenturen noch unbekannt, sind es weitgehend bis heute. Der Gedanke, ein Manuskript an eine Agentur statt gleich an Verlage zu schicken, ist dem deutschen Autor fremd, er fürchtet sich vor »Vermarktung«, obwohl ihm dieser Umweg, davon ist Ruth Liepman überzeugt, eine Menge Vorteile bringt, die die zehn oder fünfzehn Prozent Anteil am Autorenhonorar aufwiegen. Der Agent kennt sich aus in der Verlagslandschaft und tätigt für den oft geschäftlich unerfahrenen Autor nicht nur die Vertragsabschlüsse, sondern handelt auch die heute immer wichtiger werdenden Nebenrechte aus.

In einer Rede vor der Deutschen Akademie für Sprache und Dichtung in Darmstadt hat Ruth Liepman den Agenten als den verlängerten Arm des Autors beschrieben: »Autoren sind im allgemeinen empfindsame, verletzliche und oft auch ein wenig eitle Naturen. Nichts ist für den Autor wichtiger, als sein Manuskript gedruckt zu sehen...« Damit er dabei nicht übervorteilt werde noch sich selbst überschätze, seien Agenturen verläßliche Mittler. Allerdings muß sich die Sache für beide Seiten lohnen. Romane und Sachbücher von überregionalem Interesse sind vor allem gefragt.

Schon die erste literarische Agentur, die 1875 von A. P. Watts in London gegründet wurde, sorgte für internationale Kontakte. Auf dem Kontinent entstanden wichtige Agenturen in Mailand, Berlin und Hamburg; Zürich spielte erst nach dem Zweiten Weltkrieg eine Rolle, hat sich aber seit den Sechzigerjahren zum führenden deutschsprachigen Standort entwickelt. Vier bedeutende Agenturen haben hier ihren Sitz, die Grenzen sind abgesteckt, man lebt friedlich nebeneinander und wildert nicht in fremden Gehegen – im Gegensatz zu Amerika, wo Autoren oft mit höheren Honoraren gegenseitig abgeworben werden.

Die Agentur Liepman, die älteste in Zürich, verlegte ihren Sitz 1961 hierher. Warum gerade Zürich? Heinz Liepman arbeitete als Kulturkorrespondent für mehrere Schweizer Zeitungen, aber es gab für den jahrelang Morphiumabhängigen und auch für seine Frau, die ihn immer wieder gestützt und aufgerichtet hat, noch einen wichtigeren Grund: »Heini wollte irgendwo ganz neu anfangen, an einem Platz, wo man ihn nicht kannte, wo er sich neu bewähren konnte.« Viel Zeit blieb dem Herzkranken nicht mehr. Fünf Jahre noch bis zu seinem Tod, Jahre, in denen er Tag und Nacht hektisch geschrieben hat, während seine Frau die Agentur weiter ausbaute, zuerst unten im Niederdorf, im Haus *Zum Paradiesvogel,* dann, von 1970 an, oben am Zürichberg, dem heutigen Domizil.

Tüchtige Mitarbeiterinnen stehen ihr zur Seite, sie stellt ihre »Liepfrauen«, die gleich nebenan sitzen, wie ihren Familienclan vor: Eva Koralnik, die sich auf hebräische und vor allem französische Literatur spezialisiert hat und so wichtige Autoren wie André Glucksmann oder Louis Aragon betreut.

Und Ruth Weibel, die für deutschsprachige und angelsächsische Literatur zuständig ist, auch für Jugendbücher, und die sich unter anderem um die erfolgreiche Kanadierin Margaret Atwood kümmert. Ruth Liepman selbst liegt – von ihrer Biographie her verständlich – vor allem die holländische Literatur am Herzen. Daß sie den Nachlaß Anne Franks betreut, ist fast schon selbstverständlich.

Das Trio beherrscht zusammengenommen beinahe ein Dutzend Sprachen, eine gute Voraussetzung für eine internationale Agentur: »Jedes wirklich wichtige Buch, wo immer es geschrieben wird, sollte die Möglichkeit haben, auch in anderen Sprachen zu erscheinen, weil sich damit Völker näherkommen.« Nicht nur Internationalität, auch Toleranz gehört zu den Kriterien der Liepmanschen Agentur. So unterschiedliche Denker wie Konrad Farner und Helmuth Plessner finden sich hier unter einem Dach, oder der Nachlaß von Erich Fromm und der von Norbert Elias.

Unter den Autorennamen, die von Liepman betreut werden, gibt es nicht besonders viele Frauen, Waltraut Anna Mitgutschs Erfolgsroman *Die Züchtigung* müßte genannt werden, oder die engagierten Romane der Marilyn French. Frauen sind für Ruth Liepman kein Spezialthema, da hält sie es mit Rosa Luxemburg: Die Gesellschaft als Ganzes muß verändert werden, und das geht nur gemeinsam mit den Männern. Sie selbst hat bei Verhandlungen nie Schwierigkeiten gehabt als Frau, sie ist als Partnerin immer akzeptiert worden. Wer sich als schwach definiert, wird auch so behandelt. Sie gehört eher, wie Grete Weil sich nach harten Exiljahren in Holland bezeichnete, zu den »zähen Ludern«.

Heute, mit weit über achtzig, denkt sie noch lange nicht daran, ihre Agenturarbeit aufzugeben und sich ein bequemeres Leben zu machen. Sie erlebt Alter nicht als Verknöcherung und Einschränkung, sondern als Erfahrungszuwachs, als Einbindung in größere Zeitdimensionen. Dankbar pflegt sie ihre weltweiten Freundschaften und die Erinnerung an die Freunde, mit denen sie und ihr Mann im Tessiner Feriendomizil Agarone immer wieder zusammengekommen sind: die Anderschs, die Weisenborns, die Neumanns oder Erich Maria Remarque, den sie als reizenden Snob bezeichnet.

Zu Zürich fallen ihr nicht so viele Namen ein. Zufall? Ruth Liepman fühlt sich nicht als Zürcherin, aber sie lebt und arbeitet gern hier oben hoch über dem See, in der Stadt mit dem weltläufigen und soliden Gesicht, in der sich internationale Geschäfte reibungslos abwickeln lassen. Sie ist in Zürich mehr mit dem Verstand als mit dem Herzen zu Hause, mit Gottfried Benn könnte sie fragen:

> Meinen Sie Zürich zum Beispiel
> sei eine tiefere Stadt,
> wo man Wunder und Weihen
> immer als Inhalt hat?

Nein, Wunder und Weihen erwartet sie nicht in dieser Stadt, sie hält sich an Konkreteres, an die Offenheit der Verlagslandschaft, an die für Schweizer Verhältnisse große Toleranz, mit der auch politische Exilverlage und -zeitschriften hier geduldet wurden, an Menschen, die sich ganz in den Dienst dieser Aufgaben stellten: Emil und Emmie Oprecht mit dem Europaverlag, dessen Keimzelle an der Rämistraße mehr war als eine Buchhandlung, damals, zur Zeit des Dritten Reichs, eine Anlaufstelle für verfolgte Autoren, ein Hort für verbotene Bücher. Oder Theo Pinkus' sagenhaftes Antiquariat an der Froschaugasse, dem er eine Studienbibliothek zur Geschichte der Arbeiterbewegung angegliedert hat – auch hier ein politisch überzeugtes Ehepaar, das im Sinne Ruth Liepmans versucht hat, ein Stückchen Utopie in Wirklichkeit umzusetzen.

Weltliteratur auf engem Raum, oft genug durch die grausamen Turbulenzen des Jahrhunderts herangeweht. James-Joyce-Dokumente in einer Stiftung zusammengetragen, Thomas Manns ziselierte Handschrift in Bodmers Gemächern, die von ihm gegründeten Blätter *Maß und Wert,* die Internierten-zeitschrift *Über die Grenzen,* in der der Germanist Hans Mayer im Arbeitslager einen Weg in die Zukunft entwarf, der »von einer individualistischen zu einer solidarischen, gemeinschaftlichen Gesellschaftsordnung führen muß« und der »Menschenliebe und Weltbürgerlichkeit untrennbar verbindet.«

Worte, die heute pathetisch klingen, damals aber junge Menschen zu begeistern vermochten, ihnen die Kraft und Furchtlosigkeit gaben, im Widerstand zu arbeiten, sei es in der Schweiz, sei es in Holland oder in Frankreich. Leicht war es nirgendwo.

Ruth Liepman, damals noch Lilienstein, geht im April 1934, an ihrem 25. Geburtstag, von Hamburg aus nach Holland. Sie kennt das Land nicht, kann nicht holländisch, schämt sich, die Empfehlungsschreiben, die sie in der Tasche hat, vorzuzeigen. Sie möchte nicht als Bittstellerin huldvoll aufgenommen werden. Doch die Holländer demütigen und verletzen sie nicht, das vergißt sie ihnen nie, sondern helfen ihr auf selbstverständliche und selbstlose Weise weiter.

Sie arbeitet für sieben Gulden fünfzig die Woche in einer Handweberei, bekommt mittags bei einem Sammler japanischer Kunst warmes Essen, macht sich als Sekretärin in einer Anwaltskanzlei nützlich. In Deutschland wird die als Jüdin und Kommunistin doppelt gebrandmarkte Ruth Lilienstein inzwischen von der Staatsanwaltschaft Hamburg steckbrieflich gesucht. »Wegen Vorbereitung zum Hochverrat« soll sie verhaftet und ins nächste Gefängnis gebracht werden. Trotzdem setzt sie ihre gefährlichen Kurierfahrten nach Deutschland fort, im Koffer mit doppeltem Boden Flugblätter der KP: »Angst hatte ich bei diesen Auftragsfahrten kaum. Ich war vorsichtig, aber gleichzeitig habe ich daran gezweifelt, daß ich die Zeit überleben würde. Ich dachte, es kommt so, wie es kommt.«

Nüchterner Pragmatismus gekoppelt mit idealistischer Pflichtauffassung – eine gute Mischung für politische Untergrundarbeit. Aber die Erlebnisse, die sie an der Integrität der Partei zweifeln lassen, mehren sich. Sie ist keine einfache Befehlsempfängerin, keine gehorsame Parteimarionette, sie will selber mitdenken, selber mitentscheiden, wann und was sie redet. Das bringt ihr den schmerzlich empfundenen Ausschluß aus der Kommunistischen Partei ein. Sie ist heimatlos, eine heimatlose Jüdin ohne Familie, die Eltern und die beiden Brüder sind nach Amerika emigriert.

Im Mai 1940, noch vor dem Einmarsch deutscher Truppen in Holland, heiratet sie einen Schweizer Architekten, den sie auf einem Kongreß in Amsterdam kennengelernt hat. Die in Deutschland steckbrieflich Gesuchte wohnt mit ihm ganz legal als Ehefrau Ruth Stock über ein Jahr in Zürich – eine Schutzheirat, wie sie in dieser Zeit häufig geschlossen wurde, um Staatenlosen zu einem Paß zu verhelfen. Ruth Stock ist nun Bürgerin von Mastrils in Graubünden und weiß die Großzügigkeit und Selbstlosigkeit ihres Mannes, mit dem sie freundschaftlich zusammenlebt, dankbar zu schätzen. Erst nach dem Krieg wird die Ehe wieder aufgelöst.

Innerlich gebunden fühlt sie sich noch immer an ihre erste große Liebe, den Studienfreund Werner Bockelmann, der von einem konservativen Gutshof in Niedersachsen stammte und später Oberbürgermeister von Frankfurt wurde: »Unsere Liebe hatte für mich etwas Totales«, schreibt sie. Die beiden treffen sich unter schwierigen Bedingungen in Holland und in der Schweiz. Sie erwartet ein Kind von ihm und bricht die Schwangerschaft, von der er nichts weiß, in ihrer Verzweiflung ab: »Ich dachte, ich könnte das Kind nicht allein durchbringen, unter diesen schwierigen Umständen, mit dem Steckbrief im Nacken. Später hat es mir dann unendlich leid getan.« – Daß der Hamburger Freund sie um einer ungefährlicheren und problemloseren Beziehung willen im Stich läßt, verkraftet sie nur schwer: »Für mich war das die tiefste Enttäuschung meines Lebens. Er hat sich in Hamburg arrangiert, während ich in Holland festsaß...«

Doch mit der Emigration verbinden sich auch positive Erlebnisse. Ihre schweizerische Staatsbürgerschaft bringt ihr eine Anstellung in der Anwaltskanzlei des Schweizer Honorarkonsuls in Amsterdam ein – und damit die Möglichkeit, vielen zur Deportation bestimmten Juden zu helfen. Die Schweiz vertrat damals als Schutzmacht die Interessen der Engländer und Amerikaner in Holland. Die Deutschen, die Devisen brauchten, waren bereit, Juden gegen hohes Kopfgeld in Fremdwährung ausreisen zu lassen. Der Schweizer Konsul und seine Sekretärin Ruth Stock versuchten, mit »Sperrlisten« und der Ankündigung von Auslandsgeldern Verhaftungen hinauszuzögern und den Juden die Möglichkeit zu geben, noch unterzutauchen. In vielen Fällen gelang es, manchmal schlug es fehl, die Verantwortung für diese Aktionen lastete schwer auf dem Gewissen der Beteiligten.

Der Konsul stellte Ruth Stock, geb. Lilienstein, einen Paß ohne den belastenden Mädchennamen aus – »den einzigen richtigen falschen Paß, den die Schweiz je ausgestellt hat«. Nach dem Tod des Konsuls zeigte sein Nachfolger aus Bern die Sekretärin wegen des gefälschten Passes bei der holländischen Fremdenpolizei und bei der Gestapo an: »Der Mann hatte tatsächlich Angst, daß die neutrale Schweiz durch meinen Paß in den Krieg gezogen werden könnte! Auch solche Leute gab es«, vermerkt Ruth Liepman lakonisch. Die Sekretärin namens Stock wird von der Fremdenpolizei abgeholt, aber der holländische Beamte läßt sie wieder frei mit der Warnung, die Deutschen würden sie bestimmt nicht in Ruhe lassen.

Ruth Stock arbeitet zu der Zeit nicht nur legal auf dem Schweizer Konsulat, sondern auch heimlich im Widerstand, ständig in Lebensgefahr bei waghalsigen Aktionen wie dem

Aufbau eines mobilen Schwarzsenders. Wichtige Informationen über die deutsche Besetzung der holländischen Küste tippt sie auf zahllose Zigarettenpapierchen, sie werden nach England und auch in die Sowjetunion geschmuggelt. Geheimer Landesverrat – darauf steht Todesstrafe.

Im April 1943 taucht sie im letzten Augenblick ab, ständig unterwegs, nie lange in einem Versteck, um die Gastgeber nicht zu gefährden. Manchmal geht es um Minuten: Während sie durch die Hintertür flieht, dringt die Gestapo durch den Vordereingang ins Haus und durchsucht jeden Winkel. Ein anderes Mal wird die Gehetzte von einer beherzten Pfarrfrau in einem tiefen holländischen Wandschrank versteckt und entgeht so dem Suchkommando.

Im Städtchen Beverwijk findet sie bei einem Hochofenarbeiter und dessen schwangerer Frau Unterschlupf, frommen Calvinisten, für die Hilfsbereitschaft selbstverständliche Christenpflicht ist, auch wenn sie damit ihr eigenes Leben in Gefahr bringen. Ruth Stock wird den Nachbarn als Kindermädchen vorgestellt, sie wäscht Windeln, schrubbt Fliesen und hält den Gehweg vor dem Haus sauber. Wissen die Leute in der Straße, wer sie wirklich ist? Daß sie als Illegale im Widerstand arbeitet? Daß sie englische Radiosendungen abhört und ins Holländische übersetzt? Daß sie Papiere fälscht, um Untergetauchten weiterzuhelfen?

Ja, die Nachbarn wissen es. Im Mai 1945, bei der Befreiung durch kanadische Truppen, kommen sie mit dem wenigen, was sie an Eßbarem haben, um mit dem »Kindermädchen« zu feiern. »Dich haben wir durchgebracht«, sagen sie stolz. Dieser Augenblick ist für die Gerettete der bewegendste ihres Lebens. Seither weiß sie, daß sie hier zu Hause ist, daß sie nie wie die nach Zürich emigrierte Dichterin Margarete Susman, in deren Paß wie ein Kainsmal »heimatlos« eingestempelt ist, schreiben müßte:

Wir wandern, wir wandern,
Nicht Ziel noch Ende gilt.
Wo Gleichnis nicht gilt, noch Bild,
Wir unter den Völkern der Welt
Die ewig Andern.

Ruth Stock gehört nicht zu den ewig Andern. Sie hat »ihre« Familie in Beverwijk, all ihre holländischen Freunde, die sie unter Lebensgefahr aufgenommen haben. Zehn Tage nach Kriegsende macht sie sich mit dem Fahrrad auf nach Amsterdam, um zu sehen, wer von ihren untergetauchten Exilfreunden noch übriggeblieben ist. Mit etlichen kann sie freudiges Wiedersehen feiern, andere sind verschleppt, verschollen, ermordet.

Sie arbeitet nun bei den Engländern als begehrte Dolmetscherin für Holländisch, Englisch und Deutsch. Im Untergrund hat sie die Sprache ihrer Beschützer perfekt gelernt, immer begierig, ihre Möglichkeiten der Verständigung auszuweiten.

Wie recht hat Rilke, wenn er, lange vor dem Exodus der Juden aus Deutschland, von Muzot aus an die Lyrikerin Ilse Blumenthal-Weiß schreibt: »Der eigentliche transportable Geist ist durch das Schicksal der Juden in die Welt gekommen.« Der transportable Geist, der Länder und Kontinente verbindet, sich an keine Grenzen hält und für viele der einzige kostbare Besitz ist. Die großen jüdischen Lyrikerinnen haben es immer wieder formuliert: Rose Ausländer, Hilde Domin, Nelly Sachs, die sich mit Paul Celan in Zürich getroffen hat, oder Else Lasker-Schüler, die ruhelos durch Zürichs Uferpromenaden streift, immer im Aufbruch, sich zurücksehnend nach dem gerade Verlassenen: »Die Möven vom Zürcher See schreiben mir so sehnsüchtige Briefe...«

Auch Mascha Kaléko gehört zu diesen Heimatlosen. Mit ihr war Ruth Liepman befreundet. Ihre Verse liebte sie, auch wenn sie der unter Wahnvorstellungen Leidenden nicht mehr helfen konnte. Das Ohnmachtsgefühl, für jemandem nichts mehr tun zu können, ist eine bedrückende und wiederkehrende Erfahrung ihres langen Lebens. Wie sie dankbar an die Menschen zurückdenkt, die ihr geholfen haben, möchte sie auch anderen helfen: »Ich war immer, von Kind an, ein Mensch mit Freunden. Einsamkeit und Alleinsein waren in meinem Leben ganz seltene Erfahrungen. Wo ich konnte, half ich selbst, und immer, wenn es nötig war, wurde mir geholfen. Wahrscheinlich habe ich deswegen nie meine Lebenslust verloren und bin immer wieder mit neuem Mut an neue Herausforderungen herangegangen.«

Ihren Lebenserinnerungen hat sie den für sie bezeichnenden Titel gegeben: *Vielleicht ist Glück nicht nur Zufall.*

One-Woman-Show

Die Kabarettistin
Elsie Attenhofer
*1909

Elsie Attenhofer – wem fiele zum Stichwort Schweizer Kabarett nicht ihr Name ein? Ihre Glanznummern im Zürcher *Cornichon*? Ihre Tourneen mit der *One-Woman-Show* quer durch Europa? Aber sie selbst möchte nicht auf den Beruf »Kabarettistin« festgelegt werden, sie war zeitlebens noch auf andern Bühnen tätig: malend und schreibend, als Filmschauspielerin und Pilotin, als politisch Engagierte und als Partnerin und Biographin ihres Mannes. Die verschiedenen Rollen überlappen und verzahnen sich, sind Episoden oder lebenslange Leidenschaften. Das Kabarett gehört zu den lebenslangen Leidenschaften.

Kabarettistin

Mit 25 steht sie zum ersten Mal auf der Kabarett-Bühne, mit 61 gibt sie ihre Abschiedsvorstellung, mit fast 70 – sie kann's nicht lassen – gründet sie noch ein neues Kabarett, die *Sanduhr.*

Mit dem *Cornichon* hat alles angefangen. Das Kabarett, dessen Markenzeichen eine geflügelte kleine Gurke ist, hat sich 1934, kurz nach der *Pfeffermühle*, als schweizerisches saures Eigengewächs im Zürcher Niederdorf etabliert. Die Gründung erfolgt, wie es sich für ein satirisches Unternehmen gehört, in einer Konditorei. Der musische Konditor Emil Hegetschweiler, im Nebenberuf Komiker, sorgt für Stimmung und das leibliche Wohl, der Dramaturg Dr. Otto Weißert für das nötige Startkapital, der Literat und Werbefilmer Walter

Lesch für Texte und Alois Carigiet, der Erfinder des geflügelten Cornichons, malt die Bühnenbilder. Lauter Enthusiasten. Trotzdem wird die Premiere ein Reinfall. »Wir wollten zu viel und konnten noch zu wenig«, stellt Lesch selbstkritisch fest. Doch das zur Hälfte aus Amateuren bestehende Ensemble ist lernfähig, nach knapp zehn Tagen steht ein neues, erfolgreicheres Programm mit mehr »schwyzerdütschen« Texten. Noch im selben Jahr bringt der lange, dürre Komiker Max Werner Lenz auch seine Schülerin Elsie Attenhofer als »komische Begabung« mit ein.

Im Herbstprogramm steht Elsie Attenhofer bereits mit einer Solonummer, dem *Alkoholfreien Mädchen,* auf der Bühne, einer Persiflage auf die alkoholfreien Restaurants mit den züchtig dunkelblau gekleideten Serviertöchtern:

> Ich brauche mich nicht lange vorzustellen,
> Man sieht mich in manchem Saal.
> Ich serviere an alkoholfreien Quellen,
> Ich verabscheue Dauer- und Wasserwellen,
> Wie ein Volkslied geh' ich durchs Lokal.
> Doch in meinen Träumen da bin ich ganz anderscht,
> Da bin ich von der Greta ein Stück...

Verruchtheitsträume einer verklemmten Naiven – so führt sich Elsie Attenhofer ein, und die Neue Zürcher Zeitung hebt anerkennend ihre »frische, unverbrauchte Unroutine« hervor.

Conférencier Lenz, der findet, »eine kleine ätzende Gegensäure sei nötig, um das glückvolle Dasein in der Schweiz nicht in den Himmel wachsen zu lassen«, hält seinen Landsleuten – oft besonders wirkungsvoll in Schweizerdeutsch – Selbstgerechtigkeit und Spießertum vor. Im *Großen Oratorium für Zufriedene* singt der Chor in weißen Holzmasken:

Wir sind die Wohlgenährten
Und haben nichts im Kopf,
Wir stoßen die Gefährten
Weit weg vom Suppentopf.
Wir haben nichts zu klagen,
Wir kennen keine Not,
Wir leben mit Behagen
Dicht neben Mord und Tod.

Das ist kein Amüsierkabarett, da wird den zahlenden Gästen einiges zugemutet. »Cabaret muß tendenziös, muß oppositionell, muß politisch sein« – die Worte Walter Leschs stoßen bei der jungen, politisch wachen Elsie Attenhofer nicht auf taube Ohren, sie möchte von der kleinen Hirschen-Bühne aus das Bewußtsein in den Köpfen der Menschen oder am liebsten gleich die Welt verändern. Aber das ist ein mühsames, heikles Geschäft: gegen den Ansturm nationalsozialistischer Ideen von außen, gegen den Chauvinismus eigener Landsleute, die eine abgeschottete, »heile und saubere« Schweiz bewahren möchten.

In einer Nummer mit Elsie Attenhofer wird das »Schweizer Unterbewußtsein« durchforscht. Der Psychotherapeut, der mit allen Mitgliedern einer Familie Einzelgespräche führt, stößt dabei immer wieder auf »etwas Flaches, Viereckiges«, das im Unterbewußtsein des Schweizers mächtig ist – eine Banknote. Nicht nur das Zürcher Publikum versteht die Anspielung, auch der unter den Zuschauern sitzende Tiefenpsychologe C. G. Jung, der in Zürich lehrt, klatscht Beifall. Das *Cornichon,* das während der Tourneen der *Pfeffermühle* im Hirschen-Saal spielt und mit seinen immer pointierteren Programmen auch in anderen Schweizer Städten gastiert, wird mehr und mehr zur Schweizer Institution. Die entlarvenden Vorgänge in der »Pension Helvetia« lassen sich von der Bühne, kaum verschlüsselt, auf den Alltag und das politische Leben übertragen.

Im Dirndl und Lodenanzug sinnieren Elsie Attenhofer und Heinrich Gretler vor dem *Haus der deutschen Kunst:*

> Der Geist, ja Geist, fällt uns nicht mehr beschwerlich,
> Er zeigt sich spärlich,
> Weil er gefährlich.
> Wer nicht wie griechisch baut als deutscher Architekt,
> Wer nicht Familie malt und Bauern und Soldaten,
> Gar was Abstraktes, statt die Nazi-Potentaten,
> Beschmutzt sich international mit Intellekt...

Daß das *Cornichon* von 1939 an systematisch observiert wird, daß sich Beschwerden und Drohungen der deutschen und italienischen Botschaften häufen, überrascht nicht. »Habe ich mich unverständlich genug ausgedrückt?« fragt Max Werner Lenz augenzwinkernd von der Bühne herab. Offenbar hat er dies nicht immer. In einer Szene im Irrenhaus erkennt das Publikum unschwer Hitler und Mussolini, und die Nummer muß auf deutschen und italienischen Druck hin aus dem Programm genommen werden. Die Zensur hat auch das *Cornichon* erreicht. Erst als gegen Ende des Krieges die Niederlage des Tausendjährigen Reiches abzusehen ist, werden die Programme wieder frecher, aber die großen Zeiten sind vorbei, das Kabarett löst sich nach Kriegsende allmählich auf. In einer Matineevorstellung für das notleidende Deutschland, an der – ungewöhnlich für ein Kabarett – der Theologe Karl Barth zur Hilfeleistung aufruft, kommen 4000 Franken an Spenden zusammen. Und in der Flüchtlingszeitschrift *Über die Grenzen* stattet der in der Schweiz internierte Germanist Hans Mayer dem *Cornichon* seinen Dank ab: »Hier erwies es sich, daß die Demokratie, die eben vor allem auch Recht zur Kritik ist, funktionierte, daß diese Menschen so treu zu diesem kleinen Theater hielten, weil es ihnen ganz einfach die Freiheit des Wortes schlechthin bedeutete. Das war für uns eine große Schule der Demokratie.«

Schon 1942 hat das *Cornichon* einen Ableger in Basel bekommen. Hier treten Elsie Attenhofer und einige andere Ensemblemitglieder im *Gambrinus* mit einem eigenen Programm auf: die Attenhofer als Moritatensängerin, als schnippische Gans aus besserem Hause, als charmante Welschschweizerin, als Vedette der Jugendstilzeit, als Charleston-Star und – krasser Gegensatz – als biederes Fräulein Vögeli, Ratgebertante von Radio Beromünster. Breiter könnte die Palette der Darstellungsmöglichkeiten nicht sein. Das Publikum ist begeistert – für Elsie Attenhofer allerdings sind diese komödiantischen Rollen eher ein Zwischenspiel: Politisches Kabarett, das politisches Engagement fordert, liegt ihr mehr.

Daß sich nach dem Krieg die Grenzen wieder öffnen, ist für sie wie eine Befreiung: reisen können, mit Menschen anderer Länder und Zunge Kontakt aufnehmen... In Zürich gastiert 1947 der deutsche Kabarettist Werner Finck, ein Meister der politischen Anspielungen und Andeutungen. Zu ihm ist der Draht sofort da, und die Frage, ob kabarettistische Auftritte in Deutschland wieder möglich sind, erübrigt sich; Finck lädt sie nach Stuttgart ein: »Was damals, als ich zum ersten Mal mit Lenz nach Stuttgart fuhr, auf uns zukam, war erschütternd und unvergeßlich beglückend zugleich«, schreibt sie rückblickend, und sie erinnert sich an die herzliche und ehrenvolle Begrüßung, an die Verwunderung der Deutschen und deren Frage: »Was führt die aus ihrem heilen Land in unsern Scherbenhaufen?« Die Tagesschau filmt ihre Ankunft, und abends läuft das Ereignis – in der Vorfernsehzeit – über die Leinwände der Kinos.

Ihre Auftritte in vier Sprachen lassen in den Deutschen so etwas wie eine Europa-Sehnsucht aufkommen, ein befreiendes Durchatmen nach der langen Zeit der Abschottung von der europäischen Kultur außerhalb des »Reiches«. Das Wieder-die-Hand-Geben wird zu einer Symbolhandlung, die sich im Laufe der nächsten zwei Jahre in vielen deutschen Städten wiederholt. Es ist die Zeit des Marshallplanes und des Wiederaufbaus. Überall entstehen aus den Trümmern improvisierte Theater, die Menschen hungern nach satirisch und witzig aufbereiteter Kost, ob in den roten Plüschsesseln der heilgebliebenen *Komödie* am Berliner Kurfürstendamm oder sechs Treppen hoch in einem Bonner Dachstock. Hier macht Elsie Attenhofer Bekanntschaft mit Theodor Heuss – wieder ein Mensch, der genau auf ihrer Wellenlänge liegt; er wird sie später in ihrem Heim in Bassersdorf besuchen.

In den fünfziger und sechziger Jahren zieht sie mit eigenem Tourneeprogramm, ihrer *One-Woman-Show*, durch viele Länder Europas – immer mit schlechtem Gewissen der Familie gegenüber, obwohl sie Kinder, Haus und Garten gut betreut weiß. Auch wenn die alten Ehegesetze, wonach der Mann bestimmt, ob eine Frau berufstätig sein darf, nicht mehr gelten, auch wenn beide die Übereinkunft getroffen haben, daß jeder die Freiheit des andern respektiert – das schlechte Gewissen bleibt. 1972 nimmt sie ihrem Mann zuliebe Abschied von der Bühne. Ein schwerer Verzicht für sie. Sie ist eine politische Frau, zählt sich – wie der Kabarettist Werner Finck – zur »radikalen Mitte«, mit liberal-konservativem Kern und innovativen Gedanken. Sie möchte wirken, nicht vom Katheder herab wie ihr Mann, ihr Ort ist die Bühne, kleine Theater, wo der Kontakt zum Publikum noch gegeben ist, wo man nach den Vorstellungen ins Gespräch kommt, über Grenzen und Sprachbarrieren hinweg. Europa ist für sie keine utopische Idee, sondern ein Ziel, das in immer erreichbarere Nähe rückt.

Erst nach dem Tod ihres Mannes, nach 1974, steht sie wieder auf der Kabarettbühne. Für eine Dokumentation über das *Cornichon* hat sie die alten Programme und den Nachlaß des Textdichters Max Werner Lenz gesichtet und dabei so viel noch nicht »Verstaubtes« gefunden, daß sie, gemeinsam mit Lukas Ammann, eine Reprise mit Originaltexten und Originalmusik zusammenstellt und damit das Theater am Hechtplatz allabendlich füllt. Später bestreitet sie dieses Programm im Alleingang, nur unterstützt von alten *Cornichon*-Bildern, die ein Projektor auf den Bühnenhintergrund wirft. Mit der Gründung der *Sanduhr* im Jahre 1978 macht sie noch einmal den Versuch, politisches Kabarett in der Schweiz am Leben zu erhalten. In der Nummer *Europaunion* persifliert sie als sockenstrickende Euro-Sekretärin im Telefongespräch mit den Großen dieser Welt die Politikerszene. Nicht nur Bern und Bonn hat sie an der Strippe, sie parliert mit François Mitterrand französisch, mit Maggie Thatcher und Ronald Reagan englisch und mit Michail Gorbatschow russisch – eine sprachliche Leistung, die ihr stets Sonderapplaus einbringt. Natürlich gibt sie auch Papst Johannes Paul II., Ajatollah Khomeini und Deng Xiaoping gute Ratschläge, und obgleich von allen Gesprächspartnern nur noch Mitterrand und der Papst im Amt sind, wirkt das Programm, das auch über viele Rundfunk- und Fernsehsender ausgestrahlt wurde, heute nicht weniger amüsant und psychologisch entlarvend als damals. Mit dieser Sockenstrickerin, einer Frau mit praktischem Verstand und Sinn für Humor, spielt sie sich Sympathien in vielen europäischen Ländern ein.

Ihr politisches Engagement für Europa kann und will sie auch außerhalb des Kabaretts nicht verleugnen. Nach dem negativen Volksentscheid über einen EWR-Beitritt der Schweiz ärgert sie sich über die Engstirnigkeit und das »angeschlagene Selbstwertgefühl« ihrer Landsleute. *Unbehagen im Kleinstaat* heißt ein Buch, das ihr Mann, der Germanistikprofessor Karl Schmid – auch er ein politisch denkender Kopf – schon in den sechziger Jahren geschrieben hat. Unbehagen empfindet sie heute angesichts der Isolierungstendenzen vieler Schweizer. Unbehagen empfand sie schon in den Kriegsjahren, als die offizielle Flüchtlingspolitik der Regierung sie empörte und sie nichts weiter tun konnte, als auf der Kabarettbühne dagegen anzuspielen.

Auch wenn sich Elsie Attenhofer zeitlebens vom Theater und Kabarett faszinieren ließ – die Bühne war nie ihre einzige Ausdrucksmöglichkeit. Mit dem Kabarett wollte sie etwas bewirken, auf witzige, nicht pädagogisierende Art zum Denken anregen; in ihrer Kunst hat sie diese Ambitionen nicht, da will sie zu sich selbst finden, da lotet sie ihr Inneres nach den Bildern aus, von denen sie ihr Leben mitbestimmt fühlt und denen sie auch reale Gestalt geben möchte. Die vielen Entwürfe, Skizzen und Ölstudien in ihrem Atelier zeugen davon. Auch die Skulpturen, die überall im Haus wie zufällig zwischen bizarren Steinen stehen: von der Natur und von Menschenhand Geformtes in selbstverständlichem Einklang.

Mit einer Skulptur, die 1934 entstanden ist und leider nur noch als Photodokumentation existiert, hat es seine besondere Bewandtnis. Die junge Künstlerin und ausgebildete Malerin ist noch nicht 25, als sie den verwegenen Plan faßt, einer Romanfigur, die sie bewundert und liebt, ein monumentales Denkmal zu setzen: Thomas Manns biblischer Josephsgestalt. Von Thomas Manns Werk, das er später in der Emigration vollendet, ist gerade der erste Teil erschienen, den Elsie Attenhofer fasziniert verschlingt. Dieser Joseph, der Traumdeuter und Fabulierer, der die Menschen mit seinen Geschichten in Bann zieht, läßt sie nicht mehr los. Aus Ton will sie ihn formen, überlebensgroß, wie es seiner Bedeutung entspricht. Die technischen Probleme sind enorm, ein passendes Gerüst muß gebaut werden, das Brennen der Einzelteile ist ein aufregendes Experiment, aber es gelingt. Eines Tages steht *Joseph im Schleiergewand* vollendet im Atelier. Drei Meter hoch und den Raum beherrschend.

Über Therese Giehse und Erika Mann, die Elsie Attenhofer vom Kabarett her kennt, erfährt Thomas Mann von dem Josephsmonument. Seine Neugier ist angestachelt, er möchte den Joseph, seine Figur, sehen. Am 18. August 1934 erscheint er mit seiner Frau Katia im Zürcher Atelier der jungen, mit Prominenz noch unerfahrenen Künstlerin, um das Werk zu begutachten. Er ist offenbar nicht unzufrieden und bedankt sich noch am selben Abend in einem Brief: »Es hat etwas eigentümlich Bewegendes, seinen Gedankentraum so durch die plastische Kunst verwirklicht und in den Raum gestellt zu sehen... Ihr Werk hat die Verwegenheit, die der Zauber aller Kunst ist. Es scheut vor dem Grotesken nicht zurück, und man muß wohl zugeben, daß dieser Einschlag grotesker Kühnheit durch das Monumental-Format gesteigert wird.« Doch eben dieses Monumentalformat läßt ihn davon absehen, den Drei-Meter-Joseph zu erwerben, er macht Elsie Attenhofer einen anderen Vorschlag: „Könnten Sie sich nicht entschließen, eine verkleinerte Copie der Arbeit herzustellen, in Statuettengröße, 1 Meter hoch oder auch nur 80 Centimeter? Es wäre ein interessantes Experiment...« Sie geht auf dieses Experiment nicht ein, Kopien herzustellen liegt ihr nicht. Der Original-Joseph wird unter großen Mühen in den elterlichen Garten an der Steinwiese transportiert, doch die Fröste setzen dem Tongebilde offensichtlich so zu, daß es nach wenigen Wintern in sich zusammenbricht.

Vier Jahrzehnte später treibt sie wieder die Gestaltung eines Monuments um: das Grabmal für ihren Mann auf dem Friedhof von Bassersdorf. Fast fünfunddreißig Jahre lang waren sie Gefährten, ihr ganzes Eheleben haben sie in dieser Zürcher Vorortgemeinde verbracht, haben die beiden Kinder hier heranwachsen sehen, sind von hier aus aufgebrochen in südlichere Regionen, ins Tessiner Refugium Sala, zu dem vertrauten Eiland im Ligurischen Meer – oder in neue geistige Welten. Manchmal gemeinsam, häufiger aber auf getrennten Wegen. Das wird ihr in aller Deutlichkeit noch einmal bewußt bei der Durchsicht der Notizbücher ihres Mannes. In diesen *Carnets* findet sie auch die Anregung zur Gestaltung des Grabsteins, eines großen Findlings, in den sie ein Mosaik einläßt: *Das Genaue und das Mächtige* – der Titel eines Buches, an dem Karl Schmid kurz vor seinem Tod noch gearbeitet hat, das er aber nicht mehr vollenden konnte. Sie liest in seinen Notizen: »das Verhältnis zwischen dem bewußt, rational, evtl. sogar wissenschaftlich genau Gesehenen und Artikulierten einerseits, den kaum bewußten Motivationen, wie sie aus den Mythen und Archetypen hervorwirken, andererseits, beschäftigt mich. Es ist ein ungeheurer, nicht ganz geheurer Stoff...«

Und diesen Stoff versucht Elsie Attenhofer mit ihren Mitteln zu bewältigen: helle, flache Steine zu einem Kreis geformt, umgeben von einem Quadrat dunkler Granitsteine. Durchschnitten wird der Kreis von einem schwarzen Schieferpfeil und einer horizontalen Schieferlinie, das Zentrum bildet ein glänzender Pyrit – der Schnittpunkt des Genauen und des Mächtigen. Aus dem Kreis fliegt, mit blauen Steinen angedeutet, eine Schwalbe. Der Symbolvogel trägt als Kopf einen herrlichen Lapislazuli.

Auf der Staffelei im Atelier stehen Bilder der Enkelkinder, naturalistisch fein gezeichnete Bleistiftporträts. Fünf Enkel hat Elsie Attenhofer, drei im angrenzenden Haus aus der Familie ihres Sohnes, der Arzt ist, zwei von ihrer Tochter, die als Psychiaterin, verheiratet mit einem Kolumbianer, in Amerika lebt. Die Enkel sind stolz auf ihre Großmutter. Nicht so sehr auf die Malerin, nicht einmal auf die Kabarettistin, aber auf die Fliegerin. Eine Großmutter mit Pilotenbrevet, das hat nicht jeder.

Pilotin und Rotkreuzfahrerin

Fliegen war von Kind an Elsie Attenhofers Traum, und da sie stets eine realistische Träumerin war, fanden sich auch damals Wege, diesen Kindheitstraum zu verwirklichen. Die Flugstunden hat sie sich selbst verdient, als Sekretärin bei einem Chefarzt, der als Flieger ihre Flugbegeisterung teilte. Und am 15. August 1931 konnte man in der Illustrierten *Sie und Er* eine kesse Pilotin im Fliegerdreß vor einer Sportmaschine bewundern. Bildkommentar: »Die junge Zürcher Kunstmalerin Elsie Attenhofer bestand dieser Tage mit Erfolg ihr Pilotenexamen und erwarb damit als erste Dame der Stadt Zürich das Brevet als Sportfliegerin.«

Die Kommentare der Freunde schwanken zwischen Spott und Bewunderung, besonders, als die »fliegende Frau« auch noch das Brevet II schafft, mit Akrobatikflügen beginnt und auf das Brevet III für Kunstflieger zusteuert. Alles in der karg bemessenen Freizeit, denn hauptberuflich spielt sie jetzt Kabarett und wirkt in Schweizer Filmen mit. Bei Außenaufnahmen für den Dialektfilm *Füsilier Wipf* lernt sie den Gymnasialprofessor und Offizier Karl Schmid kennen, der als »militärischer Berater« der Regie zur Seite steht. Der Film läuft Ende November 1938 in den Zürcher Kinos an und wird ein Riesenerfolg. Grund zu einer feuchtfröhlichen Feier der Filmschauspieler und Wiedersehen mit dem nicht ganz in diesen Rahmen passenden jungen Gelehrten, der Elsie Attenhofer nun innig ironische Liebesgedichte schreibt, die sie in ähnlicher Tonlage beantwortet. Beim Musischen kann sie mithalten, dem Wissenschaftler allerdings fühlt sie sich unterlegen, da leidet sie unter ihrem »Bildungsmangel« – aber gleichzeitig regt sich in ihr der Schalk: Sie wird es dem Spötter über die »fliegenden Frauen mit den Abstürzen ins Bodenlose« schon zeigen. Sie lädt ihn zu einem Flug über die Innerschweizer Alpen ein. Das Rütli, Herzstück der Eidgenossenschaft, soll er sich von oben ansehen – könnte ein Offizier der Schweizer Armee da kneifen? Karl Schmid klemmt sich gottergeben, nachdem er angeblich sein Testament gemacht hat, in den schmalen Passagiersitz der *Bücker-Jungmann,* und die Pilotin startet von Dübendorf aus Richtung Vierwaldstättersee. Plötzlich überkommt sie die Lust, den ihr ausgelieferten Passagier noch etwas stärker zu »testen«. Sie läßt die Maschine zweihundert Meter nach unten trudeln, in eine Vrille fallen, wie der Fachausdruck heißt. Karl Schmid wird zwar blaß, verliert aber die Nerven nicht und auch nicht das Vertrauen zu ihr. Test bestanden, der Heirat steht nichts mehr im Weg.

Mit dem Fliegen ist es nach der Generalmobilmachung im September 1939 erst einmal vorbei, Sportmaschinen müssen für militärische Zwecke in Bereitschaft gehalten werden, und Pilotinnen gibt es nicht in der Schweizer Armee – höchstens Sanitätsfahrerinnen. Elsie Attenhofer meldet sich zum FHD, zum freiwilligen Frauenhilfsdienst. Sie legt den Fahneneid ab und rückt als Rotkreuzfahrerin zur Sanitätskolonne 13 nach Brunnen ein, in Uniform, mit Stahlhelm und Gasmaske, aber ohne Waffen. Zu den Wochenenden wird sie beurlaubt, da steht sie im Zürcher Corso-Theater als *Gilberte de Courgenay* auf der Bühne. Montags dann wieder Achsenschmieren in der Werkstatt, Fahrzeuge vom Schlamm säubern unter dem kritischen Blick eines Leutnants, der mit weißem Handschuh die Innenseiten der Kotflügel auf Schmutzreste überprüft.

Nein, so hat sie sich den Dienst fürs Vaterland nicht vorgestellt: »Wir mögen sicher ganz gute Soldaten sein äußerlich – aber für unser Wesen ist es die fremdeste und grausamste Maschinerie, in die man geraten kann... Wir melden an – melden ab – schlagen die Hacken zusammen, genau wie die Soldaten«, schreibt sie ärgerlich. Warum müssen Frauen unbedingt zu Männern werden, Autos auf den Zentimeter genau nebeneinander in Reih und Glied stehen? Immer wieder wird der »Ernstfall« geprobt, den sich doch niemand so richtig vorstellen kann, wahrscheinlich auch der schneidige Leutnant mit dem weißen Handschuh nicht. Absurd kommt ihr alles vor, wie Hexen in der Walpurgisnacht die Kolleginnen mit den Gasmaskenrüsseln. Sie stellt sich vor, wie ihr zukünftiger Mann ihre Sanitätskolonne inspiziert und sie vor ihm vom Stuhl aufspringen und Achtungstellung annehmen muß...

Karl Schmid ist inzwischen zum Hauptmann im Generalstab aufgerückt und leistet Armeedienst in der Festung Andermatt, dem Gotthard-Réduit. Feldpostbriefe gehen fast täglich hin und her, ironische, ernste. Elsie Attenhofer unterschreibt mit »E. – Hand an der Mütze«, und Karl Schmid antwortet umgehend und diesmal ohne Ironie: »Meinst Du, ich wisse nicht, wie sehr Dich die Entpersönlichung, die Brutalität der Gemeinschaft, die Diktatur der Menge quält – wenn Du jetzt auf dem Bettrand sitzest und denkst, Du möchtest Dich jetzt waschen können? Ich habe nun bald tausend solche Nächte hinter mir – und ich denke manchmal, Du werdest einiges an mir nachher besser verstehen. Dieser Kurs ist jetzt für Dich, was der *Füsilier Wipf* für mich war: Sprung in eine ganz fremde Welt, mit ganz anderen Gesetzen ...«

Die beiden wissen, wie weit voneinander entfernt die Welten sind, in denen sie leben und aus denen sie kommen – die Welt des »Genauen« und die des »Mächtigen« – und gleichzeitig lassen sie sich faszinieren von den komplementären Möglichkeiten ihrer Verbindung. Karl Schmid, Sohn aus gutbürgerlichem Zürcher Haus, ist scharfer, abstrakter Denker und ständiger Klassenprimus. Elsie Attenhofer, Tochter aus einer Luganeser Hotelierfamilie, glänzt mehr in den nichtintellektuellen Fächern, Zeichnen, Turnen, Singen. Im Schmidschen Salon steht ein standesgemäßer Flügel, in der Attenhoferschen Mietwohnung ein Leihklavier. »Eine Welt, eine Dimension kam da auf mich zu, die mich einerseits faszinierte, mich aber auch in Zweifel stürzte, ob ich ihr jemals gewachsen sein würde«, notiert Elsie Attenhofer. Aber sie zögert keinen Augenblick, den Sprung zu wagen.

Noch im April, kurz vor Hitlers Einmarsch in Holland, Belgien und Frankreich, wird der Heiratstermin in einem Dienstgespräch am Telefon festgelegt: 10. Juni 1940. Drei Tage Sonderurlaub. Und wieder ein Pressebild: Karl Schmid würdig in Offiziersuniform, daneben die eben im Stadthaus angetraute Ehefrau mit neckisch schrägsitzendem Hütchen. Wie wird der erfolgsgewohnte junge Ehemann die Meldung aufgenommen haben, die durch die Agenturen lief: »In den Ehehafen eingelaufen ist die vom Cornichon bekannte Künstlerin und erfolgreiche Darstellerin der Gilberte de Courgenay im Zürcher Corso-Theater Elsie Attenhofer; ihr Ehemann ist Hptm. i. Gst. und steht am Gotthard im Aktivdienst.« Der Hauptmann im Generalstab mit einem Nebensatz abgetan – ein Problem, das die Ehe später noch ab und an belasten wird.

Aus Elsie Attenhofer wird nicht Elsie Schmid, sie behält, wie in Künstlerkreisen üblich, ihren Mädchennamen bei. Auch sonst ändert sich wenig in ihrem Leben. Sie bleibt weiter Sanitätsfahrerin und spielt daneben im Corso-Theater, nur, daß es jetzt auch noch einen Zweipersonenhaushalt zu versorgen gilt und ihr die Mehrfachbelastung der Frau plötzlich bewußt wird: »Wenn der Wehrmann heimkommt, ist wenigstens eine Frau da, die sein Bad bereit hält, die ihm auspackt, die ihm zu essen gibt, die seine Kleider reinigt. Wenn die Wehrfrau heimkommt, dann haben die Blumen hängende Köpfe, der Staub liegt auf den Möbeln und die Luft ist gestorben.«

Die Gleichzeitigkeit der Ereignisse kommt ihr grotesk vor: In Paris marschiert Hitler durch die Champs-Elysées, die Juden werden gejagt und verhaftet, während sie im Rührstück *Gilberte de Courgenay* auf der Bühne steht und ihr Mann an einem Gottfried Keller-Aufsatz arbeitet. Sie schreibt ihm voll angestauter Wut ins Feld: »Unsere alten Hasen in Bern (Verzeihung) sind in ihrer Schwäche und Labilität dort nicht mehr am Platze. Man wird sie einmal zur Verantwortung ziehen, auch was ihr antisemitisches Gebaren betrifft.«

Die schweizerische Vergangenheitsbewältigung treibt sie auch nach dem Krieg um. Tausend Fragen stellt sie sich und andern und erhält keine Antwort: Hat man die »schwankenden Gestalten« aus dem Bundeshaus je zur Rechenschaft gezogen, als die Auslieferung jüdischer Todeskandidaten an der

Schweizer Grenze ruchbar wurde? Hat man den Chef der Polizeiabteilung, der sich so sehr vor »Verjudung« gefürchtet hatte, abgesetzt? Wo blieb die Presse nach dem Krieg, als man wieder reden durfte? War es den Magistraten gelungen, alles zu vertuschen, da ja über heikle Themen im Staatsinteresse angeblich keine Protokolle geführt wurden? War es für Historiker einfacher, statt einzelne Schuldige zu behaften, Greueltaten dem Versagen der ganzen Nation, der damaligen Generation anzulasten? Einer Generation, von der mehr als die Hälfte Frauen waren ohne Wahl- und Stimmrecht, weder im Parlament noch im Bundesrat vertreten?

Elsie Attenhofer ist überzeugt, daß hier, hätten die Frauen ein Mitspracherecht gehabt, einiges anders gelaufen wäre in der offiziellen Politik. Daß man Frauen wie Regina Kägi-Fuchsmann, Elsbeth Kasser oder Gertrud Kurz, die sich für Flüchtlinge immer wieder mutig einsetzten, mehr Gehör geschenkt hätte. Daß der Entrüstungssturm der Bevölkerung, als 1942 die Grenzen abgeschottet wurden, nicht wirkungslos geblieben wäre. Daß der Schweizer Konsul Lutz und seine Frau, die in Budapest mehr als 50000 Juden vor der Deportation nach Auschwitz retteten, nicht vom Bundesrat, ähnlich wie der Polizeichef Grüninger, wegen »Zuwiderhandlung« gerügt worden wären...

Es ist kein Zufall, daß aus der Malerin und »hochfliegenden« Kabarettistin gerade in jener Zeit eine Autorin wird, die sich ihre Empörung von der Seele schreiben muß.

Autorin

Als sie 1942, in den Monaten vor der Geburt ihres zweiten Kindes, in der Zeitung von den Razzien gegen die Juden in Paris liest, formt sich in ihrem Kopf der Plan zu einem Stück, das sich mit dem Antisemitismus auseinandersetzt, ganz konkret am Beispiel einer durchschnittlichen Schweizer Familie:

Der Sohn neigt den Frontisten zu, die Tochter hat einen jüdischen Verlobten – ein Konflikt wird beschrieben und ausgetragen, der in der großen Politik tabuisiert ist. Die Vollendung des Zeitstücks *Wer wirft den ersten Stein?* fällt mit der Geburt der Tochter Regine zusammen. Elsie Attenhofer reicht das Stück für einen vom Schauspielhaus ausgeschriebenen Wettbewerb ein. Das »heiße Eisen« bleibt ein ganzes Jahr auf Intendantenschreibtischen liegen. Erst 1944, als sich Hitlers Niederlage abzeichnet, wagt sich das Basler Küchlin-Theater an eine Inszenierung. Aufführungen in Zürich und vielen anderen Schweizer Städten schließen sich an. Der Regisseur Max Werner Lenz, der dramaturgische Schwächen des Stückes geschickt überbrückt, hat nicht geringen Anteil am Erfolg dieses Erstlings.

Ein Erfolg, der in der Ehe zu ersten, noch unterschwelligen Konflikten führt. Karl Schmid hat das Stück gelesen und ist beeindruckt. Ein »unheimliches Pfüpflein« nennt er seine Frau stolz in einem Feldpostbrief. Sie freut sich und ist gleichzeitig verunsichert über seine Reaktion: »Denn da war dieser Diminutiv. Das unterschwellige Befremden über ein Wesen, das man für sich behalten wollte, das man ›zu lieb hat‹, um es ernst nehmen zu können. Das nun aber eigene Wege zu gehen beliebt... Damals begann unser Leiden. Du an mir – ich an dir.«

Ihr Mann ist inzwischen als Professor für deutsche Literatur an die ETH Zürich berufen worden. Er, der nun zu den Honoratioren der Stadt gehört, würde gerne ein Haus führen, in dem die Gattin sich liebevoll um das Wohl der Gäste kümmert. Aber die Gattin ist fast ständig unterwegs, auf Proben, auf Tournee – immer mit schlechtem Gewissen der Familie gegenüber. Während sie sich mit Schuldgefühlen belastet, geht er ganz selbstverständlich in seinem Beruf, seiner wissenschaftlichen Arbeit auf: »Der Zwiespalt zwischen deiner und meiner Öffentlichkeit wurde entsprechend größer, je mehr unser erweitertes Wirken an Möglichkeiten gewann.« Sie kann und will nicht mehr nur dort sein, wo er sie so gerne festgehalten hätte: in der »Réserve du Patron« – ein Familienausdruck, der erklärt werden muß:

Im Schmidschen Weinkeller befindet sich ein vergittertes und vom Hausherrn stets unter Verschluß gehaltenes Gestell mit der Aufschrift »Réserve du Patron«. Dieser Besitzanspruch, der sich nicht nur auf die alten Weinkostbarkeiten bezieht, bringt die emanzipatorische Auch-Hausfrau in Wut. Schon in ihrer Kindheit hat sie erlebt, wie ihr größerer Bruder von der Mutter über die Maßen verwöhnt wurde, wie er, der einzige Sohn, seine jüngeren Schwestern herumkommandieren durfte: »Seither wuchsen in mir immer üppiger Widerspruch und Kampflust dem festgefahrenen Patriarchat gegenüber. Ich fand, es sei notwendig und höchste Zeit, sich für die Frauen und ihre Stellung innerhalb der dominierenden Macho-Gesellschaft zu wehren.« Die Debatten über das Frauenstimmrecht werden im Hause Schmid leidenschaftlich, aber von beiden Seiten nicht uneinsichtig und nicht ohne Verständigungsbereitschaft geführt. Der Hausherr nimmt die anfänglich bespöttelten »Kochkistengespräche« zunehmend ernster, die üblichen Männerparolen bleiben aus: Die Frau gehört ins Haus, versteht nichts von Politik, ist zu gefühlsbetont, denkt unlogisch, zu subjektiv...

Trotz vieler Gemeinsamkeiten kommen die Lebenshaltungen der beiden nie ganz zur Deckung: »Deine Welt und meine Welt – unsere Öffentlichkeit – wir haben sie nicht zusammen bewältigt«, zieht Elsie Attenhofer das Fazit ihres Aufbruchs, der nicht nur für ihren Mann, sondern wie sie erst viel später feststellt, auch für ihre Kinder nicht leicht zu verkraften war: »Allein die Tatsache, daß die Frau Haus und Kinder verließ aus beruflichen Gründen, wurde Bedrückung und Vorwurf. Ich tat etwas, was für die damalige Generation unmöglich war«, schreibt sie rückblickend.

1958 wird ein weiteres Theaterstück von ihr in Zürich aufgeführt: *Die Lady mit der Lampe.* Florence Nightingale steht im Mittelpunkt dieses preisgekrönten Dramas, das auch in Deutschland gespielt wird. Für ihr Stück *Wer wirft den ersten Stein?* erhält sie auf einer Israel-Tournee 1966 überraschend eine Ehrung in Yad Vashem, der Gedenkstätte für ermordete Juden. Bei ihrer Rückkehr, erfüllt vom Erlebten, nimmt sie die bedrückte Stimmung ihres Mannes nicht weiter zur Kenntnis. Erst in der Erinnerung wird ihr bewußt, wie sehr ihre öffentlichen Ehrungen für ihn, den ja noch in einem anderen Rollenverständnis Erzogenen, schmerzliche Herausforderung gewesen sein müssen. Dennoch versuchen beide immer wieder, sich in der Arbeit, in der Familie, in der Liebe zu finden. Er hilft ihr bei der Zusammenstellung eines Erinnerungsbuches über das *Cornichon,* das allerdings erst nach seinem Tod, im Jahre 1975, erscheint.

Um Schmerz und Bedrückung des plötzlichen Alleingelassenseins zu überwinden, beginnt sie zu schreiben, wichtige Stationen ihres Lebens aufzuarbeiten. 1981 erscheint, illustriert mit eigenen Zeichnungen, *Der Flug um die goldene Mücke.* Erlebte Geschichten, Episoden aus ihrem Leben, die sie allerdings nicht streng autobiographisch, sondern als »Mischung zwischen Dichtung und Wahrheit« verstanden wissen möchte. Beim Aufräumen stößt Claudia, die Erzählfigur, auf eine alte Fliegerbrille, eine Ledermütze und einen Bernsteintalisman, eben die »goldene Mücke«, die unvermutet die wagemutigen Flugerlebnisse ins Gedächtnis zurückruft.

Auch alte Filmgeschichten tauchen wieder aus der Erinnerung auf, die Zeit vor und nach dem Zweiten Weltkrieg, als die Praesens-Film AG in Zürich mit magerem Etat publikumswirksame Filme gedreht hat: *Die mißbrauchten Liebesbriefe* von Gottfried Keller mit dem Regisseur Leopold Lindtberg und Annemarie Blanc, Elsie Attenhofer und Paul Hubschmid in den Hauptrollen. 1938 den Kassenschlager *Füsilier Wipf* mit der Szene im Kuhstall, die, weil Außenaufnahmen zu teuer sind, im fünften Stock des Filmstudios in der Nüschelerstraße gedreht wird. Für die echte Stallatmosphäre wird der Fußboden mit Stroh ausgelegt; wenn schon keine ausgewachsene Kuh, so muß wenigstens ein Rind her. Das verängstigte Tier wird in den Lift gequetscht und nach oben befördert. Es hinterläßt überall seine penetrant riechenden Spuren, ist aber aus Trotz nicht bereit zu muhen. Der Schauspieler Heinrich Gretler besorgt dies mit seiner Baßstimme so eindrücklich, daß niemand später im Kino den Schwindel merkt. Bei der Verfilmung von Johanna Spyris *Heidi* gibt es andere Probleme: zwar dreht man auf einer richtigen Alp im Bündnerland, aber nicht zur richtigen Jahreszeit. Die beiden angeheuerten Ziegen entwickeln Starallüren und fressen statt Gras nur noch Lunchpakete, schlimmer noch: lecken das als Schneeersatz mühselig auf Ästen und Zäunen ausgestreute Salz weg. Elsie Attenhofer – im Heidi-Film die Tante Dete – zeigt sich bei diesen Schilderungen als lockere, humorvolle Erzählerin. Von einer ganz anderen Seite lernen wir sie in ihren Bühnenstücken und in ihrem Buch *Réserve du Patron* kennen.

Réserve du Patron, 1989, 15 Jahre nach dem Tod ihres Mannes herausgekommen, trägt den Untertitel *Im Gespräch mit K.*, ein Gespräch, das zur Selbstanalyse wird. Blätter einer langen Ehe, Hommage an Karl Schmid und gleichzeitig Krisentagebuch, Höhen und Tiefen einer spannungsreichen Verbindung, Schuld und Rechtfertigung im Widerstreit von Selbstzurücknahme und Selbstentfaltung. Einzelne Bilder bleiben dem Leser wie Szenen aus einem Ingmar-Bergman-Film haften: Der Mann, der mit seiner Kartothek und seinem Systematisierungszwang dem »Genauen« verhaftet ist und doch das »Mächtige«, das unberechenbar Wirkende in sich spürt – der Mensch in seiner Doppelnatur.

Wer nicht wahrhaben will, was sich dem rationalen Zugriff entzieht, gehört für Karl Schmid zu den »Einäugigen«. Die

Gespräche und der Briefwechsel mit C. G. Jung zeigen seine Affinität zur Archetypenlehre und zur Tiefenpsychologie – für die Partnerin, die diese Gedankengänge nachvollzieht, bleibt schmerzlich, daß sich die tiefen Einsichten im täglichen Umgang miteinander zu selten nur niederschlagen, daß sie den Gefährten nicht von seinen Depressionen und seinem Rückzug in sich selbst zu befreien vermögen: »Schwere und Bedrückung – du bist ihrer in den späten Jahren nicht mehr Herr geworden.« Er fühlt sich mit Gottfried Benn als »armer Hirnhund, schwer mit Gott behangen« – was kann sie dagegensetzen? Vielleicht nur ihr verstehendes Bemühen, ihre Liebe: »Mir ist, als drehten wir uns in der Spirale einer Schraube um den gemeinsamen Mittelpunkt immer weiter hinunter, immer tiefer zurück in Licht und Dunkel der Vergangenheit.« Ausloten dieser Vergangenheit als Trauerarbeit und Bewältigungsversuch, das bleibt ihr zu tun.

Karl Schmid hat bestimmt, daß nach seinem Tod all seine Aufzeichnungen und Briefe vernichtet werden, er, der zeitlebens Publizitätsscheue, wollte keinen Nachlaß – und hat damit seine Frau und die beiden Kinder als Erben in einen Gewissenskonflikt gebracht: Zwar werden die Tagebücher und Agenden verbrannt, die Briefwechsel mit C.G. Jung, mit Hermann Hesse und Thomas Mann und vielen anderen bedeutenden Zeitgenossen jedoch, entgegen dem Willen des Verstorbenen, dem Archiv für Zeitgeschichte der ETH überlassen. Den privaten Briefwechsel ihrer Ehe behält sie, die fünf prall gefüllten Ordner erleichtern und erschweren ihr den Zugang zu ihrem gemeinsamen zurückliegenden Leben. Manches befremdet sie auch heute noch: Warum zum Beispiel hat er ihr damals, im November 1950, einen Brief Thomas Manns vorenthalten, in dem von ihr die Rede ist? »Ich war verliebt in sie zur Maienzeit meiner 60 Jahre! Und nun ist sie Ihre Frau, und Sie sind ein Glückspilz«, schreibt Thomas Mann, der sie und ihre Josephsstatue ja immerhin einmal in ihrem Atelier an der Nüschelerstraße besucht hat. – Eifersucht? Kränkung des Empfindsamen?

Andere Zeugnisse aus der Vergangenheit sieht sie, deutlicher als damals, als Zeichen ihrer Verbundenheit über den Tod hinaus: »Die Zeichen zwischen dir und mir. Sie sind die Perlen in der langen Kette schwieriger Ehejahre. Sind Perlen geblieben in ihrer Fortdauer auch nach deinem Tode.« Perlen, die sie immer wieder behutsam prüfend durch die Hände gleiten läßt.

Elsie Attenhofer blickt auf ein innerlich und äußerlich bewegtes und reiches Leben zurück. Ans Altenteil denkt sie noch nicht, auch wenn ihr Haus am Schatzacker ein kleines Refugium ist – aus dessen Stille sie nur ab und zu der Lärm startender Maschinen auf dem nahen Flughafen Kloten in unsere Zeit zurückholt. Die Ehrenbürgerin ihrer Wohngemeinde Bassersdorf nimmt weiter lebhaft und kritisch Anteil am öffentlichen Geschehen. Daß zu Ehren ihres Mannes die *Karl-Schmid-Stiftung* gegründet wurde, mit einem Symposium in der ETH, seiner alten Wirkungsstätte, beglückt sie: »Das, was im Genauen dir zu sagen nicht mehr möglich war und mit dir im Mächtigen verstummte, soll mit deiner Hilfe in die Welt zurückgeholt werden und dich und dein Wirken wieder lebendig machen.« Im Dialog mit ihm gestaltet sich ihr weiteres Leben: »Ich brauche Zeit, viel Zeit, dich zu erkennen – soweit du dich überhaupt erkennen lassen willst. Und wie weit erkenne ich mich selbst als deine Gefährtin während fast fünfunddreißig Jahren? Martin Bubers Wort kommt mir in den Sinn:

Ich werde am Du
Ich werdend spreche ich Du.«

Haben's die Frauen geschafft?

Gespräche mit der Politikerin *Vreni Spoerry* ⋆1938 und der Geologin *Katharina von Salis* ⋆1940

Zwei Frauen, die in ihrem eigenen Leben viel erreicht haben, nicht nur für sich selbst, auch in der Verantwortung für andere – sei es in der Politik, sei es an der Hochschule. Wenn sie Bilanz ziehen für ihre Frauengeneration – sie sind kurz vor oder nach Ausbruch des Zweiten Weltkriegs geboren –, so fällt das Ergebnis durchwachsen aus: Den Elan und Durchsetzungswillen der Pionierinnen des Frauenstudiums haben die heutigen Frauen nicht mehr, haben ihn vielleicht auch nicht so nötig, da vieles inzwischen selbstverständlich geworden ist, was früher hart erkämpft werden mußte: Schulen und Universitäten, öffentliche Ämter und fast alle Berufe stehen Frauen unserer Tage offen. Vom Gesetz her gibt es keine Benachteiligung mehr – in der Praxis allerdings sieht es häufig weniger rosig aus. Da laufen Frauen immer wieder vor Hürden, die ihnen den Weg versperren und die sie resignieren lassen – oder, je nach Vitalität, herausfordern.

Vreni Spoerry und Katharina von Salis haben sich solchen Herausforderungen gestellt. Sie haben die eigenen Möglichkeiten ausgelotet, haben Aufgaben übernommen, wo ihnen dies wichtig schien, und vor Widerständen nicht kapituliert. Die Juristin Spoerry, Nationalrätin und als zukünftige Bundesrätin im Gespräch – auch wenn sie sich gegen diesen Vor-

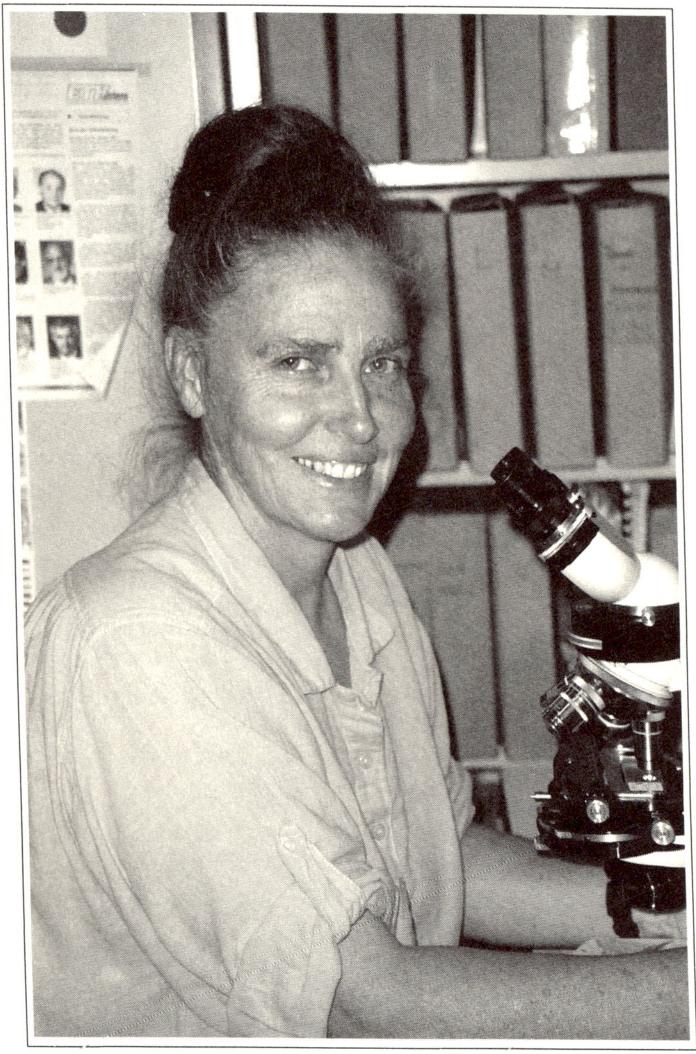

griff wehrt – hat sich als Finanzexpertin von der Basis, vom Gemeinderat aus, hochgedient. Die Geologin von Salis, Titularprofessorin und Leiterin der Frauenanlaufstelle an der Eidgenössischen Technischen Hochschule, hat den mühsamen Aufstieg durch universitäre Männerhierarchien hinter sich.

Neben ihrer beruflichen Auslastung versuchen beide, die Familie nicht zu kurz kommen zu lassen, was häufig nicht gelingt – das alte Dilemma der Doppelbelastung, an der die Frau meist schwerer trägt als der Mann. Dabei sind beide Gesprächspartnerinnen in einer privilegierten Lage: Sie haben Ehemänner, die ihre Berufsentfaltung bejahen und mittragen und die trotz eigener Arbeitsfülle bereit sind, Familienaufgaben zu übernehmen. Noch die Vätergeneration hätte das nicht getan. Ein Fortschritt, der nicht nur der Frau, sondern auch den Kindern zugute kommt.

Die Lebensläufe von Vreni Spoerry und Katharina von Salis weisen viele Gemeinsamkeiten auf, aber auch Unterschiede: in der Berufsplanung, in der Bewertung emanzipatorischer Strategien, in den politischen Folgerungen. Beide Frauen haben nach dem Maturitätsexamen ein nicht frauentypisches Studium aufgenommen und durchgezogen, beide haben gleich nach Studienabschluß geheiratet. Aus Vreni Toneatti – der Vater ist italienischstämmig – wurde Vreni Spoerry, aus Katharina von Salis erst einmal Katharina Perch-Nielsen. Die Kinder tragen den Namen des dänischen Vaters, die Mutter hat, nach der Änderung des Namensrechts, wieder ihren Mädchennamen von Salis angenommen.

Während sich Vreni Spoerry nach der Heirat der Familie und der Erziehung der drei Kinder widmete, blieb Katharina von Salis, auch mit drei Kindern, ständig berufstätig. Die Kinder wurden von einer Nanny betreut. Beide Frauen haben für ihr Familienmodell gute Gründe anzuführen, beide würden diesen Weg wieder einschlagen, auch wenn sie sich der jeweiligen Nachteile bewußt sind. Für die gelernte Juristin bedeutete die Entscheidung den Verzicht auf eine juristische Berufskarriere, für die Geologin Verzicht auf ein enges Familienleben und zeitweise eine beruflich bedingte doppelte Haushaltführung. Volle Entfaltung auf allen Gebieten, dessen sind sich beide bewußt, bleibt ein Wunschtraum, es kommt darauf an, wo und wie man Prioritäten setzt, um sich vom Alltag nicht verschleißen zu lassen.

Und der Alltag ist oft genug hektisch. Aber er wird nicht als unzumutbarer Streß empfunden, da die Arbeit ja – auch das ein Privileg – frei gewählt ist und den eigenen Vorstellungen entspricht. Es gibt deshalb auch keine Trennung zwischen Beruf und Freizeit, beides geht ineinander über, Arbeit ist, im Gegensatz zu vielen Brotberufen, gleichzeitig Hobby und läßt sich nicht in Wochenstunden aufrechnen. Daß diese Arbeit auch Ärger bringt, wissen beide Gesprächspartnerinnen nur zu gut. Freigewählt heißt nicht freischwebend, frei von Zwängen. Professionalität zeigt sich auch darin, daß Spielregeln, oft gegen das eigene Lustgefühl, eingehalten und demokratisch zustandegekommene Mehrheiten akzeptiert werden müssen, handle es sich um Fraktions- oder um Hochschulbeschlüsse.

Kritisch kann es werden, wenn die demokratischen Mehrheiten nur aus Männern bestehen, wenn Frauen keine Chance haben, sich an Planungen konstruktiv zu beteiligen, wie es an Universitäten, besonders im naturwissenschaftlich-technischen Bereich, oft der Fall ist. Da helfen nur vernünftige Quoten, sagt Katharina von Salis überzeugt. Vreni Spoerry ist gegen festgeschriebene Quotierungen, auch wenn sie parteiintern den Frauenanteil stark erhöhen möchte. Die »Quotenfrauen« seien dem weiblichen Berufsansehen eher schädlich, da sie mehr dem Proporz- als dem Leistungsdenken entsprächen. Zwei gegensätzliche Meinungen, die sich nur im Weg, nicht im Ziel unterscheiden.

Quotenfrau oder Alibifrau, das dürfe nicht die Alternative sein, darin stimmen Politikerin und Professorin überein. Als

Alibifrauen werden in ein Männergremium nicht immer die tüchtigsten ihres Fachs berufen, sie könnten den Kollegen zu unbequem werden, man einigt sich lieber auf unauffällig angepaßte. Aber auch die Quotenlösung birgt Fallstricke. Woher auf einmal so viel qualifizierte Frauen nehmen, nur damit die Quote stimmt? Andererseits: Gibt es bei Männern in verantwortlichen Stellungen nicht auch viel Mittelmaß? Und wer will ausschließen, daß Frauen nicht in und an ihren Aufgaben wachsen?

Die Gefahr allerdings, daß mit starr eingeforderten Frauenquoten Qualität zum zweitrangigen Kriterium wird, sieht auch Katharina von Salis; gerade an den technischen Hochschulen fehlt es an geeigneten Bewerberinnen. Die Weichen für technisch-naturwissenschaftliche Studienausrichtungen müßten schon in der Schule gestellt, Mädchen mit ihrer immer noch überwiegend geisteswissenschaftlich orientierten Fächerwahl stärker für Naturwissenschaften motiviert werden. Forderungen, die von den Pionierinnen des Frauenstudiums schon vor über einem Jahrhundert erhoben wurden. Gemessen daran sind wir heute, wie die Verteilung weiblicher Studierender auf die einzelnen Fakultäten aufzeigt, noch nicht viel weiter.

In der Politik dagegen haben Frauen, davon ist Nationalrätin Spoerry überzeugt, bessere Chancen, auch wenn ihnen der Durchbruch spät, sehr spät, erst mit der Einführung des Frauenstimm- und Wahlrechts im Jahre 1971 gelungen ist. In Appenzell wurden Frauen gar bis Anfang der 90er Jahre von der traditionellen Landsgemeinde ausgeschlossen – dankbare Objekte für die internationalen Witzblätter. Daß die Schweizerinnen nicht länger als Schlußlicht unter den Frauen Europas dastehen wollten und ungeduldig wurden, verwundert nicht. Allzulange hatten sie, eine aktive Minderheit und einige Pionierinnen der Jahrhundertwende ausgenommen, ihre Rechte nicht eingefordert und klaglos ihr eigenes und das Geschick des Staates den Männern überlassen. Auch die Parteien haben inzwischen begriffen, wieviel Versäumtes da nachzuholen ist. Alle umwerben sie die Wählerinnen, bieten ihnen – sei es aus Einsicht, sei es aus Parteikalkül – Ämter und Aufgaben an, und für viele Frauen könnten sich hier, besonders auf der kommunalen Ebene, nach der Familienphase interessante neue Möglichkeiten der Entfaltung auftun.

Vreni Spoerry hat diese Chance genutzt. Die 1938 in Rapperswil Geborene, die mit 25 ihr Jurastudium an der Universität Zürich abgeschlossen und gleich danach geheiratet hat, stellte berufliche Ambitionen erst einmal zugunsten der Familie zurück. Drei Kinder, in rascher Folge geboren, ließen ihr in den ersten Ehejahren wenig Zeit für außerhäusliche Aktivitäten, es reichte nur zur gelegentlichen Mitarbeit als freie Journalistin bei der Lokalzeitung.

Das änderte sich, als der Jüngste in den Kindergarten kam. Einige Stunden des Tages konnte sie nun für öffentliche Aufgaben abzweigen, nicht nur Schul- und Kindergartenangelegenheiten beschäftigten sie, vor allem in Finanzfragen war ihr Rat als Juristin auf kommunalpolitischer Ebene gefragt. Als 1974 in ihrer Wohngemeinde die ersten Wahlen nach der Einführung des Frauenstimmrecht anstanden, wollte die freisinnig-demokratische Partei sie als Kandidatin aufstellen – und da machte sie, wie sie heute rückblickend feststellt, einen ganz frauentypischen Fehler: Sie traute sich die Aufgabe nicht zu. Eine Frau in diesem reinen Männergremium. Eine Frau mit viel theoretischem Wissen, aber ohne Praxiserfahrung. Eine Frau, die am Stammtisch nicht mithalten kann...

Ihre Umgebung, ihr Mann vor allem, mußten ihr lange zureden, bis sie die Kandidatur annahm. Sie wurde in die Finanzkontrollkommission der Gemeinde gewählt und arbeitete sich rasch und mit Elan in ihr neues Amt ein. Daß auch Männer nur mit Wasser kochen, merkte sie bald. Nicht flotte Reden, nur zähe Kleinarbeit und Sachverstand können in der

Finanzpolitik etwas bewegen, auch das merkte sie, und vor allem: Ohne Geld läuft nichts, ohne geschickte Finanzplanung lassen sich auch die besten Kultur- und Sozialprojekte nicht verwirklichen. Das Gefühl, hier nützliche Arbeit zu leisten, hob ihr Selbstbewußtsein, allmählich entwickelte sich ein Gespür für politische Gesamtzusammenhänge.

Im Gemeinderat von Horgen, ihrem Wohnsitz am Zürichsee, war sie von 1978 an während acht Jahren verantwortlich für die Finanzen. Dieses Amt behielt sie auch bei, als sie 1979 ins Kantonsparlament und vier Jahre später für den Kanton Zürich in den Nationalrat gewählt wurde – immer aufgestellt von den Freisinnigen, der liberalen Partei, die der Familientradition und ihren Vorstellungen am ehesten entspricht, nach dem Motto: soviel Staat wie nötig, soviel Freiheit wie möglich.

In den Nationalrat, der in der Bundeshauptstadt Bern tagt, kam sie 1983 gleich im ersten Anlauf. Sachkompetente Frauen – es gibt ihrer zu wenige, die sich auf Politik einlassen – werden in allen Parteien gesucht und umworben. Sie belegen zur Zeit 35 der 200 Nationalratssitze. Die Männer, auch die uneinsichtigen, wissen, daß die Zeiten der Frauenaussperrung vorbei sind. Die für Schweizer Verhältnisse ungewohnten Demonstrationen im Frühjahr 1993, bei denen aufgebrachte Wählerinnen vor das Bundeshaus zogen und eine Frauenvertretung im Bundesrat, der siebenköpfigen Regierungsspitze der Schweiz, forderten, zeigten Erfolg: Daß ein offiziell gewählter Politiker auf seinen Bundesratssitz zugunsten einer Frau verzichten mußte, sahen die Protestierenden als Ansporn, die Versäumnisse eines Jahrhunderts nicht weiter schicksalshaft hinzunehmen.

Von ausgewogener Sitzverteilung kann in der Tat im Schweizer Parlament, wie in den meisten Parlamenten Europas, noch lange nicht die Rede sein. Knapp 16 Prozent beträgt der Frauenanteil in den eidgenössischen Räten, noch schlechter sieht es in den meisten Kantonsregierungen aus. Trotzdem setzt die Nationalrätin Spoerry nicht auf starre Frauenquoten, sondern auf den Vorsatz ihrer und anderer Parteien, den Frauenanteil deutlich zu erhöhen, und auf das vermehrte politische Engagement der Wählerinnen. Nur durch Einsatz in eigener Sache und in Zusammenarbeit mit aufgeschlossenen Politikern lassen sich ihrer Meinung nach alte Ungerechtigkeiten, wie die Minderbezahlung weiblicher Arbeitskräfte, allmählich abbauen. Noch immer liegen die Frauenlöhne um fast ein Drittel niedriger als die der Männer, noch immer verrichten Frauen mehr unqualifizierte Arbeit, noch immer werden Haushaltstätigkeit und Kindererziehung nicht gleich gewertet wie Berufsarbeit, noch immer erschweren mangelnde Weiterbildungsmöglichkeiten und zu wenig Teilzeitangebote den Wiedereinstig ins Berufsleben.

In der Berufswelt haben es Frauen schwerer als in der Politik, da wird ihnen kein roter Teppich ausgerollt, sie sehen sich im Gegenteil, wie stets in Zeiten der Rezession, als Verschiebemasse, die bei Nichtbedarf aufs Abstellgleis kommt. Die Politikerin Spoerry möchte nicht in der Haut eines Arbeitgebers stecken, der bei Rationalisierung seines Betriebs entweder den Familienvater oder die tüchtige Wiedereinsteigerin entlassen muß. Was nützt es, Frauen ihre Passivität und Hinnahme schlechter Arbeitsbedingungen vorzuwerfen, wenn sie nicht die Möglichkeit haben, ihre Fähigkeiten unter Beweis zu stellen? Zwischen Selbstentfaltung und Sorge um den Arbeitsplatz sehen sich Frauen, nicht nur in der Schweiz, zunehmend hin- und hergerissen.

Daß sich in den Führungsetagen der Wirtschaft weibliche Spitzenkräfte noch zu selten finden, hängt mit gewachsenen Gesellschaftsstrukturen zusammen, aber auch mit der mangelnden Bereitschaft von Frauen, ganz im Beruf aufzugehen. Männlichen Vorurteilen ist Vreni Spoerry, die selbst im Aufsichtsrat bedeutender Firmen sitzt, in diesen Kreisen kaum begegnet. Hier spielt Fachkompetenz, nicht das Geschlecht eine Rolle, obwohl sie ab und zu mit Komplimenten bedacht wird wie: Sie denkt wie ein Mann, ist sachlich wie ein Mann, hat männliche Professionalität – als ob das Attribut »männlich« schon ein Qualitätsmerkmal wäre.

Als Alibifrau ist sie sich nie vorgekommen, weder im Verwaltungsrat der Schweizerischen Kreditanstalt oder der Zürcher Versicherungsgesellschaft, noch bei der Swissair, obwohl sie – außer bei Nestlé – überall als einzige Frau diesen Gremien angehört. Sie möchte ihre Aufgabe nicht auf Bilanzen beschränkt sehen, auch sozial-humanitäre Gesichtspunkte sind ihr wichtig. Entlassungen, von denen Frauen besonders betroffen sind, und eine steigende Arbeitslosenquote bedrücken sie – ebenso der globale Vorwurf, »die da oben« täten zu wenig für die arbeitende Bevölkerung. Wie schmal der Spielraum vieler Unternehmen ist zwischen menschlicheren Arbeitsbedingungen und dem Überlebenskampf im Preiswettbewerb, ahnen viele Kritiker nicht.

Den Verlust des Arbeitsplatzes hält Vreni Spoerry, deren Mann als leitender Ingenieur in der Industrie tätig ist, für besonders schwerwiegend, trotz der Abfederung durch die Arbeitslosenversicherung. Es sind vor allem die psychologischen Folgen, die sie im Blick hat: Nicht mehr gebraucht zu werden nimmt dem Menschen das Selbstwertgefühl und den Lebenssinn, gerade in einer noch vom protestantischen Arbeitsethos geprägten Gesellschaft.

Ohne Arbeit, auch aufreibende und nicht immer lohnende, kann sie sich das eigene Dasein gar nicht vorstellen. Ihr Terminkalender ist gefüllt, der Tagesablauf festgelegt, nur mit genauer Planung kann sie allen Verpflichtungen gerecht werden. »Altmodische« Tugenden wie Pflichterfüllung, Genauigkeit, Disziplin haben einen hohen Stellenwert in ihrem Leben – aber nicht den einzigen. Seit dem Unfalltod ihres 21jährigen Sohnes Kaspar vor gut vier Jahren – ein Sportunfall im Militärdienst – ist ihr noch stärker bewußt geworden, wie unberechenbar und nicht in Menschenmacht liegend unser Geschick ist, wie rasch Sichergefügtes auseinanderbrechen kann und wie wichtig es dann ist, sich an etwas klammern zu können, das Halt gibt. Eine Erinnerung zu haben an erfüllte gemeinsame Stunden, die nie wiederkehren, aber doch im Gedächtnis lebendig bleiben. Ein Bewußtsein der Endlichkeit und Begrenztheit unseres Tuns, das vor leerlaufender Hektik schützt und uns gleichzeitig mahnt, in der uns verbleibenden begrenzten Zeit sich dem zu widmen, was wir für wichtig und notwendig halten.

Sozialaufgaben zu übernehmen, Ehrenämter, die nichts einbringen, hält Vreni Spoerry für so selbstverständlich, daß sie nicht von sich aus darüber spricht. Das Privileg, ohne finanzielle Sorgen leben können, sieht sie als Verpflichtung, etwas für andere, weniger Bevorzugte zu tun. Für Behinderte zum Beispiel. Ihr Einsatz für den Behindertensport, ihre langjährige Mitarbeit im Zentralvorstand entspricht der lebenspraktischen Devise »Hilfe zur Selbsthilfe«: geeignete Trainings- und Wettkampfmöglichkeiten schaffen, damit Behinderte sich besser in das Sportleben und damit in die Gesellschaft integrieren können.

Ein weiteres Betätigungsfeld Vreni Spoerrys ist der seit über 75 Jahren bestehende Schweizerische Volksdienst, ein soziales Unternehmen mit 2000 Hilfskräften in der ganzen Schweiz, überwiegend Frauen, die sich, in der Tradition der Abstinenzbewegung, um gesunde Ernährung in Betriebskantinen und Hochschulmensen kümmern. Dem Vorstand dieses SV-Service gehört Vreni Spoerry seit zehn Jahren an, seit 1987 als Vizepräsidentin. Das ergab sich so, sagt sie, man habe sie, wie auch bei ihren übrigen öffentlichen Aufgaben, gefragt, sie habe Posten und Ämter von sich aus nie gesucht.

Das würde Katharina von Salis, die kämpferische 54jährige, von sich nicht sagen. Sie hat nur selten etwas, weise abwartend, einfach an sich herankommen lassen, sie ist selbst vorgeprescht, wo sie etwas erreichen wollte. Ob ihre Art oder die besonnenere Vreni Spoerrys eher zum Erfolg führt, ist die alte Streitfrage in der bürgerlichen Frauenbewegung: Helene Lange und der gemäßigte Flügel setzten damals im ausgehenden 19. Jahrhundert auf Verhandlungen, auf die Taktik der kleinen, aber beharrlichen Schritte, gingen, wenn es nicht anders möglich war, auch Kompromisse ein, um ihre emanzipatorischen Anliegen der Frauenbildung weiterzubringen. Minna Cauer und Anita Augspurg dagegen, und mit ihnen der radikale Flügel, forderten ihre Rechte, das Frauenstimmrecht vor allem, voller Empörung und mit öffentlichem Spektakel ein, ohne Bereitschaft, sich länger vertrösten zu lassen. Die deutsche Frauengeschichte zeigt, daß sicher beide Strategien ihre Berechtigung hatten, ja, daß gerade durch die unterschiedliche Vorgehensweise quer durch die Parteien ein breiteres Spektrum an Interessierten gewonnen werden konnte. Warum sollte es heute anders sein?

Während Vreni Spoerry von sich sagt, sie habe nie Nachteile als Frau gehabt, im Gegenteil, in der Politik eher von einem Frauenbonus profitiert, hat Katharina von Salis schon früh in ihrem Leben Erfahrungen mit ungleicher Behandlung von Jungen und Mädchen gemacht und sich darüber empört. Das 1940 in Zürich geborene Mädchen, Einzelkind, ist in einer sehr unkonventionellen Familie aufgewachsen: der Vater, als Generalsekretär der Post viel im Ausland, Kanada, Ägypten, Mexiko; die Mutter, Modejournalistin, ebenfalls mit internationalen Ambitionen. Während ihrer langen Aufenthalte in Indien und in Nigeria brachte sie die Tochter im Waisenhaus unter – was Katharina aber keineswegs frustrierte, ihr gefiel das Zusammensein mit anderen Kindern sehr gut. Nur eines machte sie wütend: Nachmittags, wenn die Jungen Fußball spielen durften, hatten die Mädchen als künftige Hausfrauen über ihrem Strickzeug zu sitzen.

Später, bei den Pfadfinderinnen in Zollikofen, wieder die Zurücksetzung: Die Jungen wurden sportlich in einer paramilitärischen Ausbildung gefördert, kamen über das Militär an Sportgeräte und Trainer; für sportlich begeisterte Mädchen war keinerlei Förderung vorgesehen. In dieser Zeit fing die sportbesessene Gymnasiastin an, Leserbriefe zu schreiben, überall auf die Benachteiligung der Sportlerinnen hinzuweisen. Aber sie beließ es nicht bei Protesten, resignierte nicht, sondern trainierte auch unter erschwerten Bedingungen fleißig weiter.

Nach der Matura entschloß sich die begeisterte Bergsteigerin, entgegen allen wohlmeinenden Ratschlägen, für ein Geologiestudium. Die Gesteinsformationen der Alpen und ihre Entstehung interessierten sie; daß sie die einzige Frau an der Berner Universität war, die dieses »Männerfach« studierte, kümmerte sie nicht, sie war es vom mathematisch-naturwissenschaftlichen Zweig des Gymnasiums her gewohnt, sich mit Jungen zu messen. Nebenher trieb sie Leistungssport: Orientierungslauf im Sommer, Skilanglauf im Winter. In beiden Disziplinen wurde sie mehrfach Schweizer Meisterin. Die Medaillen bedeuteten ihr wenig, aber sie liebte die Herausforderung, den Wettkampf – nicht nur auf dem Sportplatz, auch in Debatten.

Bei einer Tagung im Sportzentrum Magglingen, wo sie zu einer Podiumsdiskussion geladen war, redeten lauter Männer über Frauen im Sport, wünschten sich schön anzuschauende Gymnastikriegen, keine verschwitzten Wettkämpferinnen, und wurden dabei auch von Frauenturnvereinen unterstützt. Sie protestierte. Bekam Applaus von den Leistungssportlerinnen, viel Zustimmung hinterher, aber keine hatte es gewagt, ihr im großen Saal offen beizustehen. – Den Frauen fehlt es an Mut, für ihre Sache zu kämpfen, sagt Katharina von Salis, sie möchten Harmonie und üben Wohlverhalten statt sachlicher Auseinandersetzung.

Über den Sport, bei einem internationalen Orientierungslauf, lernt die Geologin auch ihren zukünftigen Mann, den dänischen Chemiker Perch-Nielsen, kennen. 1965, vier Tage nach ihrer Promotion in Bern, findet die Hochzeit statt. Damit beginnt eine moderne Ehe-Odyssee quer durch Europa, bedingt durch die international orientierte Berufstätigkeit des Partners. Statistisch alles genau erfaßt in einer selbsterarbeiteten Studie über die Karriere von Ehepaaren: *Life as a dual career couple in Europe, 1965–1993:* Linien, Kästchen, Zeichen, Daten, männliche Laufbahn rechts, weibliche links, auf grauem Umweltpapier ausgedruckt. Überschneidungen, Parallelen, Trennungen, wie die Berufsarbeit es gerade erfordert. Ein Zukunftsdiagramm. Die vielen Ortsveränderungen schrecken Katharina von Salis nicht, sie ist aus dem Elternhaus Flexibilität und Weltläufigkeit gewöhnt.

1965, gleich nach der Heirat, tritt sie eine Assistentenstelle am Geologischen Institut der Universität Kopenhagen an. Ihr Mann ist durch seine Tätigkeit für einen internationalen Ölkonzern viel unterwegs. Sie folgt ihm nach Frankreich, arbeitet am Geologischen Institut in Paris. Holland, Schweden, Dänemark sind weitere Stationen. Als er 1974 nach Österreich geht, übernimmt sie eine Oberassistentinnenstelle an der ETH in Zürich und pendelt zwischen Wien und der Schweiz.

1975 – sie ist 35 – wird das erste Kind geboren, 1977 das zweite, 1979 das dritte. Der Mann ist nun in England, später in Holland tätig, die drei Kinder werden in London und in Den Haag von einer Nanny betreut, wenn die Mutter auswärts arbeitet, als Oberassistentin in Zürich, mit einem Lehrauftrag in Holland. Trotz ihrer häufigen Abwesenheit zeigen die Kinder keine Entzugserscheinungen, Katharina von Salis hat die Erfahrung gemacht, daß nicht die Häufigkeit des Zusammenseins entscheidend ist, sondern die Intensität. 1983 folgt sie ihrem Mann nach Österreich und übernimmt, neben der Zürcher Tätigkeit, einen Lehrauftrag in Wien. Drei Jahre später ist die ganze Familie samt Nanny zum ersten Mal für längere Zeit vereint, in London, wo die Geologin mit Hochschullaufbahn sich in einem großen Wirtschaftsunternehmen Praxiserfahrung holt.

1989 werden die Perch-Nielsens in Zürich seßhaft. Der Mann ist an die Spitze des Konzerns aufgerückt, zwei Töchter besuchen das Gymnasium, sie selbst lehrt als Titularprofessorin an der ETH. Befriedigendes Ende – oder Zwischenbilanz – einer Odyssee, die nur für die Frau Odyssee war, für den Mann zielstrebiger Weg nach oben. Auch wenn Katharina von Salis ihren Beruf nie aufgegeben hat, wurde doch der kontinuierliche Aufbau einer Hochschulkarriere durch den häufigen Ortswechsel sehr erschwert. Und das Muster ist immer noch das alte: Die Frau folgt dem Manne – zwar nicht mehr bedingungslos, aber die umgekehrte Konstellation ist noch kaum vorstellbar: Die Frau macht Karriere in der Wirtschaft, und der Mann paßt sich ihrer Berufsentfaltung an.

Hier müssen sich Denkmuster ändern, sagt Katharina von Salis, Mann und Frau gemeinsam sollten für die Familienpflichten berufliche Abstriche machen. Aber weder die Wirtschaft noch die Hochschule lassen sich bis jetzt ernsthaft auf dieses Modell ein. Sie selbst hat sich vor einigen Jahren, gemeinsam mit einer amerikanischen Geologin, an der ETH um einen *Job-sharing-Lehrstuhl* beworben. Doch die Hochschule konnte sich für diese moderne Form der Arbeitsteilung, die in Amerika mit Erfolg praktiziert wird, noch nicht erwärmen – der Vorschlag kam ja bislang nur von Frauen, und Frauen bringen ohnehin schon mehr Unberechenbarkeit in den Lehrbetrieb. Vergessen die glorreichen Pionierzeiten des Frauenstudiums und der Wagemut der damaligen Professoren...

Was würden die ersten Absolventinnen des Zürcher Polytechnikums zu dieser Entwicklung sagen? Die Russin Nadezda Smeckaja, die sich als erste Frau 1871 immatrikulierte, ausgerechnet für Maschinenbau. Marie Baum aus Danzig, die über ihre Assistentinnentätigkeit am analytisch-chemischen Laboratorium im Jahre 1897 schrieb: »Das Experiment ... daß ein 22jähriges Mädchen in einem Saal von 60 Arbeitsplätzen Aufsicht zu führen, die Studierenden der ersten Semester, ganz überwiegend junge Männer, in ihrer praktischen Arbeit zu beraten und möglichst zu fördern hatte, gelang unter den günstigen Schweizer Verhältnissen ohne weiteres.« Oder Laura Hezner aus München, die sich 1910 als erste Frau an der Eidgenössischen Technischen Hochschule habilitierte und als Privatdozentin über chemische Mineralogie las. Allerdings: Nach ihrem Tod 1916 dauerte es 40 Jahre, bis wieder eine Frau an der ETH lehren durfte.

Heute sind von den gut 300 Professorenstellen 14 von Frauen besetzt, noch zu wenig für eine wirksame Lobby, aber immerhin, ein Anfang ist gemacht, der für die Zukunft hoffen läßt. Auch der Anteil an Assistentinnen und Studentinnen wächst. Damit ihnen neben Laufbahnberatung und Hilfe in persönlichen Angelegenheiten auch eine Koordinierungsstelle für die Durchsetzung gemeinsamer Projekte zur Verfügung steht, hat sich Katharina von Salis für die Schaffung einer »Frauenanlaufstelle« eingesetzt. Ihre Vorstellungen hat sie dem ETH-Präsidenten in einem Brief auf knallgelbem Papier – damit er nicht ungelesen in den Papierkorb wandern konnte – erläutert. Der Präsident zeigte sich kooperativ, zumal ihm auch von der *Vesada,* einem Zusammenschluß von ETH-Frauen, Frauenförderpläne zugegangen waren. Seither hat sich einiges bewegt in der Männerbastion: Die Frauenanlaufstelle, bisher nebenamtlich geführt, wurde zu einer 60-Prozent-Stelle für »Chancengleichheit von Mann und Frau« ausgebaut. Frauen finden sich nun in den Statistiken getrennt aufgeführt – damit wird ihre Unterrepräsentanz sichtbar gemacht. Alle Schriftstücke sollen, auch das eine Neuerung, geschlechtsneutral abgefaßt werden.

Noch vor wenigen Jahren war Katharina von Salis in den Hochschulgremien auf Befremden gestoßen, als sie unbefangen fragte, ob man nicht die Fußnoten »Frauen sind mitgemeint« in »Männer sind mitgemeint« ändern und die Texte in weiblicher Form schreiben könnte... Sie liebt die Provokation, das offene Wort: Frauenförderung beginne damit, die Männer mit dieser Frage zu konfrontieren. Noch stellt sich das Problem der Vereinbarkeit von Familie und Beruf meist nur für die Frauen, noch gibt es für qualifizierte Berufe viel zu wenig Teilzeitstellen, die einen flexiblen Arbeitseinsatz ermöglichen. Und warum werden Forschungsstipendien nur für Militärdienstleistende, nicht aber bei Mutterschaftsurlaub verlängert? Warum fließt so wenig Lebenserfahrung von Frauen unmittelbar, nicht über Männervermittlung, in die Forschung ein? Müssen Professorinnen unverheiratet und kinderlos sein?

Die heutigen Studentinnen stellen ungeduldige Fragen, dafür hat Katharina von Salis, selbst eine Ungeduldige, Verständnis. Auch sie möchte Prozesse beschleunigen, die ohnehin nicht aufzuhalten sind. Aber nicht beschleunigen um jeden Preis. Sie hat Schwierigkeiten mit dem Anspruchsdenken und dem mangelnden Geschichtsbewußtsein vieler junger Akademikerinnen, ärgert sich »über Aussteigerinnen, die das Rad neu erfinden und sich sehr progressiv vorkommen, aber nichts nach vorn bewegen«.

»Nach vorn bewegen« – ihr Schlüsselwort. Zu wenig Frauen an der ETH schieben den Karren mit, besonders, wenn das Ziel nicht in greifbarer Nähe liegt oder Hindernisse den Weg erschweren. Zu wenige verstehen, daß Reformen Zeit brauchen, zehn Jahre mindestens, sagt Katharina von Salis: »Was ich damals für Frauen im Leistungssport erstritten habe, kommt jetzt meinen Töchtern zugute. Aber ich stehe ja längst nicht am Anfang der Kette. Schon meine Großmutter, emanzipiert und couragiert, nahm sich, als einzige Frau im Alpenclub Oberhasli, Männerprivilegien heraus.«

Daß Katharina von Salis sich von Rückschlägen nicht entmutigen und aus der Bahn werfen läßt, hängt vielleicht auch mit dem Selbstbewußtsein derer von Salis zusammen. Ein altes, in der Schweizer Kulturgeschichte immer wieder auftauchendes Bündner Geschlecht, auch Frauennamen darunter: Hortensia Gugelberg von Moos, Frau eines Hauptmanns in französischen Diensten, die als Heilkundige und streitbare Schriftstellerin bekannt wurde, ist eine geborene von Salis aus dem bündnerischen Städtchen Maienfeld. Oder eine weitere Pionierin: die scharfsinnige Philosophin und Historikerin Meta von Salis, die 1887 als erste Schweizerin an der Philosophischen Fakultät der Universität Zürich promovierte – magna cum laude – mit einer Arbeit über eine Frau: Agnes von Poitou.

Magna cum laude. Es fällt auf, wie viele aus der ersten Studentinnengeneration ein Prädikatsexamen machten. Durchschnitt konnten sie sich nicht leisten, sagt Katharina von Salis, sie mußten immer besser sein als die Männer, müssen es, in der Hochschule und in der Wirtschaft, noch heute. Daher auch bei vielen Kollegen eine nicht unbegründete Konkurrenzangst. Wenn die Frauen – an der ETH stellen sie 18 Prozent der Studierenden – erst einmal aus ihrer Minderheitensituation herauskämen, würde sich das sicher ändern, meint die Geologieprofessorin. Deshalb fordert sie, auf Zeit, bis die Verhältnisse sich normalisiert haben, Zielvorgaben für die Erhöhung des Frauenanteils.

Das Gespräch findet an ihrem Arbeitsplatz statt, Stock G, Zimmer 25, vor dem Mikroskopiertisch. Ein nüchterner, spartanisch eingerichteter Raum, an der gegenüberliegenden Wand flimmern zwei Computerschirme. Im Nobelambiente einer Industriellenvilla könnte man sich diese Frau in Jeans und gelbem Baumwollhemd gar nicht vorstellen. Kein Schmuck, kein Make-up, das Haar mit dicken Hornnadeln zu einem pflegeleichten Knoten hochgesteckt. Sie holt bereitwillig Statistikblätter aus Aktenordnern, kopiert Zeitungsartikel, dazwischen stecken Examenskandidaten den Kopf durch die Tür, ein Südamerikaner, ein Libanese, haben Fragen, die sie freundlich und ganz nebenher beantwortet, alles in Englisch; die bei den vielen Auslandsaufenthalten selbstverständlich gewordene Mehrsprachigkeit erleichtert ihr den Umgang mit den fremdsprachigen Studierenden.

Der Arbeitsraum dient gleichzeitig als Anlaufstelle für Studentinnen. Eigentlich fehlt eine gemütliche, ruhige Ecke. Katharina von Salis wird dieses Manko durch ihre unkonventionelle Herzlichkeit leicht wettmachen können. Auf die Frage, was sie sich für die Zukunft wünscht, antwortet sie ohne langes Überlegen: mehr Sensibilisierung für Frauenbedürfnisse bei den Männern und mehr solidarisches Engagement bei den Frauen.

Wünsche, die, trotz aller Verschiedenheit der beiden Frauen, auch Vreni Spoerry formuliert haben könnte. Sie hat allerdings weniger die Akademikerin im Blick als die »Durchschnittsfrau«, die Berufstätige, die Hausfrau, die Wiedereinsteigerin in den Beruf – eine Gruppe, die durch sinkende Kinderzahlen und bessere Ausbildung der Mädchen immer größer wird. Diesen Frauen, die nach der Familienphase den Anschluß ans Berufsleben suchen, muß ganz konkret unter die Arme gegriffen werden. Erhalten der Kontakte zum früheren Arbeitsplatz, flexible Teilzeitarbeit, Weiterbildungskurse sind wichtig, Schulen mit festen Blockzeiten und Mittagessen für die Kinder, wie es im Ausland fast überall üblich ist. Auch über das Pensionsalter der Frauen hat sich die Politikerin Gedanken gemacht. Sie ist dagegen, es niedriger anzusetzen als bei Männern, Frauen streben ja gerade die Gleichberechtigung und Gleichbehandlung an, und ihre Lebenserwartung ist ohnehin höher.

Manchmal machen die Männer durch ihr Unverständnis den Frauen das Leben schwer, sagt Vreni Spoerry, aber manchmal machen es sich die Frauen auch selbst schwer: durch ihren Anspruch, in allem möglichst perfekt zu sein. Wenn das nicht gelingt, entstehen Frustrationen. Die Frauen müssen lernen, mit ihren Fehlern zu leben, wie die Männer es ja auch tun. Wenn sie die Angst vor dem Versagen überwunden haben und mehr Selbstbewußtsein entwickeln, sind sie vielleicht auch eher bereit, Verantwortung im öffentlichen Leben zu übernehmen, hofft die Politikerin. Politik ist Überzeugungsarbeit, nur wer an sich und seine Sache glaubt, ohne selbstgewiß zu werden, wirkt auf andere glaubwürdig.

Auch Vreni Spoerry wünscht sich, wie Katharina von Salis, mehr Solidarität unter den Frauen, quer durch die Parteien. Ein Beispiel, wie Fairneß im Umgang miteinander aussehen könnte, gab sie bei der Bundesratswahl 1993. Obwohl nicht als Kandidatin vorgesehen, erhielt sie überraschend viele Stimmen aus dem bürgerlichen Lager. Doch sie wollte nicht als Sprengkandidatin gegen die beiden sozialdemokratischen Bewerberinnen fungieren, ging ans Rednerpult und erklärte resolut: Ich stehe nicht zur Wahl, wählt eine der Sozialdemokratinnen. – Damit war der Weg frei für die neue Bundesrätin Ruth Dreifuß, von der sie sagt: eine tüchtige Frau, eine starke Persönlichkeit. – Wann hätte man von männlichen Rivalen solch anerkennende Worte gehört?

Ihr Wunsch für die Zukunft ist ein ganz persönlicher: mehr Zeit. Mehr Zeit für die Freunde, die Familie, vor allem mehr Zeit für den Ehepartner. Er hat sie damals ermuntert, in die Politik zu gehen, nun ist er der Leidtragende. Die Kinder sind nicht zu kurz gekommen, ihnen hat sie, solange sie noch nicht selbständig waren, genügend Zeit gewidmet, zurückstecken mußte der Mann. Daß auch er beruflich sehr eingespannt ist, nimmt ihr das schlechte Gewissen nicht, sie ist viel unterwegs, kommt abgespannt aus Sitzungen zurück, die Probleme rotieren in ihrem Kopf weiter, während sie doch einfach dasitzen möchte, die Stille genießen, die Vögel im Garten, Musik, die

Gespräche mit ihrem Mann. Oder wandern, ins Blaue hinein. In aller Ruhe ein Buch lesen. – Bescheidene Wünsche einer bescheidenen und doch, vor allem sich selbst gegenüber, anspruchsvollen Frau, die weiß, welch kostbares Gut die Zeit ist.

Vreni Spoerry an einem Spätnachmittag im Zürcher Hauptbahnhof. Wie oft ist sie die Strecke Bern–Zürich schon gefahren? Hinter ihr liegt eine anstrengende Sitzung im Bundeshaus, sie sieht müde aus, aber nur im ersten Augenblick, in der Flügeltür des Restaurants *Au premier,* dann fängt sie sich, ist eine aufmerksame, liebenswürdige Gesprächspartnerin, die auf Fragen präzise eingeht, zuhören kann, keine fertigen Rezepte hat und keine gestanzten Antworten, wie man sie von Politikern so oft geboten bekommt. Sie denkt mit, denkt über die Sätze hinaus, die sie eher als Fragen formuliert, läßt sich die Kopfschmerzen – es ist ein Föhntag – nicht anmerken. Zwei Stunden vergehen im Flug, der Kellner hat neue Teegläser hingestellt, es gäbe noch vieles zu sagen, zu fragen zum Thema Frau, aber die Zeit... Fast schuldbewußt sieht Vreni Spoerry auf die Uhr: Ich muß nach Hause, heute ist unser dreißigster Hochzeitstag.

Haben's die Frauen geschafft? Sie sind – noch immer – auf dem Weg.

Literaturhinweise

Anna Waser

Anna Maria Waser: *Schreibübung. In Kupfer gebracht,* Zürich 1708

Johann Caspar Füeßli: *Geschichte der besten Künstler in der Schweiz,* Bd. 3, Zürich 1770

Maria Waser: *Vom Zürcher Geschlecht der Waseren,* Zürich 1941

Maria Waser: *Die Geschichte der Anna Waser,* Zürich 1978

Ellen Steiner: *Das Modell bin ich,* Filmskript Reihe »Frauen in Fahrt«, Zürich 1991

Regula Engel

Regula Engel: *Lebensbeschreibung der Wittwe des Oberst Florian Engel,* Zürich 1821 (Neuausgabe Zürich 1914)

Regula Engel: *Frau Oberst Engel. Memoiren einer Amazone aus Napoleonischer Zeit,* Zürich/München 1977 (Druckvorlagen von 1825 und 1828)

Ursula Isler: *Frauen aus Zürich,* Zürich 1991

Jürg Stüssi-Lauterburg: *Helvetias Töchter. Frauen in der Schweizer Militärgeschichte,* hrsg. v. Rosy Gisler-Schöni, Frauenfeld 1989

Mathilde Wesendonck

Mathilde Wesendonck: *Märchen und Märchenspiele,* Düsseldorf 1864

Richard Wagner-Ausstellung, Helmhaus Zürich: *Selig in Lust und Leid. Mathilde Wesendonck und Richard Wagner – Briefwechsel einer großen Liebe,* Zürich 1953

Richard Wagner an Mathilde Wesendonck. Tagebuchblätter und Briefe 1853–1871, Berlin 1904

Friedrich Wilhelm Bissing: *Mathilde Wesendonck. Die Frau und die Dichterin,* Wien 1942

Jürg Wille/Werner G. Zimmermann: *Richard Wagner in Zürich. Eine Chronik,* Zürich 1987

Julius Kapp: *Richard Wagner und die Frauen,* Berlin 1919

Marie Heim-Vögtlin

Marie Heim-Vögtlin: *Einige erzieherische Rathschläge für Mütter,* Zürich 1891

Dr. med. Marie Heim-Vögtlin: *Die Pflege des Kindes im ersten Lebensjahr. Zehn Briefe an eine junge Freundin,* Leipzig 1907

Johanna Siebel: *Das Leben von Frau Dr. Marie Heim-Vögtlin, der ersten Schweizer Ärztin,* Zürich/Leipzig/Stuttgart 1919

Das Frauenstudium an den Schweizer Hochschulen, hrsg. vom Schweizerischen Verband der Akademikerinnen, Zürich 1928

Hanny Rohner: *Die ersten 30 Jahre des medizinischen Frauenstudiums an der Universität Zürich 1867–1897,* Zürich 1972

Ebenso neu als kühn. 120 Jahre Frauenstudium an der Universität Zürich, hrsg. vom Verein Feministische Wissenschaft Schweiz, Zürich 1988

Franziska Tiburtius: *Erinnerungen einer Achtzigjährigen,* Berlin 1923

Ricarda Huch: *Frühling in der Schweiz,* Zürich 1938

Susanna Orelli-Rinderknecht

Susanna Orelli: *Wirtshausreform und Frauenarbeit,* Basel 1909

Susanna Orelli: *Aus meinem Leben,* Zürich 1939

Jakob Hess: *Susanna Orelli. Leben und Werk,* Zürich 1945

Moia Schnyder: Susanna Orelli-Rinderknecht, 1845–1939, in: *Schweizer Pioniere der Wirtschaft und Technik,* Bd. 26, Zürich 1975

Emilie Kempin-Spyri

Emilie Kempin: *Die Ehefrau im künftigen Privatrecht der Schweiz,* Zürich 1894

Eveline Hasler: *Die Wachsflügelfrau. Geschichte der Emily Kempin-Spyri,* Zürich/Frauenfeld 1991

Verena Stadler-Labhart: Erste Studentinnen der Rechts- und Staatswissenschaften in Zürich, in: *Zürcher Taschenbuch auf das Jahr 1981,* Zürich 1981

Ebenso neu als kühn. 120 Jahre Frauenstudium an der Universität Zürich, hrsg. vom Verein Feministische Wissenschaft Schweiz, Zürich 1988

Käthe Schirmacher: *Züricher Studentinnen,* Leipzig/Zürich 1896

Ricarda Huch: *Erinnerungen an das eigene Leben,* Köln 1980

Lida Gustava Heymann/Anita Augspurg: *Erlebtes – Erschautes. Deutsche Frauen kämpfen für Freiheit, Recht und Frieden,* hrsg. v. Margrit Twellmann, Meisenheim am Glan 1972

Roswitha Fröhlich/Jürg Winkler: *Johanna Spyri. Momente einer Biographie,* Zürich 1986

Else Lasker-Schüler

Else Lasker-Schüler: *Dichtungen und Dokumente*, ausgewählt und hrsg. von Ernst Ginsberg, München 1951
Else Lasker-Schüler: *Was soll ich hier?* Exilbriefe an Salman Schocken, hrsg. und kommentiert von Sigrid Bauschinger und Helmut G. Hermann, Heidelberg 1986
Else Lasker-Schüler: *Briefe,* zwei Bände, hrsg. von Margarete Kupper, München 1969
Else Lasker-Schüler: *Gesammelte Werke in drei Bänden,* hrsg. von Friedhelm Kemp und Werner Kraft, Frankfurt am Main 1996
Sigrid Bauschinger: *Else Lasker-Schüler, ihr Werk und ihre Zeit*, Heidelberg 1980
Jakob Hessing: *Else Lasker-Schüler, Biographie einer deutsch-jüdischen Dichterin*, Karlsruhe 1985
Marbacher Magazin 71/1995: *Else Lasker-Schüler 1869–1945*, bearbeitet von Erika Klüsener und Friedrich Pfäfflin, Marbach am Neckar 1995

Mileva Einstein-Marić

Desanka Trbuhović-Gjurić: *Im Schatten Albert Einsteins. Das tragische Leben der Mileva Einstein-Marić,* Bern/Stuttgart 1983/1988
Ulla Fölsing: *Nobel-Frauen. Naturwissenschaftlerinnen im Porträt,* München 1990
Albrecht Fölsing: *Albert Einstein. Eine Biographie*, Frankfurt a. M. 1993
Albert Einstein: *Briefe,* aus dem Nachlaß herausgegeben von Helen Dukas und Banesh Hoffmann, Zürich 1981
John Stachel (ed.): *The Collected Papers of Albert Einstein,* Vol. 1. The Early Years 1879–1902, Princeton 1987

Sophie Taeuber-Arp

Sophie Taeuber-Arp: *Ausstellungskataloge:* Winterthur 1977/Ascona 1983/Aarau 1989/Bern 1988/89/Rolandseck 1993
Georg Schmidt (Hrsg.): *Sophie Taeuber-Arp,* Basel 1948
Margit Staber: *Sophie Taeuber-Arp,* Lausanne 1970
Ernst Scheidegger (Hrsg.): *Zweiklang. Sophie Taeuber-Arp, Hans Arp,* Zürich 1960

Hans Arp: *Unsern täglichen Traum… Erinnerungen und Dichtungen aus den Jahren 1914–1954,* Zürich 1955
Hans Bollinger u.a. (Hrsg.): *Dada in Zürich,* Zürich 1985
Miklavz Prosenc: *Die Dadaisten in Zürich,* Bonn 1967
Emmy Ball-Hennings: *Ruf und Echo. Mein Leben mit Hugo Ball,* Zürich/Köln 1953

Hulda Zumsteg

Hulda Zumsteg: *Aus meinem Leben,* aufgezeichnet von Manuel Gasser, Zürich 1970
Briefe an Hulda Zumsteg, Einleitung Gustav Zumsteg, Zürich 1980
Walter Baumann: *Zu Gast im alten Zürich. Erinnerungen an Zunfthäuser und Grandhotels, an Bierhallen und Weinstuben, Cafés und Ausflugslokale,* München 1992

Therese Giehse/Erika Mann

Therese Giehse: *Ich hab nichts zum Sagen. Gespräche mit Monika Sperr,* München/Gütersloh/Wien 1973
Therese Giehse u.a.: *Theater. Meinungen und Erfahrungen,* Nachwort Hans Mayer, Schriftenreihe Über die Grenzen. Affoltern a. A. 1945, Reprint 1987
Wolfgang Drews: *Die Schauspielerin Therese Giehse,* Velber 1965
Werner Mittenzwei: *Das Zürcher Schauspielhaus 1933–1945 oder Die letzte Chance,* Berlin 1979
Dieter Bachmann/Rolf Schneider (Hrsg.): *Das verschonte Haus. Das Zürcher Schauspielhaus im Zweiten Weltkrieg,* Zürich 1987
Erika Mann: *Briefe und Antworten,* Band 1: 1922–1950, Band 2: 1951–1969, hrsg. v. Anna Zanco Prestel, München 1985
Erika Mann (Hrsg.): *Thomas Mann, Briefe,* 3 Bände, 1889–1936, 1937–1947, 1948–1955, Frankfurt/M. 1965
Erika Mann (Hrsg.): *Klaus Mann zum Gedächtnis,* Vorwort Thomas Mann, Amsterdam 1950
Irmela von der Lühe: *Erika Mann. Eine Biographie*, Frankfurt a. M./New York 1993
Helga Keiser-Hayne: *Beteiligt euch, es geht um eure Erde. Erika Mann und ihr politisches Kabarett die »Pfeffermühle« 1933–1937,* München 1990
Thomas Mann: *Tagebücher,* 5 Bände, 1918–1943, hrsg. v. Peter de Mendelssohn, Frankfurt/M. 1979–1982

Marianne Krüll: *Im Netz der Zauberer. Eine andere Geschichte der Familie Mann,* Zürich 1991

Ruth Liepman

Ruth Liepman: *Vielleicht ist Glück nicht nur Zufall. Erzählte Erinnerungen,* Köln 1993
Gabriele Kreis: *Frauen im Exil. Dichtung und Wirklichkeit,* Düsseldorf 1984

Elsie Attenhofer

Elsie Attenhofer: *Wer wirft den ersten Stein?,* Zeitstück, Zürich 1943
Elsie Attenhofer (Hrsg.): *Cornichon. Erinnerungen an ein Cabaret,* Bern 1975
Elsie Attenhofer: *Flug um die goldene Mücke. Erlebte Geschichten,* mit Zeichnungen der Autorin, Basel 1981
Elsie Attenhofer: *Réserve du Patron. Im Gespräch mit K. Stäfa* 1989
Klaus Budzinski: *Pfeffer ins Getriebe. So ist und wurde das Kabarett,* München 1982
César Keiser: *Herrliche Zeiten – 1916–1976. 60 Jahre Cabaret in der Schweiz,* Bern 1976

Vreni Spoerry/Katharina von Salis

Susanna Woodtly: *Gleichberechtigung. Der Kampf um die politischen Rechte der Frau in der Schweiz,* Frauenfeld 1976/1983
Frauenblicke 1991. Zum Stand der Gleichstellung von Frau und Mann in der Stadt Zürich, hrsg. vom Büro für die Gleichstellung von Frau und Mann, Zürich 1991
Anne Schlüter (Hrsg.): *Pionierinnen – Feministinnen – Karrierefrauen? Frauen in Geschichte und Gesellschaft,* Bd. 22 (darin Beiträge über das Frauenstudium in Zürich von Gabi Einsele, Sabine Streiter, Christine Roloff), Pfaffenweiler 1992

Dank

Bei der Zusammenstellung des Quellenmaterials fand ich vielfache Unterstützung und über den dienstlichen Rahmen hinausgehende Hilfsbereitschaft im Zürcher Stadtarchiv und bei Dr. Rainer Diederichs in der Zentralbibliothek; in der ETH-Bibliothek, im Schauspielhaus und im Museum Rietberg; bei Dr. Verena Stadler-Labhart (Dokumentationsstelle für Universitätsgeschichte), Gabi Einsele (Ausstellungsdokumentation »Ebenso neu als kühn«) und Barbara Sidler (Buchhandlung Dr. Oprecht); bei Dr. G. A. Nogler (Universitätsarchiv) und Walburga Krupp (Stiftung Hans Arp und Sophie Taeuber-Arp, Bahnhof Rolandseck); bei Gustav Zumsteg und bei Anita Naef, der langjährigen Sekretärin Erika Manns. Ihnen und allen, die mir mit Hinweisen oder bei der Bildbeschaffung behilflich waren, möchte ich herzlich danken. Mein besonderer Dank gilt den Interviewpartnerinnen, die sich trotz zeitlicher Belastung zu langen Gesprächen bereitfanden: Elsie Attenhofer und Ruth Liepman, Nationalrätin Vreni Spoerry und Prof. Dr. Katharina von Salis.

Bildnachweis

Archiv für Kunst und Geschichte, Berlin: Vorsatz
René Burri: S. 178
Verlag Paul Haupt, Bern: S. 140
Kunsthaus Zürich: S. 14
Nationalarchiv der Richard-Wagner-Stiftung Bayreuth: S. 46
Isolde Ohlbaum, München: S. 220
Privat: S. 26, 96, 120, 236, 258, 260
edition spangenberg, München: S. 196
Hildegard Steinmetz: S. 194
Stiftung Hans Arp und Sophie Taeuber-Arp, Rolandseck: S. 160
Suhrkamp Verlag, Frankfurt am Main: vordere Umschlagseite
Zentralbibliothek Zürich: S. 62, 80

Hab meine Rolle nie gelernt

15 Wiener Frauenporträts

270 Seiten mit 15 Bildern, Leinen mit Schutzumschlag

Einfühlsam und anschaulich beschreibt Irma Hildebrandt 300 Jahre Wiener *condition féminine*. Da wird zum Beispiel neben der Kaiserin Maria Theresia auch die Arbeiterin und Agitatorin Adelheid Popp berücksichtigt, oder die Kinderanalytikerin Anna Freud. Die 15 historischen Miniaturen leben vom anekdotischen Detail, vermitteln aber zugleich ein informatives Gesamtbild jeder beschriebenen Persönlichkeit.

Bin halt ein zähes Luder

15 Münchner Frauenporträts

230 Seiten mit 15 Bildern, Leinen mit Schutzumschlag

»Bin halt ein zähes Luder« – ein Ausspruch Grete Weils, die nach einem harten Leben in der Emigration in ihre Heimatstadt München zurückgekehrt ist. Als »zähes Luder« könnte man jede der hier porträtierten Frauen charakterisieren. Keine von ihnen gehört zu den bequem Angepaßten, zu den schnell Entmutigten. Darunter zählen Annette Kolb, Therese Giehse, Grete Weil, Sophie Scholl und viele andere.

»Irma Hildebrandt (...) hat sich immer die Nein-Sagerinnen zum Thema gemacht, die Anders-Denkenden, Anders-Lebenden, die Wegbereiterinnen. Frauen mit Mut, Frauen mit Kraft.«

Bayerischer Rundfunk